哥伦比亚商学院商业策略课

公司如何实现和保持长期盈利性增长？

［美］伦纳德·谢尔曼（Leonard Sherman）/ 著　　李欣 / 译

If You're in
a Dogfight,
Become a Cat!

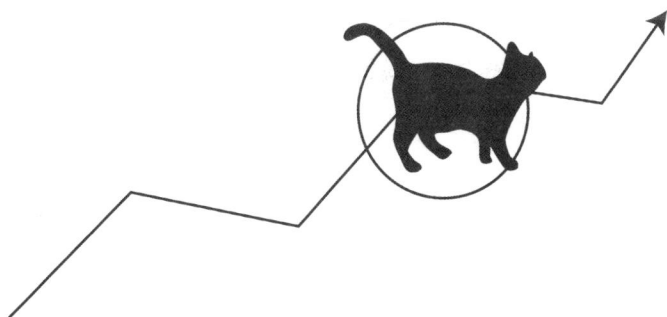

Columbia Business School
Publishing

湖南文艺出版社
HUNAN LITERATURE AND ART PUBLISHING HOUSE　博集天卷
CS·BOOKY

图书在版编目（CIP）数据

哥伦比亚商学院商业策略课/（美）伦纳德·谢尔曼
（Leonard Sherman）著；李欣译. —长沙：湖南文艺
出版社，2018.9
书名原文：If You're in a Dogfight, Become a
Cat!
ISBN 978-7-5404-8159-9

Ⅰ.①哥… Ⅱ.①伦… ②李… Ⅲ.①企业管理—战
略管理 Ⅳ.①F272.1

中国版本图书馆CIP数据核字（2018）第163602号

著作权合同登记号：图字18-2017-307

IF YOU'RE IN A DOGFIGHT,BECOME A CAT!: Strategies for Long-Term Growth by
Leonard Sherman
（Copyright © 2017 Columbia University Press）
Chinese Simplified translation copyright © （2018）
by China South Booky Culture Media Co., Ltd.
Published by arrangement with Columbia University Press
through Bardon-Chinese Media Agency
博达著作权代理有限公司
ALL RIGHTS RESERVED

上架建议：商业·策略

GELUNBIYA SHANGXUEYUAN SHANGYE CELÜE KE
哥伦比亚商学院商业策略课

作　　者：	［美］伦纳德·谢尔曼
译　　者：	李 欣
出 版 人：	曾赛丰
责任编辑：	薛 健 刘诗哲
监　　制：	于向勇 秦 青
策划编辑：	王 琳
特约编辑：	苏会领
版权支持：	文赛峰 刘子一
营销编辑：	刘晓晨 刘 迪 初 晨
版式设计：	潘雪琴
封面设计：	利 锐
出版发行：	湖南文艺出版社
	（长沙市雨花区东二环一段508号 邮编：410014）
网　　址：	www.hnwy.net
印　　刷：	北京天宇万达印刷有限公司
经　　销：	新华书店
开　　本：	787mm×1092mm 1/16
字　　数：	354千字
印　　张：	23
版　　次：	2018年9月第1版
印　　次：	2018年9月第1次印刷
书　　号：	ISBN 978-7-5404-8159-9
定　　价：	58.00元

若有质量问题，请致电质量监督电话：010-59096394
团购电话：010-59320018

本书旨在分享切实的建议，解决公司高管面临的两个最常见且棘手的问题：

为什么实现和保持长期盈利性增长如此困难？

公司如何实现这一目标？

目录
Contents

1

前 言
Preface

　　在就职于哥伦比亚商学院之前，我曾从事管理咨询工作长达30多年，为世界各地的汽车、航空和其他领域的企业高管提供商业战略上的建议。此外，我还是一家企业风险投资基金的普通合伙人，以及多家高新技术创业公司的投资者兼董事会成员。

　　在此期间，若干新兴的商业战略理论对我的思想影响极大：从在我的事业初期指导我的波特五力模型（Porter's Five Forces Framework）和波士顿咨询集团（Boston Consulting Group，BCG）提出的增长矩阵理论，到中期的颠覆性技术框架，再到最终的大爆炸式颠覆性创新思维和竞争优势的消亡。一路走来，我和其他顾问一样，在处理我的咨询工作和风险投资机会时，总是对流行的战略理论抱有莫大的热忱，信誓旦旦地保证它们有助于解决客户的棘手问题。因此，面对这句老话，我们这些顾问都感到惭愧不已：如果你手头唯一的工具是"战略"这把锤子，那么你往往会把客户的任何问题都当成钉子。

　　回顾我的职业生涯，令我非常欣慰的是，我的确帮助了一些陷入困境的客户，使他们改变了战略方向，从而获得了巨大的成功。但是，说实话，我的咨询工作大多效果平平。比如，通用汽车公司（General Motors，GM）曾是世界上最大的公司，我曾时断时续地为它工作了十多年，但依旧无法改变它业绩不断下滑乃至最终破产的结局。在跨入21世纪之际，我曾满腔热情地建议人们投资有前途的初创企业，然而，这些企业大多未能渡过互联网泡沫破裂的难关。

在那段时期，我可以说这是因为客户没有听取我的忠告，或是没有严格按照我的建议来做，为失望找个开脱的理由总是很容易的。但时间磨去了我的傲慢，使我在管理复杂的企业时，能以更加广阔的视角去看问题。失败是位伟大的老师。

不过，或许我对自己太苛刻了。毕竟，在商业战略这一行兢兢业业干了几十年，我越来越清楚地认识到，不管有没有咨询顾问协助，大多数公司都无法实现和保持长期盈利性增长。

我曾经就职的埃森哲咨询公司（Accenture）于2007年做过的一项研究显示，在各行业中，只有5%—20%的公司能跨越商业和经济周期，在竞争中始终立于不败之地。[1]

贝恩公司（Bain）的咨询顾问詹姆斯·艾伦（James Allen）和克里斯·祖克（Chris Zook）分析了《福布斯》（*Forbes*）全球2000强上市企业的年度报告，他们发现，平均起来，首席执行官（CEO）对其公司增长速度的预期是行业平均水平的两倍，对其公司利润的预期是行业平均水平的4倍。换句话说，正如艾伦幽默地指出的那样："整个商业界都巴望着从中分一杯羹。"然而，在调查了全球2000强企业2001—2011年十年间的经营状况

---

1. 托尼·C. 朗利奈斯（Toni C. Langlinais）和马尔科·A. 梅里诺（Marco A. Merino），《如何维持盈利性增长》（*How to Sustain Profitable Growth*），《埃森哲展望》（*Accenture Outlook*），2007年9月，http://www.accenture.com/SiteCollectionDocuments/PDF/OutlookPDF_FutureGrowth_03.pdf。

后，他们发现，只有10%的公司真正实现了增长目标。[1]

在一项对长期盈利性增长进行的最广泛的研究中，公司执行委员会（Corporate Executive Board，CEB）的研究人员发现，在过去的50年里，《财富》（Fortune）100强企业中，只有13%可以连续几十年维持仅仅2%的实际年增长率。[2]

我的许多攻读工商管理硕士（MBA）学位的学生被这些结果吓了一跳，也许还感到有些受挫。毕竟，他们已经花了很多心血去学习最新的战略理论、管理最佳实践和分析框架，以确保自己能够取得卓越的商业成就。他们完全有理由期待自己能够攻坚克难，在职业生涯中大获成功。

我十分理解他们的信念和乐观精神，然而，一路的摸爬滚打使我明白，世界上没有什么万应灵丹或是普遍适用的商业战略框架和管理最佳实践可以确保卓越的商业表现。虽说迈克尔·波特（Michael Porter）、布鲁斯·亨德森（Bruce Henderson）、克莱顿·克里斯坦森（Clayton Christensen）、C. K. 普拉哈拉德（C. K. Prahalad）、保罗·努涅斯（Paul Nunes）、扬米·穆恩（Youngme Moon）、丽塔·麦格拉思（Rita McGrath）的战略理论以及本书中涉及的其他理论，见解都十分深刻，令我受益匪浅，但是，我逐渐认识到，真正有效的经营战略要因时而变。同一种通用框架或管理惯例无法适用于所有的商业环境：对一家公司有效的，到了另一家公司，因市场和竞争环境不同，也许就是非常有害的；甚至，在同一家公司，也只是在某个特定的时期有效，商业环境改变后，也许就会失效。

因此，本书旨在分享切实的建议，解决公司高管面临的两个最常见且棘

---

1. 音频文件查看地址：http://www.bain.com/bainweb/media/breeze/five-pillars-of-sustainable-growth。
2. 马修·S. 奥尔森（Matthew S. Olson）、德里克·范贝弗（Derek van Bever）、塞思·韦里（Seth Verry），《当增长停滞不前》（When Growth Stalls），《哈佛商业评论》（Harvard Business Review），2008年3月。

手的问题：

　　☆ 为什么实现和保持长期盈利性增长如此困难？
　　☆ 公司如何实现这一目标？

　　这9年来，我在哥伦比亚商学院开设了两门深受欢迎的MBA课程，其核心关注点正是回答这些问题。在我的职业生涯中，我目睹过也犯过无数错误。如今，我进入学术领域，目的就是帮助下一代的商业领袖规避这些常见的陷阱，并向他们展示更佳的领导之道。我也希望本书能走出哥伦比亚商学院温馨惬意的校园，到达更多读者手里，这是本书另一个积极的出发点。

　　本书那有点奇怪的英文书名[1]是一个隐喻，它道出了所有公司最终要面对的竞争性挑战，以及排除万难以获得可持续盈利性增长所需的管理心态。想象一下狗咬狗的场景：势不两立的狗（公司），为了争夺地盘（市场份额）互相撕咬争斗，而它们的招数（产品和服务）差不多都是一样的。在商业术语中，这番情景通常是用来指代成熟的、商品化的市场，这样的市场具有增长缓慢、利润微薄且竞争激烈的特征，因而任何一家公司都难以脱颖而出。狗咬狗和商战一样，强大的参与者可能会暂时占据上风，但是，争夺主导权的长期战斗往往会使所有的参战者都损失惨重，更别说，还有新一轮战斗爆发这种持续的威胁存在。

　　猫则是另一种动物——它们是聪慧、独来独往的狩猎者，总是倾向于开拓新的地盘，以自己的方式重新界定游戏规则，而不是盲目地参与到没有胜算的混战中。猫身手敏捷、勇于创新，而不是像狗一样以简单复制的策略来获取猎物（顾客）。

---

1. 本书原文英文书名是《*If You're in a Dogfight, Become a Cat!*》。——编者注

在本书中，我将着力描绘许多有着"猫样行为"的公司，它们在竞争激烈、经济行情堪忧的情况下也能打破陈规、脱颖而出。从高科技公司 [苹果公司（Apple）] 到低端技术含量公司 [黄尾袋鼠葡萄酒公司（Yellow Tail）]，从产品销售公司 [搭配小姑娘牌袜子（Little Miss Matched）] 到服务公司 [世民酒店（citizenM）]，这样的例子几乎在各行各业都能找到。

用商业术语来说就是，这些公司通过遵循驱动长期盈利性增长所需的三大战略性规则，避开了激烈的混战，打破了陈规：

☆ 持续创新——不是为了创新而创新，而是为了实现……

☆ 有意义的产品差异化——为消费者所认同并珍视，由……促成。

☆ 业务整合——把公司所有的能力、资源、激励机制、企业文化和流程整合起来，以支持公司的战略设想。

通过持续提供创新的、有差异化的产品和服务，公司就可以用优惠的价格吸引和留住客户，同时也使竞争对手难以复制它们的商业模式。这些成果自然就成为长期盈利性增长的重要推动力。

虽然这些处方看起来好像包含了大量的常识，事实上，公司很难真正将这些必要条件纳入其商业战略的基本层面，这也就凸显了本书的价值所在：探讨为何如此以及该如何应对。

.

第一章
现代商业战略思想的起源

寻求能驱动长期盈利性增长的制胜战略和管理最佳实践并不是件新鲜事。20世纪70年代末，在我的职业生涯刚刚起步时，迈克尔·波特正好发表了《竞争力如何塑造战略》（*How Competitive Forces Shape Strategy*）[1]，如今这篇文章广为人知，被视为现代商业战略思想中最具影响力的支柱之一。在这篇开拓性的文章中，波特确立了"五力"——实质上是一个在特定行业内运营的企业的基本竞争特征——用以解释为何有些企业较之其他企业更具盈利性（图1.1）。

根据波特的逻辑，经理人应该寻求具备下列特征的企业：议价能力比购买者和供应商强，类似或者替代产品进入市场的可能性低，具备能够抑制竞争对手的可持续的竞争优势。对这样的处方我们很难提出质疑。毕竟，谁不想在这样的商业环境中经营企业？但波特对应该如何定位自己的企业并没有提供多少指导意见，他只是说，执行最低成本或最佳产品策略是赢得市场的制胜法宝。

有许多MBA课程仍在讲授波特的五力模型，实际上，这一理论信奉的理念是，行业有内在的"好""坏"之分，这或多或少会对取得更好的财务业绩有影响。我不同意这种观点，在我看来，不论当职者面临怎样的竞争，只要经理人能打破行业陈规，创造出有意义的差异化产品和服务，那在任何行业中都能成为赢家。我还要说，在最低成本和最佳品质之间进行选择是错误的二分法，因为还有一套更为丰富的业绩归因和差异化目标市场定位的组合指标，企业可以利用它来创造引人注目且有利可图的消费者价值主张。

---

1. 迈克尔·E. 波特，《竞争力如何塑造战略》，《哈佛商业评论》，57，2，1979年3—4月，137—145页。

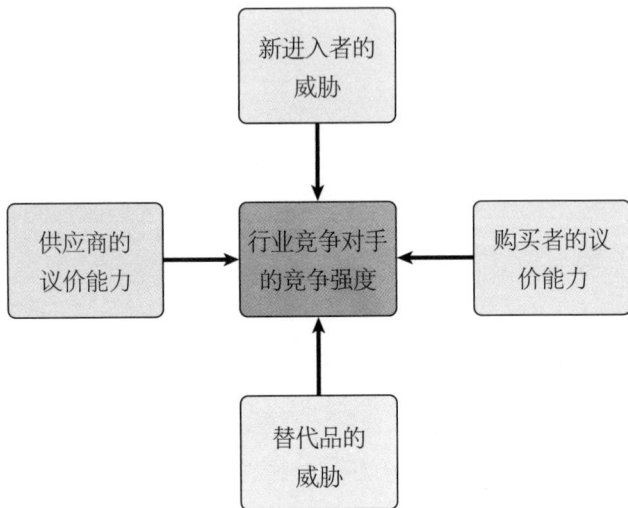

图1.1 波特的五力模型

同样是在20世纪70年代，当时首屈一指的管理咨询公司波士顿咨询集团提出了另一个被广泛接受的理论，也对战略管理思想做出了重大贡献。1970年，BCG的缔造者布鲁斯·亨德森创建了成长–份额矩阵（Growth-share Matrix），根据企业所占的市场份额和全行业增长率，将企业归入不同的象限（图1.2）。[1]在快速成长的行业中占据高市场份额的企业被归入"明星"（star）象限，这是经理人要积极追求的目标。不过，BCG接着说，更好的是，即使明星企业逐渐老迈，行业增长率放缓，它们的高市场份额也有可能带来持续的现金流，从而成长为"金牛"（cash cow），获得对新"明星"进行投资的机会。

毫不奇怪，BCG建议企业应避免涉足被归入"瘦狗"（dog）象限的业务，这个象限代表低增长（甚至是负增长）和低市场份额的业务，企业应从其业务组合中甩掉这一部分。

---

1. 马丁·里夫斯（Martin Reeves）、桑迪·穆斯（Sandy Moose）和蒂伊斯·维尼曼（Thijs Venema），《波士顿咨询集团经典回顾：成长–份额矩阵》（*BCG Classics Revisited: The Growth-share Matrix*），《波士顿咨询集团视角》（*BCG Perspectives*），2014年6月4日。

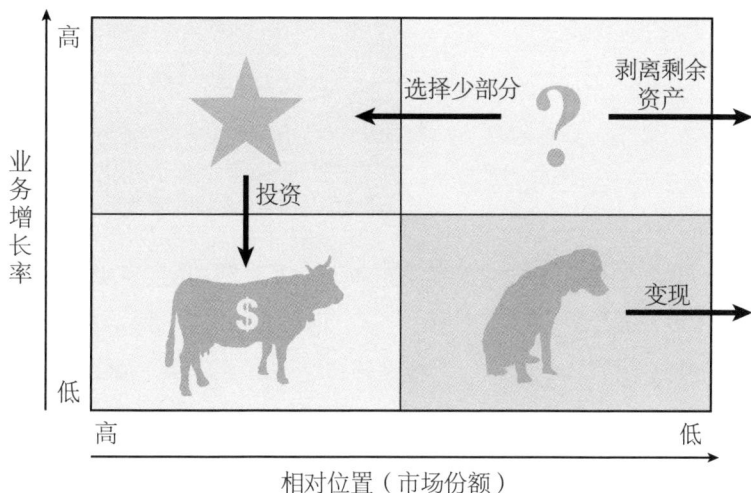

图1.2 BCG的成长-份额矩阵

波特和BCG都提出了颇具宿命论意味的观点，认为个体企业和行业的内在结构性特点基本上决定了企业业绩。作为对这种观点的呼应，沃伦·巴菲特（Warren Buffett）也曾诙谐地说道："当一个信誉卓著的经理人接手一家因基本经济状况差而著称的企业后，最终纹丝不动的仍是这家企业的坏名声，这一点很少有例外。"[1]

这种市场和竞争的结构性观点在当时大行其道，并且促成了20世纪七八十年代商业集团的盛行。像国际电话电报公司（ITT）、联合技术（United Technologies）、通用电气（General Electric，GE）等大型公司都是以多样性的业务组合形式运营的，每个业务部门都处于管理层的持续评估之下，以确定该部门发挥的是什么样的作用，是带动增长、收获现金流还是应该被剥离。于1981—2001年间担任通用电气CEO的杰克·韦尔奇（Jack Welch），就是这种管理思维模式的积极支持者。他在担任CEO后不久就宣布，通用电

---

1. 巴菲特于1989年进行了这项观察。参见卡罗尔·J. 卢米斯（Carol J. Loomis），《沃伦·巴菲特的智慧》（*The Wit and Wisdom of Warren Buffett*），《财富》，2012年11月19日。

气的任何业务部门，只要在行业内无法获得第一或第二市场份额，就必须立即整改，或者被卖掉或关停。在他长达20年的CEO任期内，通用电气剥离了117项业务[1]，收购了近千家公司，其市值增加了将近5000亿美元。[2]

我们很难质疑韦尔奇的成功，[3]但是这种商业理念对于凡夫俗子意味着什么呢？这些凡夫俗子包括大量的商界经理人或者商学院的学生，他们不像沃伦·巴菲特和通用电气那样能够奢侈地买卖公司。本书的读者中，有许多可能正在找工作，或者已经在某个不属于BCG的明星公司之列的公司就职了，这些公司所在的行业，按照波特的五力模型衡量也得不了高分。那么，这是否意味着它们会不可避免地陷入瘦狗业务的泥潭，在市场上几乎没有获胜的希望？

在本书中，我将证明有效的商业战略及其执行能胜过行业结构，即便是那些可能会被沃伦·巴菲特视为名声不佳的行业也是如此。我会提供大量的案例研究，以凸显那些即使置身于衰落且竞争激烈的行业之中，依然取得了成功的企业和品牌——比如西南航空公司（Southwest Airlines）和黄尾袋鼠葡萄酒。

当然，自从20世纪70年代波特和BCG的学说诞生以来，商业战略思想已经获得了长足的发展。在那之后的40年时间里，商业研究者和专业学者已经继续推进了相关理论，包括管理最佳实践、颠覆性商业动态学的解释框架、突破性产品差异化特征以及业务整合对支持有效战略执行的重要性。我在接下来的几节中将对这些重大发展进行探讨。

管理最佳实践的堂吉诃德式求索

20世纪80年代，在某些领域，注意力从关注行业结构转移到了寻求具

---

1. 李·德拉尼科夫（Lee Dranikoff）、蒂姆·科勒（Tim Koller）和安东·施奈德（Antoon Schneider），《剥离：战略中遗失的一环》（*Divestiture: Strategy's Missing Link*），《哈佛商业评论》，2002年5月。
2. 杰克·韦尔奇于1981—2001年间担任通用电气的CEO。参见《杰克·韦尔奇的关键词》（*There's Just One Word For Jack Welch*），《沃顿知识在线》（*Knowledge@Wharton*），2001年9月13日。
3. 自从2001年韦尔奇退休以来，通用电气的市值下降了40%以上。公司市值的下降是因为韦尔奇继任者的无能，还是由于通用电气此前的成功是建立在其大肆进军高风险、过度杠杆化的金融服务业上，仍然存在争议。但无论如何，韦尔奇在担任CEO期间积极地对通用电气的业务进行了重新配置和组合，这一点是毋庸置疑的。

体的管理技术和行为以促进商业成功上。在为了解决这个问题所做出的努力中，有一个很值得注意，那就是由麦肯锡咨询公司（Mckinsey）的顾问汤姆·彼得斯（Tom Peters）和小罗伯特·沃特曼（Robert Waterman Jr.）完成的著作——《追求卓越》（*In Search of Excellence*），该书自1982年出版以来，一直是极为畅销的商业著作。[1]

《追求卓越》的前提非常直截了当并充满诱惑：两位作者认为，通过研究成功公司的商业实践，从中总结出对任何公司来说都可以借鉴并采纳的具体管理行为，从而帮助其取得优秀业绩。

彼得斯和沃特曼深入43家成功公司进行实地考察、调研，以观察商业运营，并采访高管。基于他们的分析，这两位麦肯锡顾问确定了有效管理的八个基本原则，例如付诸行动的能力、与客户保持密切联系、提高员工生产力以及坚持公司最熟悉的组织结构等。用这样笼统的术语来表述，接受这些原则作为完善的业务管理的标志似乎是合理的。

但当大批企业管理者逐页细读《追求卓越》，试图找到一些能帮助他们的公司转变成市场领导者的有用建议时，一个恼人的疑虑就会悄然而生。好多被这本书当成最佳实践案例的公司都已经遭遇了"滑铁卢"：柯达（Kodak）、凯马特（Kmart）、达美航空公司（Delta Air Lines）、王安电脑公司（Wang Laboratories）和德纳控股公司（Dana Holding Corporation），它们一一走向破产。这引起了人们的困扰和疑问。彼得斯和沃特曼所研究的公司在管理上真的非常卓越吗？由这两位作者所确定的有效管理的八大支柱真的是必要的吗？它们足以保证优秀的经营业绩吗？

尽管人们日渐怀疑《追求卓越》的有效性，但是揭开商业成功秘密的强大诱惑力仍然吸引着其他研究者，其中最著名的是吉姆·柯林斯（Jim Collins）。在过去25年里，柯林斯写了6本与《追求卓越》理念相似的著作，包括《基业长青》（*Built to Last*）、《从优秀到卓越》（*Good to Great*）和

---

1. 该书的销量超过300万册，成为第一本吸引了大量读者的商业书籍。参见http://tompeters.com/writing/books。

《选择卓越》（*Great by Choice*），这些书的销量加起来超过了1000万册。[1]

柯林斯的著作之所以与众不同，是因为他的研究方法十分严格。例如，柯林斯运用了配对案例法，在他的样本中，每个成功的公司都与同一行业中一家业绩较低的公司在同一时间区间内进行配对，从而找出它们在管理实践上的差异，这些差异可以解释它们在财务业绩表现上的不同。为了挑选样本，柯林斯制定了严格的业绩标准，只有在很长一段时期内达到这些标准的公司才会被归为"成功"。最后，柯林斯做了大量的数据分析，他审阅了几千页的公司报告、书籍、学术案例研究、分析师报告和新闻报道，以确定高绩效公司通用的最佳管理实践。从如今被广泛使用的"大数据"分析学的视角回顾柯林斯的工作，我们不由得认为，只要对足够大的样本进行分析，就能够揭示出在统计上具有显著特性的最佳实践行为模式了。

柯林斯以高度抽象的方式来表达他的发现，运用了巧妙的首字母缩略语、隐喻和大量的常识，从而使他的发现表现出广泛的适用性。这里举几个从他的书中摘录的例子：[2]

☆ 有远见的公司设定宏大、惊险而又大胆的目标。

☆ 让公司变得伟大的关键因素是拥有"第5级"领导——一位兼具极度的个人谦逊和强烈职业操守的职业经理人。

☆ 先看人，再看事——先让合适的人上车，然后再确定车往哪里开。

☆ 要直面残酷的商业形势，同时永不放弃希望。

☆ 做一只刺猬，而不是狐狸——坚持做一件事情，而且满怀激情全力以赴，你才能达到最佳状态，才能真正靠此谋生。

这些建议本身并没有什么问题，但想要断言在他提倡的管理行为和成功

---

1. 来自吉姆·柯林斯的作者网页。参见http://www.jimcollins.com/about-jim.html。
2. 摘自吉姆·柯林斯所著的以下书籍：《基业长青》，纽约：哈珀·柯林斯出版集团（HarperCollins），1994年；《从优秀到卓越》，纽约：哈珀·柯林斯出版集团，2011年。

的商业结果之间具有某种可预测的关联[1]则根本行不通，这有两个原因：晕轮效应以及战略本身是依环境而生的。

吉姆·柯林斯的管理建议

拥有

宏大的、

惊险的、

大胆的

目标。

晕轮效应

"晕轮效应"描述了人类基于总体印象做出推断的倾向。

入选了名人堂的巴尔的摩金莺棒球队（Baltimore Orioles）前教头厄尔·韦弗（Earl Weaver）曾经说过一句至理名言："当你输球的时候，你并没有看起来那么糟，同样，当你赢球的时候，也没有看起来那么好。"商场如球场，此理亦然。

大量的学术研究都验证了韦弗的观察。[2]例如，如果一个公司增长势头强劲、利润丰厚，而一路高涨的股价又催生了可观的管理股息和广阔的职业提升空间，员工和溜须拍马的商业媒体就会一股脑地为CEO的战略愿景、领

---

1. 吉姆·柯林斯承认，根据他的研究，无法确定一个明确的因果关系，因为通过严谨的实验所构建出的真正因果关系在现实的管理业务中根本不存在。相反，他断言："我们在研究中发现的变量与我们研究的性能模式相关，但我们不能确定一个明确的因果关系。"但正如这一章指出的那样，与他的数据相关的强大的晕轮效应，使他的结果呈现出同义反复而不是相关性的特点，因此，其价值是可疑的。关于柯林斯研究方法的更为详细的描述，参见http://www.jimcollins.com/books/research.html。
2. 瑞士洛桑国际管理学院（IMD）的菲尔·罗森茨魏希（Phil Rosenzweig）教授在他的著作《晕轮效应……以及骗过了管理者的其他8种商业错觉》（*The Halo Effect . . . and Eight Other Business Delusions That Deceive Managers*）〔纽约：自由出版社（Free Press），2009年〕中对这种现象给出了一个很好的解释。另外，丹尼尔·卡内曼（Daniel Kahneman）在他的著作《思考，快与慢》（*Thinking, Fast and Slow*）〔纽约：法勒-斯特劳斯&吉鲁出版社（Farrar，Straus and Giroux），2011年〕中从行为经济学的角度对晕轮效应进行了更广泛的探讨。

导力、专注力和决断力高唱赞歌。毕竟，这些都是主观的衡量手段，而高管显然正在做"对"的事情。但是，如果同一家公司（出于种种原因）在市场上举步维艰，旁观者又会马上掉头从上述几个方面对管理层大肆批判。事实上，这家公司的管理行为可能根本没有多大变化。更确切地说，公司业绩不论好坏，都会造成一个总体印象——一个晕轮——影响着我们对公司战略、领导者、员工和文化的认知。

看一下奈飞公司（Netflix）的CEO里德·黑斯廷斯（Reed Hastings）斩获的殊荣，他被一致认为是硅谷最出色的CEO，而且被《财富》杂志评为2010年度CEO。在其简介中，《财富》把黑斯廷斯评为一个有远见卓识、充满活力、以客户为本、极具前瞻性的领袖。[1]但是之后不到一年，当公司财务业绩因受到一个误入歧途的商业项目的拖累而出现状况时，黑斯廷斯又被诋毁为脱离群众、傲慢以及在困难面前束手无策的CEO。有些分析人士和商业专家甚至要求黑斯廷斯下台。[2]但是，当奈飞公司2011—2015年间重返美国证交所顶级公司之列时，里德·黑斯廷斯又恢复了其受人爱戴的名声。

苹果公司CEO蒂姆·库克（Tim Cook）是另一个晕轮效应的例子——或许，他早期的被神化以及后来在报界失宠，都不符合他的真实形象。2012年6月11日，作为传奇人物史蒂夫·乔布斯（Steve Jobs）——被《财富》奉为"十年最佳CEO"以及"我们时代最出色的创业者"——的接班人，蒂姆·库克登上《财富》杂志封面，被盛赞为从事美国最难工作的人。[3]

正如《财富》当时所写："想想弥漫在苹果公司里的失去乔布斯这位掌舵人的绝望情绪，就能明白后乔布斯时代苹果公司仍在平稳运行是个伟大的成就。"《时代》杂志紧随其后，也对他大加褒奖："他道德感极强，又考

1. 迈克尔·V. 科普兰（Michael V. Copeland），《里德·黑斯廷斯：群体领袖》（*Reed Hastings: Leader of the Pack*），《财富》，2010年11月18日。
2. 后续批评的例子可参见戴夫·史密斯（Dave Smith）的《奈飞财报：为什么黑斯廷斯必须走》（*Netflix Earnings Release: Why Reed Hastings Needs to Go*），《国际商业时报》（*International Business Times*），2011年10月24日。
3. 亚当·拉什斯基（Adam Lashinsky），《蒂姆·库克如何改变苹果》（*How Tim Cook Is Changing Apple*），《财富》，2012年5月24日。

虑周到，平时沉着冷静，必要时斩钉截铁。就像伟大的指挥家乔治·塞尔（George Szell）一样，库克深知追求卓越才能让他所带领的苹果公司奏出和谐美丽的乐章。"[1]

在这个时候，这些赞誉似乎是毫无疑义的。在《财富》杂志刊登这篇报道之时，苹果的股价是每股571美元，比10个月前乔布斯离职时上涨了52%。在随后的几个月里，苹果的股价每股超过700美元，这使得《福布斯》和《纽约时报》猜测，苹果是全球价值最高的公司，很快就能成为首家市值超过万亿美元的公司。[2]

但是，这种情况持续了不到4个月，苹果便在市场上遭遇了几次令人大跌眼镜的失利。其股价下挫25%，《华尔街日报》的报道标题急转直下："苹果的风头输给三星（Samsung）了吗？"[3]至于蒂姆·库克，2013年2月中旬，《福布斯》撰文《蒂姆·库克的问题》，对他能否胜任苹果CEO之职提出了质疑。[4]

难道是里德·黑斯廷斯和蒂姆·库克在短短几个月里就彻底改变了他们的基本管理方法吗？当然不是。倒不如说，这些例子诠释了晕轮效应的重要性：对管理成效的主观评定与整个公司的业绩密不可分。

因此，吉姆·柯林斯（以及之前的彼得斯和沃特曼）的分析只能证明晕轮效应确实存在而且运转良好，而不能证明管理实践的主观印象和公司业绩之间存在因果或者可预测性关系。柯林斯收集并分析了浩如烟海的数据，这是他值得称道的地方，但是，如果基础数据不可靠，那么无论他收集了多少数据，采用了多么复杂的分析方法，都没有意义。跟彼得斯和沃特曼一样，

---

1. 阿尔·戈尔（Al Gore），《全球最有影响力的100人》（*The World's 100 Most Influential People*），《时代周刊》（*Time*），2012年。
2. 尼克·比尔顿（Nick Bilton），《颠覆：苹果会是首个突破万亿美元的公司吗？》（*Disruptions: Will Apple Be the First to Break $1 Trillion?*），《纽约时报》（*New York Times*），2012年9月23日。
3. 伊恩·希尔（Ian Sherr）和埃文·拉姆斯特德（Evan Ramstad），《苹果的风头输给三星了吗？》（*Has Apple Lost Its Cool to Samsung*），《华尔街日报》（*Wall Street Journal*），2013年1月13日。
4. 格雷格·赛特尔（Greg Satell），《蒂姆·库克的问题》（*The Problem with Tim Cook*），《福布斯》，2013年2月13日。参见http://www.forbes.com/sites/gregsatell/2013/02/13/the-problem-with-tim-cook。

不少被吉姆·柯林斯选为管理最佳实践样本的公司后来都跌落神坛，其中包括房利美（Fannie Mae）、电路城（Circuit City）、摩托罗拉（Motorola）和索尼（Sony）。[1]

战略是环境敏感型的

虽然柯林斯的一些管理建议是正确的，但认为可以找到对于在不同行业中处于不同发展阶段的所有公司都适用的成功秘诀，这种理念本身，往好里说是愚蠢的，往坏里说就是危险的。这种理念容易导致战略僵化。在本书中，我们将会看清，有效的商业战略需要不断适应技术、市场和竞争格局的改变，适时做出调整。对一个公司有效的核心战略，对在不同商业环境下运行的另一个公司来说，可能是有害的。

举个例子来说明吧——请把吉姆·柯林斯关于具备远见卓识的领导应该设定宏大、惊险、大胆的目标的建议，当作这个例子的背景——20世纪90年代IBM的CEO郭士纳（Gerstner），领导了有史以来最引人注目的公司转型。在他的第一次分析论证会上，当人们问及他的公司愿景时，他有一段非常有名的答复："现在IBM最不需要的就是愿景！它所需要的是意志坚定的、以市场为导向的、高度有效的战略。"[2]在其任职的第一个完整年度里，郭士纳裁员一半，砍掉了众多经营不善的业务部门，一举拿下了136亿美元的经营利润。1993年IBM面临亏损86亿美元的困境，1994年竟然扭亏为盈，获利50亿美元。

所有的公司都会经历竞争格局的转变。有时富有启发性的、大胆的愿景

---

1. 迈克尔·E. 雷纳（Michael E. Raynor）、蒙塔兹·艾哈迈德（Mumtaz Ahmed）和安德鲁·D. 亨德森（Andrew D. Henderson）在《"伟大"的公司只是因为走好运吗？》（Are "Great" Companies Just Lucky）一文中，对柯林斯书中的分析缺陷进行了透彻的解析，《哈佛商业评论》，2009年4月。
2. 朱迪思·H. 多布任斯基（Judith H. Dobrzynski），《反思IBM》（Rethinking IBM），《彭博商业周刊》（Bloomberg Businessweek），1993年10月4日。参见http://www.businessweek.com/stories/1993-10-03/rethinking-ibm。

是非常有用的，而有时它又变得无关紧要。有时坚持原有组织结构（柯林斯的建议之一）是恰如其分的，但有时这个建议会加速已经陷入困境的公司的衰落。因此，认为通过复杂分析能找到有关管理有效性的永恒和普遍的真理，这一观点是错误的。管理层可以遵循的永恒建议只有一条，那就是，他们应该持续不断地调整商业战略以预判和回应不断变化的环境。有效的商业战略从本质上来说是动态的。

对持续创新的需求

在吉姆·柯林斯出版了他头两部关于如何获得经久不衰的商业成功的著作之后不久，[1]克莱顿·克里斯坦森也出版了有关颠覆性技术的开山之作。克里斯坦森认为，强劲的市场力量会给几乎所有行业的市场领导者带来严重的，甚至是无法克服的威胁。在1997年出版的《创新者的困境》（*The Innovator's Dilemma*）中，克里斯坦森认为，彼得斯、沃特曼和吉姆·柯林斯提出的那些被广为接受的管理最佳实践，比如与客户保持密切联系、坚持公司最熟悉的组织结构等，非常不明智地埋下了商业败北的种子。[2]

克里斯坦森提出的这个命题，含义鲜明且令人震惊，原因有二。第一个原因是它广泛的适用性。尽管名为颠覆性技术，不过，克里斯坦森的理论适用于任何行业，不论是高技术含量的还是低技术含量的，也不论是制造业还是服务业。本书后面的例子还将对这些颠覆性的力量进行详细论述，它们曾经重塑了各行各业的竞争平衡，例如钢铁、图书出版、计算机、旅行社和健

1. 吉姆·C. 柯林斯和杰里·I. 波拉斯（Jerry I. Porras），《基业长青：高瞻远瞩的公司成功的习惯》（*Built to Last: Successful Habits of Visionary Companies*），纽约：哈珀·柯林斯出版集团，1994年；吉姆·C. 柯林斯和威廉·C. 拉齐尔（William C. Lazier），《超越创业：使你的企业变成一家持久的大公司》（*Beyond Entrepreneurship: Turning Your Business into an Enduring Great Company*），新泽西，帕拉默斯（Paramus）：普伦蒂斯·霍尔出版社（Prentice Hall），1995年。
2. 克莱顿·M. 克里斯坦森，《创新者的困境：当新技术让大公司走向失败时》（*The Innovator's Dilemma: When New Technologies Cause Great Firms to Fail*），马萨诸塞，波士顿：哈佛商学院出版公司（Harvard Business School Press），1997年。

康服务等领域。在有些情况下，行业被颠覆是由于突破性的技术，但在许多其他情况下，行业颠覆的动力并非来自新产品技术，而是来自低技术组件的混搭或商业模式的创新。例如，维基百科（Wikipedia）取代《不列颠百科全书》（*Encyclopedia Britannica*）并占据支配地位，取决于因特网技术，而如今在沃尔玛（Wal-Mart）、药品零售商CVS和其他零售网点随处可见的无须预约的诊所，就是基于日常医疗服务的新商业模式，这比去传统诊所就诊更方便和便宜（表1.1）。

关于颠覆性技术理论第二个值得注意的原因是，克里斯坦森以一种简洁明了的方式，阐明了他的著作所关注的几个核心问题：

☆ 公司保住市场领导者的地位为何如此之难？

☆ 颠覆性技术和商业模式为何总是由新进入者引入，而不是当前的市场领导者？

☆ 当前的市场领导者应该如何防范这种困境？

表1.1　颠覆性技术的行业例子

颠覆性技术	现有产品
数码摄影	胶片
维基百科	传统的百科全书
在线预订服务	旅行社
超声波	X射线成像
免预约诊所	初级保健医生
小钢铁厂	大型综合钢铁厂
个人电脑	小型电脑和大型机

关于克里斯坦森的著作，我在后面会详加探讨，不过他的观点的实质是，市场领导者有强烈动机优先考虑他们最好和最挑剔的消费者当前的需求。毕竟，经理人应该对市场做出反应，并且积极参与竞争，从而保护其核

心业务不受传统竞争对手（那些试图以更加复杂的产品和技术挖走你的最优消费者的对手）的威胁。许多行业的最终结果就好比特性–功能的"军备竞赛"，竞争对手们争先恐后地不断改进其高精尖的产品，力图压倒对方。[1]随之而来的结果却是，产品性能的不断改进最终演变成为日益增多的消费者提供过度服务，而消费者却并不看重或者不愿为日益精良的一流产品买单。

过度竞争的市场为颠覆性的技术公司打开了门户，使其能够提供可以满足消费者需求的物美价廉的商品。例如，在20世纪70年代进入消费者市场的早期个人电脑（如苹果II），当时在性能上根本无法与强大的小型计算机和工作站相提并论，却是一款精通技术的消费者负担得起的产品。

市场上最挑剔的消费者起初对这些"低劣的"产品并不感冒，而市场领导者通常对于颠覆性技术也不屑一顾，因为他们担心这会影响优质产品的声誉，或是冲击他们高端产品的利润率。但随着时间的推移，低端颠覆性技术的性能稳步改进，日益成为现有产品的替代品，越来越受青睐。在许多行业，颠覆性技术最终会淘汰老产品，引入全新的竞争对手和产品性能标准。这种创造性破坏的模式[2]在表1.1列出的各类产品中都曾反复出现。

克里斯坦森继续在不同行业中提炼他的颠覆性技术理论，最近还将这一理论拓展到了教育、医疗保健甚至国民经济等部门，以研究这些行业中的动

---

1. 克里斯坦森书中的"持续性技术改进"是指随着时间的推移，所有公司对其核心产品的持续性改进。例如，每一代新的个人电脑有更快的处理器、更多的存储空间和更高的屏幕分辨率。在某些时候，最先进的电脑性能太过优异，已超出大多数消费者的需求，这就给颠覆性新进入者更多的机会向这些被过度服务的消费者提供性价比更高的产品，以满足他们的需求。
2. "创造性破坏"这个术语是奥地利经济学家约瑟夫·熊彼特（Joseph Schumpeter）在20世纪40年代首次提出的。它是指，在产业转型和经济结构的持续变革中，不断除旧迎新的过程。克里斯坦森认识到，在颠覆性技术理论中涉及的这些力量已经存在了几个世纪，他的理论试图解释为什么这种力量是如此普遍和不可避免。

态变化。[1]他的著作被广泛认为对商业战略理论具有最重要的贡献。[2]

但在许多方面，克里斯坦森已经被他取得的成功所拖累，因为，现在颠覆这个词已经被不恰当地应用于各种不同的商业环境中，几乎跟作者最初所指毫不相干了。例如，近来不论真实的商业环境如何，那些靠风险资本起家的创业者全都把自己的初创公司称为颠覆性企业。而且，老牌公司也标榜自己的产品和服务是颠覆性的。近来，在推出A.M.脆卷时，塔可钟（Taco Bell）的首席营销官吹嘘道："早餐只是一个开始，我们的目标是大胆地颠覆餐饮业。"[3]另外，那些自称颠覆专家的人已经形成了一个作坊式产业，纷纷提供咨询服务、讨论会和研修班，趁着克里斯坦森的颠覆性技术理论受到追捧的机会大发横财。[4]

对颠覆性技术理论的滥用导致一些批评家质疑克里斯坦森学说的可信度。例如，最近在一次极为激烈的论战中，哈佛大学历史学家吉尔·莱波雷（Jill Lepore）称克里斯坦森的著作为"一种建立在恐惧、焦虑和站不住脚的证据基础上的变革理论"。[5]

---

1. 在他的头一本书《创新者的困境》中，克里斯坦森主要将精力集中在解释他的颠覆性技术理论上，并从各行各业中借鉴了大量的例子。但他在现有的公司如何避免成为颠覆性受害者的问题上并没有提供多少建议。他的下一本书《创新者的解决方案》（The Innovator's Solution），是与迈克尔·雷纳在2003年共同撰写的。这本书讲了企业该如何有效地实现自我颠覆并维持长期增长。之后，在2004年，克里斯坦森又与斯科特·安东尼（Scott Anthony）和埃里克·罗思（Erik Roth）合著了一本名为《远见：用变革理论预测产业未来》（Seeing What's Next: Using the Theories of Innovation to Predict Industry Change）的书，这本书阐述了颠覆性变化是如何影响一些新兴行业的未来发展的，这些新兴行业包括教育、航空、电信、半导体和医疗保健等行业。克里斯坦森也用自己的理论框架来解释国家经济的动态增长或停滞现象，参见克莱顿·M.克里斯坦森、托马斯·克雷格（Thomas Craig）和斯图亚特·哈特（Stuart Hart）的《大破坏》（The Great Disruption），《外交》杂志（Foreign Affairs），2001年3—4月。

2. "50大管理思想家"（Thinkers 50）被称为管理界的奥斯卡，每两年评选一次，会对最有影响力的商业理论贡献者进行表彰。克莱顿·克里斯坦森分别在2011年和2013年获得了最高奖。参见http://www.thinkers50.com。

3. "品牌频道网站"（Brandchannel），2014年5月2日。参见http://www.brandchannel.com/home/post/2014/05/02/140502-Taco-Bell-Disruption.aspx。

4. 例如，奥姆尼康集团（Omnicom）旗下的腾迈广告公司（TBWA Worldwide）曾经为客户组织了数百次"颠覆之日"（Disruption Days），其目的是寻找新的颠覆性商业理念。参见http://www.the-chiefexecutive.com/features/feature71671。

5. 吉尔·莱波雷，《颠覆机器：创新的信条为何有误》（The Disruption Machine: What the Gospel of Innovation Gets Wrong），《纽约客》（New Yorker），2014年6月23日。哈佛商学院前教授克拉克·吉尔伯特（Clark Gilbert）对莱波雷的观点做了回应，为克里斯坦森著作的正确性进行了辩护。参见http://www.forbes.com/sites/forbesleadershipforum/2014/06/30/what-jill-lepore-gets-wrong-about-clayton-christensen-and-disruptive-innovation。

具有讽刺意味的是，如果克里斯坦森的研究的确有可质疑之处，那就是太过狭隘地聚焦于对行业颠覆的一种特定解释上。例如，2007年，他曾对《商业周刊》（*Business Week*）的记者讲道："（颠覆性技术）理论预测，苹果不可能凭借iPhone获得成功。"他还补充道："在这方面，历史胜于雄辩。"[1]但是，克里斯坦森那种发轫于低端市场的颠覆理论并不适用于苹果的iPhone。根据克里斯坦森的观点，像苹果这种高端、封闭系统的用户最后都将不可避免地被安卓这种低成本、开放系统的后来者所颠覆。

但是事实上，有一类极具颠覆性的产品，其市场发展轨迹与克里斯坦森所提出的完全不同。具体来说就是，高端颠覆者首先瞄准未开发的"处女地"，即未享受到充分服务的客户，它们先高价提供性能卓越的产品，然后再降低价格（产品性能也有可能随之下降）来开拓市场。例如，联邦快递（FedEx）最初先推出隔夜送达服务，比竞争对手的包裹递送服务更快，但是运费也更高，靠着这项服务，它迅速获得了市场渗透。接下来，联邦快递又推出了两日送达服务，但是运费降低，它以此继续扩大市场范围。同样，亚马逊最初以399美元的价格推出金读电子阅读器（Kindle），其性能优于既有的电子阅读器（对于技术控的消费者而言，也优于精装纸质书）。但随着时间的推移，亚马逊把电子阅读器的价格降到了79美元，同时还提高了性能，这极大地拓展了其产品的市场范围。苹果的iPod遵循的也是这种高端颠覆性技术轨迹，它刚上市时的价格为399美元，后来又降低到99美元。

克里斯坦森提出的颠覆性技术理论和图1.3中提到的高端颠覆性技术范例有两个共同特点：它们代表了相反的市场切入点——要么高性能和高价格，要么低性能和低价格；它们通常都需要好几年时间才能显示出其改变一个行业的颠覆性效应。

但是，如果一个颠覆性创新能以比现有产品更出色的性能和更低廉的价

---

1. 弗雷德里克·E. 艾伦（Frederick E. Allen），《克莱顿·克里斯坦森的"颠覆性创新"是一个神话吗？》（*Is Clayton Christensen's "Disruptive Innovation" a Myth?*），《福布斯》，2014年6月17日。参见http://www.forbes.com/sites/frederickallen/ 2014/06/17/is-clayton-christensen-disruptive-innovation-a-myth。

格进入市场会怎么样呢？这正是引人注目的大爆炸式颠覆者的价值主张，它会顷刻间掀翻原本稳固的公司，就像拉里·唐斯（Larry Downes）和保罗·努涅斯在他们最近的新书中所描述的那样。[1]

图1.3 相对于同类型中最优秀的产品，颠覆性产品的特征

举个例子，让我们回想一下佳明（Garmin）、TomTom和麦哲伦导航（Magellan Navigation）公司生产的便携式和车载GPS导航设备的市场，这些产品在21世纪初期兴起。与通常的持续性技术一样，这些设备不断改进，从而提高了性能，降低了价格。但是，2007年，智能手机版谷歌地图发布了。这款突然出现的产品，价廉（免费）、物美（更加准确，更新即时）、便捷（无须专门的附加设备）、个性化（直接接入用户智能手机）。便携式GPS设备市场迅速崩溃，在谷歌地图推出的第一年里，大约有1亿用户下载安装。一年后，用户翻番。[2]

---

1. 拉里·唐斯和保罗·努涅斯，《大爆炸式颠覆：颠覆性创新时代下的策略》（*Big-Bang Disruption: Strategy in the Age of Devastating Innovation*），纽约：Portfolio出版社，2014年。
2. 史蒂夫·丹宁（Steve Denning），《商界最糟糕的噩梦：大爆炸式颠覆》（*Business's Worst Nightmare: Big-Bang Disruption*），《福布斯》，2014年1月7日，参见http://www.forbes.com/sites/stevedenning/2014/01/07/businesss-worst-nightmare-big-bang-disruption。

其他经历了大爆炸式颠覆的产品包括：照相机、寻呼机、手表、地图、图书、旅游指南、手电筒、家用电话、录音器、收银机、闹钟、电话应答机、黄页、钱包、钥匙、外语常用语手册、晶体管收音机、电子记事本、遥控器、报纸和杂志、查号服务台、旅行社和保险公司、餐厅指南和袖珍计算器。

大爆炸式颠覆之所以能如此迅猛地发展，一方面是由于在产品性能改进上，软件比硬件发挥的作用更大，另一方面是由于软件驱动开发成本大幅度下降。

唐斯和努涅斯夸张地警告：“你无法预见大爆炸式颠覆的到来，你无法阻止它，也无法逾越它。老式的颠覆使得创新者陷入困境。大爆炸式颠覆是创新者的灾难。在很长一段时间内，它会让所有行业的管理者都冒冷汗。”[1]

当然，并不是所有行业都同样容易发生大爆炸式颠覆。但是，颠覆性技术动态学的发展理论表明，经理人应该预料到产品生命周期和行业结构的剧变是持续不断的。这其中的重要含义是，企业已经不能再指望长期保持竞争优势，除非它们时刻准备颠覆自己。这正是丽塔·麦格拉思在她的新书中提出的观点，这本书的书名也非常应景：《竞争优势的终结：如何让你的战略和业务并驾齐驱》（*The End of Competitive Advantage: How to Keep Your Strategy Moving as Fast as Your Business*）。[2]麦格拉思指出，长期以来，经理人都被教育和激励着去争取长期的竞争优势，因此他们很难掌握这个至关重要的新管理技能：知晓何时应该见好就收，在市场表现依然抢眼时就选择撤掉一个产品或者退出一个市场。

因此，从过去40多年来商业战略思想的演变中，我们必须学到的第一个要点就是，对持续创新的不懈和加速需求。

---

1. 唐斯和努涅斯，《大爆炸式颠覆》。
2. 丽塔·麦格拉思，《竞争优势的终结：如何让你的战略和业务并驾齐驱》，哈佛商业评论出版社，2013年。

对有意义的差异化产品的需求

我在哥伦比亚的商业战略课上，经常会跟学生分享我最近购买一瓶洗发水的妙趣逸事。由于我不是居家日常用品的主要购买者，对于头发护理也完全是外行，当我站在附近杂货铺的洗发水货架前时，我立刻不知所措了。摆在我面前的是令人眼花缭乱的洗发水瓶，形状、大小和颜色各不相同，但都标榜使用该种洗发水可以令头发更加水润、更有光泽、更加柔顺！对于我笨拙的眼睛来说，如此多样的选择是一个莫大的挑战，最后我选了一瓶看起来很漂亮的洗发水，瓶子是黑色塑料做的，瓶身上有白色和金色相间的图案，至于是什么品牌的，我就不记得了。

这个小插曲本身没有什么深刻含义，但它可以表明，对于很多类别的消费品，生产者们不择手段地谋取竞争优势，无休止地相互复制对方的独特特征，却使得整个消费品类失去了有意义的产品差异性。当然，在许多消费品类中，许多有形或无形的差别把高价品和廉价品区分开来了，但实际上，在消费者眼中，这些产品并没有什么有意义的差异。

扬米·穆恩在她那本文笔优美的著作《差异：摆脱竞争跟风》（*Different: Escaping The Competitive Herd*）中[1]，抓住了这个普遍存在的问题的实质：

在许多不同类别的消费品中，产品差异化已经很难达到，因为我们圉于竞争本身，竞争反而成了差异化的桎梏……公司发觉它们进入了一种参与竞争的怪圈，它们越来越擅长生产充满了异质性的同质产品，或者说是不同的克隆产品。换句话说，它们已经变成了某种形式的模仿大师。产品没有区分度，只有模仿。然而，因为这个特定形式的模仿披着产品差异化的外衣，使得公司经理人的脑海中依然有着一个竞争性产品区分度的迷思。但大多数消费者都明白，皇帝并没有穿着新衣。[2]

1.扬米·穆恩，《差异：摆脱竞争跟风》，纽约：皇冠商务出版社（Crown Business），2010年。
2.同上。

如果你还怀疑这个问题的真实性，那你就扪心自问，你能否清楚地说出三菱（Mitsubishi）汽车和马自达（Mazda）汽车、佳洁士（Crest）牙膏和高露洁（Colgate）牙膏、好奇（Huggies）纸尿裤和帮宝适（Pampers）纸尿裤在消费者价值上的明显区别。零售店品牌正在利用品牌区分度的不断式微，在不同的快消品行业中赢取份额。

面对这个挑战，我的许多学生质疑，在快消品、日用品或者其他情感依赖不高的产品中是否有可能创造出有意义的产品差异。在他们看来，人们很容易嫉妒史蒂夫·乔布斯、杰夫·贝索斯（Jeff Bezos）和优步（Uber）CEO特拉维斯·卡兰尼克（Travis Kalanick）等创新者，他们用杰出的技术从根本上改变了全球产业结构，而这种机会却很少存在于那些平凡无奇的商品中，比如碳酸软饮料、袜子或者佐餐葡萄酒。

事情果真如此吗？扬米·穆恩指出，要创造真正有创新性和有意义的差异化产品，就应该将一类产品作为整体去寻找其弱点，而不是只针对个别产品或者品牌。以袜子为例，这类商品潜在的弱点在于它的一大特点，而这个特点正是我的学生认为这类商品无法实现突破性创新的原因：袜子实在是乏味无趣！它们总是成双成对，满足纯粹的功能需求（例如，运动袜和连裤袜），几乎不会产生情感诉求。因此，这类商品的品牌知名度和客户忠诚度都比较低，人们也不愿意为此类商品花更多的钱。

但是，如果有人对致使袜子无聊乏味的所有潜在分类标准发起挑战的话，会发生什么呢？比如，如果袜子不是成对销售，而是三只一组销售，会怎么样？如果同一组袜子两只不是一模一样的呢？或者，如果它们总是以浓烈大胆的图案亮相，并且不断推陈出新，其最新设计总能引发市场热议，又会是什么情形？你可能会认为这些想法很荒谬，倘若如此，我想你和你的朋友大概不属于吞世代[1]（tweens），吞世代会趋之若鹜地大量抢购搭配小姑娘牌袜子。[2]

---

1. 吞世代，是指8—14岁具有自己的主张和超强购买力的青少年。——译注
2. 参见http://littlemissmatched.com/t/category/girls-socks。

在颠覆日常用品行业方面，搭配小姑娘并不是独一无二的。在表1.2所展示的各个案例中，创新型公司都抓住了机会，通过重新构建产品标准和行业惯例，为没有充分享受服务的客户提供价值，从而打造出全新的吸引力。

图1.4 搭配小姑娘牌袜子的设计

表1.2 有意义的市场差异化的成功案例

公司	行业	行业标准
搭配小姑娘	服饰及配饰	袜子是乏味的
斯沃琪（Swatch）	手表	手表是功能性工具，你只需要一块
太阳马戏团（Cirque du Soleil）	马戏团/娱乐业	动物是马戏团里的明星
诺和诺德公司（Novo Nordisk）	医药业	胰岛素被卖给医生，主要基于其技术优势
任天堂（Nintendo）	游戏业	市场总是青睐性能更加强大的产品
卡塞拉家族品牌（Casella Family Brands）	葡萄酒业	葡萄酒适合特殊场合，通常只有葡萄酒"发烧友"才会饮用
美国有线电视新闻网（CNN）	电视新闻业	一天当中，新闻只在三个时段播报
可尔姿（Curves）	健身业	只有那些复杂的器材和高强度的健身课才具有市场价值

W. 钱·金（W. Chan Kim）和勒妮·莫博涅（Renée Mauborgne）在2005年出版的广受好评的著作《蓝海战略》（*Blue Ocean Strategy*）中，也将

注意力集中在讨论有意义的产品差异化的重要性上。[1]这个书名取自有关红海和蓝海的隐喻。红海指传统市场，在明确的产品分类标准界限之内运行（即表1.2中的第三列），鲨鱼般的竞争对手在激烈的商战中血腥地相互厮杀，抢夺现有客户。置身于红海中的公司通常要面对增长缓慢、利润空间收窄和无尽的价格压力。金和莫博涅认为，公司可以通过对其产品进行有意义的区分来打造蓝海市场，不但服务现有的客户，还可以服务先前置身于红海市场的公司未曾开发的大量潜在的客户群，从而抓住尚无竞争的市场机会。

如果执行得当，蓝海战略可以通过跻身广阔的、未经开发的市场创造巨大价值，就像任天堂开发的家用视频游戏机Wii那样，它吸引的是大众市场的消费者，而不是那些铁杆的游戏达人，这样就可以独辟蹊径，绕开竞争，以一种前所未有的、不可复制的方式创造价值。太阳马戏团和CNN也是这样做的。

蓝海市场中胜利者的成功突围终究还是会引发竞争，再次把蓝海变成红海。例如，在金和莫博涅的书中提到的许多蓝海战略的样板企业，随后都遇到了激烈竞争，这再次证明了持续创新的重要性。

因此，从商业战略思维的发展演化中浮现出来的第二个战略要点是，需要在市场上创造有意义的差异。但是，即使公司成功地在狗咬狗之战中把自己变成了一只猫，它们必然会再次陷入另一场狗咬狗的混战，这只是时间问题。长期盈利性增长要求对不断发展变化的市场有持续的预判能力，并能随机应变。

对业务整合的需要

一方面要意识到持续创新的战略重要性，其目的是打造有实质区分度、能带来市场变革的产品；而另一方面则要寻求一个组织，整合其能力、商业实践、资源和激励机制，强强联合，强有力地支持第一个使命的执行。但残酷的现实是，在太多的公司里，CEO希望能提供让客户满意的创新产品，

---

1. W. 钱·金和勒妮·莫博涅，《蓝海战略》，马萨诸塞，波士顿：哈佛商学院出版公司，2005年。

而实际的日常管理指令却在妨碍这个目标的实现，两者之间存在着严重的脱节。

回想一下你自己的商业经历吧，我想你可能已经见识过那些抑制了持续创新和形成有意义的产品差异的管理实践了。

销售额

销售人员的报酬往往与短期的销售额挂钩，而推销得到市场认可的成熟产品更能保证销售额。新产品——特别是那些需要付出更大努力以新的价值定位去"教化"潜在客户的，或那些有可能破坏现有的客户关系或者会影响现有产品销售的——往往被销售人员所忽视。此外，企业内部对于广告费用、商业促销和其他资源的竞争，也常常会夺走这些新产品要获得成功所必需的关键资源。

财务

想获得突破性创新，就要持续不断地在研发上投入资金，而首席财务官（CFO）往往对此兴趣不大，因为其收益通常是滞后的。例如，在一项对400家上市公司的调查中，80%的CFO表示，如果公司有不能达到收益预期的迹象，他们会削减研发预算和其他自由支配的预算，以求达到预期。[1]产品研发团队需要使尽浑身解数来争取不确定的资金，资金分配是与公司年度预算周期挂钩的，而且管理层兴趣的转移或领导的更迭都很容易导致公司取消对项目的支持。新产品计划往往必须严格遵守不切实际的开发期限和投资收益率

---

1. 约翰·R. 格雷厄姆（John R. Graham）、坎贝尔·R. 哈维（Campbell R. Harvey）、希瓦·罗基戈帕（Shiva Rajgopal），《公司财务报告的经济意义》（*The Economic Implications of Corporate Financial Reporting*），国家经济研究局（National Bureau of Economic Research）研究报告10550，2004年6月。参见http://www.nber.org/papers/w10550。

门槛，而且带有指标的商业计划也不适合早期风险投资，所以这些计划的死亡率很高。[1]

人力资源

跨领域的新产品开发团队往往会被业务部门经理剥夺一些关键性的管理技能，因为这些经理会把最优秀的人才攥在手心里，让这批人专注于明确的商业需求。那些勇于尝试，但最终并未成功的项目领导者，往往会被降职或解雇，这就给组织内的其他人释放了一个强烈的信号，这些创新项目是会给个人带来风险的。

行政管理

几乎所有的CEO都承认持续创新对组织行政管理机构的重要性，但是，他们当中很少有人能对其进行有效管理。普华永道（PwC）2013年针对全球246个CEO所做的一项调查显示，97%的CEO认为创新是公司的重中之重，然而只有37%表示他们在这方面发挥了领导作用（比例已经比3年前的12%有所上升）。[2]2008年麦肯锡所做的一项调查显示，70%的高管认为创新是位居公司前三位的头等大事，但是，只有27%表示创新能够充分融入公司战略规划的

---

1. 惠普公司的前首席技术官菲尔·麦金尼（Phil McKinney）发现，在大型企业中，很大一部分新项目投资都将在18个月后被终结。麦金尼的"18个月定律"讲的是，新的投资普遍在一个财年的半途开启，其资金是从现有的预算中拼凑出来的，公司对项目结果抱以非常高，甚至是不切实际的期待。当下一个完整的预算周期到来时，项目已经处于有条不紊的进行阶段，资金也已经全部到位，谁都不想给项目带来任何影响。而下一次融资决定就该另当别论了。当第二个预算周期到来时，新的优先事项会挤掉正在进行的发展工作，特别是背负着不切实际的财务指标的那些。菲尔·麦金尼，《为何项目因错误的原因而被取消》（*Why Projects Are Cancelled for the Wrong Reasons*），《福布斯》，2011年3月10日。参见http://www.forbes.com/sites/philmckinney/2011/03/10/why-projects-are-cancelled-for-the-wrong-reasons。
2. 普华永道，《发挥创新之力》（*Unleashing the Power of Innovation*），2013年7月。参见http://press.pwc.com/GLOBAL/innovation-a-top-priority-for-business/s/918ccaab-2d82-4889-bc41-9905b3a4b9ec。

流程中。[1]结果，麦肯锡发现，近三分之二的高管承认，他们对于有关创新的管理决策只有一点自信或者根本没有。[2]

在大多数CEO每年的高管薪酬中，有相当一部分是与每股收益和股票价格挂钩的，这激励了短期业绩以及对创新和增长进行长期再投资的金融工程。有人可能会认为，这些薪酬激励机制将使CEO与股东们结成利益同盟，然而事实是，最近被用于股票回购和股息的公司收益比例达到了前所未有的高度，这削弱了公司为了保持增长而进行再投资的能力。例如，2014年，美国上市公司用于股票回购和股息上的开支已经超过了这些公司净收入的总和。[3]马萨诸塞大学（University of Massachusetts）的威廉·拉佐尼克（William Lazonick）所做的数据分析证实了，自从20世纪80年代初期公司对公开市场的回购限制被大大放松以来，股票回购和股息消耗了标准普尔500指数80%的净收入，限制了可用于公司发展再投资的资本数量。[4]

一位投资基金经理发现："除非你有一项真正增长型的业务，否则金融工程也没多少用武之地。公司都在竭尽所能最大限度地回购。"[5]以IBM为例，2008—2013年间，IBM将公司累计净收入的102%用在股票回购和支付股息上。在这段时期内，尽管其收入和营运现金流都在下降，但其股票价格几乎翻番。然而，在2015年第三季度，公司收入连续14个季度下滑的消息披露后，IBM的股价一下子落到了5年来的最低点，比2013年的股价峰值下跌了近40%。

1. 乔安娜·巴斯（Joanna Barsh）、马拉·M.卡波齐（Marla M. Capozzi）、乔纳森·戴维森（Jonathan Davidson），《领导与创新》（*Leadership and Innovation*），《麦肯锡季刊》（*McKinsey Quarterly*），2008年1月。
2. 同上。
3. 卡伦·布雷特尔（Karen Brettell）、戴维·加芬（David Gaffen）、戴维·罗德（David Rohde），《股票回购达到历史最高，表明美国企业正在自我毁灭》（*As Stock Buybacks Reach Historic Levels, Signs That Corporate America Is Undermining Itself*），《路透社调查报道》（*Reuters Investigates*），2015年11月16日。参见http://www.reuters.com/investigates/special-report/usa-buybacks-cannibalized。
4. 威廉·拉佐尼克，《只有利润，没有繁荣》（*Profits Without Prosperity*），《哈佛商业评论》，2014年9月。
5. 引用自"共同基金之家"（Mutual Fund Store）管理90亿美元的首席投资官克里斯·布法德（Chris Bouffard）所说的话，参见http://www.bloomberg.com/news/2014-10-06/s-p-500-companies-spend-almost-all-profits-on-buybacks-payouts.html。

最重要的是，公司用创新来驱动成长的战略构想总是与其实际管理行为严重脱节。我们在本书后面的章节里将详细探讨个中原因，这里先简要提及其中的几个方面，包括扭曲的薪酬激励机制、匮乏的创新业务实践以及——或许是更深层次的原因——人性的弱点，包括对未知的恐惧、狂妄自大和拒绝改变，这些都削弱了管理的有效性。

商业研究人员早就意识到，有必要整合公司的能力、资源、激励机制和企业文化，来为其战略重点提供强有力的支持。例如，在我职业生涯的早期，即在我为博思艾伦汉密尔顿咨询公司（Booz Allen Hamilton）做战略咨询顾问[1]时，出现了一种关于管理有效性的新理论，它有一个响亮的名号——"能力驱动战略"。普拉哈拉德和加里·哈梅尔（Gary Hamel）合著的颇具影响力的著作《竞争大未来》（*Competing for the Future*）指出，市场领导者要想获得成功，需要一系列可确定的核心竞争力，以助其战胜竞争对手。[2]这些竞争力（后来也被称为能力）可以是工程、产品设计、专有制造技术、供应链优化或者营销力等，在这些方面有所专精者就能以独特的方式展开竞争。[3]

例如，以能力驱动战略的视角来观察的话，沃尔玛可以被看成是利用它全球采购和供应链优化的专长来构建其坚不可摧的竞争优势的：每天低价供应丰富货品。宜家（IKEA）也如出一辙，利用其产品设计的专有知识，创造了全球最大的家具企业。耐克（Nike）则凭借其在营销和产品开发方面的专长，在体育器材和服装领域赢得了全球市场领导者的地位。

实行能力驱动战略的公司，被鼓励正式承认其核心能力的战略重要性，加大投资力度，以确保持续的竞争优势，并利用市场机会，拓展它们的专长领域。

---

1. 自我在博思艾伦汉密尔顿咨询公司工作以来，该公司共经历了两次重大变化。2008年，企业咨询集团从政府咨询工作中分离出来，换了新的名字"博思"。2013年，博思被普华永道收购，并更名为Strategy&。
2. 普拉哈拉德、加里·哈梅尔，《竞争大未来》，马萨诸塞，波士顿：哈佛商学院出版公司，1994年。
3. 保罗·莱因万德（Paul Leinwand）、切萨雷·R. 马伊纳尔迪（Cesare R. Mainardi），这两人都极力倡导能力驱动战略，《基本的优势：如何利用能力驱动战略取胜？》（*The Essential Advantage: How to Win with a Capabilities-Driven Strategy*），马萨诸塞，波士顿：哈佛商业评论出版社（Harvard Business Review Press），2010年。

这个主题继续发扬光大，得益于贝恩公司的顾问克里斯·祖克和詹姆斯·艾伦2001年出版的著作《回归核心》（*Profit from the Core*）及其姊妹篇《超越核心》（*Beyond the Core*）。[1]祖克和艾伦认为，大多数增长战略未能创造价值（甚至破坏价值）的主要原因是，公司进行多样化经营，错误地背离了核心业务。作者认为，立足明确的核心业务，确立市场支配力量，仍然是竞争优势的关键来源，也是成功扩张的最坚实可行的平台。

为了支持他们"坚持本行"的良方，祖克和艾伦分析了几百家初创公司的业绩，结果表明，公司越偏离它的核心竞争力，就越快地走下坡路。在分析中，每一项新业务都按照与核心业务的邻近步幅来分类。例如，瞄准一个新地理区域或者一个新客户群会被认为是偏离核心一步，一项新产品技术会使偏离增加一步，新的分销渠道又会使偏离再增加一步。

祖克和艾伦的分析显示，在一个邻近步幅内开展业务的成功率为37%，大大超过平均为30%的整体成功率。第二步幅内的业务成功率就降至28%。而那些偏离核心三个邻近步幅的业务，成功率会骤降至10%以下。（见图1.5）

例如，沃尔玛在继续完善其核心竞争力——供应链管理的同时，在一个邻近步幅内寻求新的增长点，比如在其现有的大型零售店内推出食品杂货，并将其天天低价的理念拓展到它旗下的山姆会员商店（Sam's Club）。相比之下，凯马特却未能将投资用于升级它的核心竞争力，而是背离其主营业务，在新产品类别和新地域内进行分散并购，其中包括美国运动连锁店Sports Authority、办公用品超市OfficeMax、沃尔登书店（Waldenbooks）和建材连锁超市Builders Square。凯马特在2002年最终宣布破产前，放弃了许多已收购的公司。同样的，美国运通（American Express）也试图开展多样化经营，向中介和保险服务领域拓展业务，但未能成功，而它在核心业务

---

1. 克里斯·祖克和詹姆斯·艾伦，《回归核心：动荡年代的增长回归》（*Profit from the Core: A Return to Growth in Turbulent Times*），马萨诸塞，波士顿：哈佛商学院出版公司，2001年；克里斯·祖克，《超越核心：不失根基，开拓市场》（*Beyond the Core: Expand Your Market Without Abandoning Your Roots*），马萨诸塞，波士顿：哈佛商学院出版公司，2003年。

邻近范围内开展的拓展新客户和商业信贷类别业务，却使核心业务继续蓬勃发展。

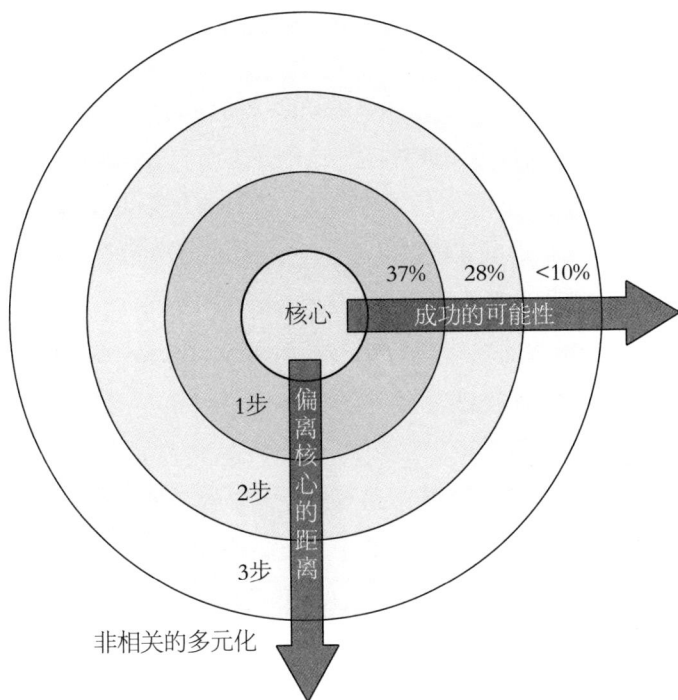

图1.5 新业务成功率与偏离核心的距离

能力驱动战略的倡导者明确地指出，从执行层面考虑，公司的核心竞争力应该引导发展战略的制定，他们明确地倾向于基于现有优势的新机会，而不是那些需要开发新技能的机会。

当然，这种"由内而外"的能力驱动战略也有危险，它可能会使得公司死守过时的技能和资产，或者将市场机会界定得过于狭窄。以报纸行业为例，尽管数字新闻综合网和分类广告网、求职搜索和广告播放器［例如，克雷格列表网（Craigslist）、怪兽公司（Monster）和谷歌］开始侵蚀它们的业务，许多出版商仍然笃信应该咬定报纸业务不放松。从这个角度出发，许多出版商相信，只要在服务市场上能继续发挥编辑、印刷和发行报纸方面的能力，就能继续繁荣发展。但是，回过头来看，出版业的高管们现在才明白，实际上他们所从事的是新闻业，这需要截然不同的能力和商业模式，才能在后数字时代取得成功。同样，当沃尔玛和宜家在仓储零售领域长期占据市场领导者地位的同时，它们现在也需要做功课，迎头赶上，才能使它们的实体零售店与网店的经营能力抗衡。

另一个战略思想流派意识到了能力驱动战略的潜在局限性，因而倡导一种从外到内的思维方式，这种方式被称为"顾客驱动战略"。乔治·达伊（George Day）和克里斯蒂娜·穆尔曼（Christine Moorman）在其2010年出版的著作《由外而内的战略》（*Strategy from the Outside In*）中指出，能力驱动战略需要有所逆转，[1]他们在书中这样说：

> 由内而外的公司架构，其战略思维的方式非常狭隘，总是问"市场能为我们做些什么"而不是问"我们能为市场做些什么"。由内而外思维所带来的后果，在许多B2B（business-to-business）公司给客户提供解决方案的方式中可见一斑。由内而外的观点是"解决方案是产品和服务的集合，能帮助我们销售更多产品"。而由外而内的观点则是"解决方案的目的是帮助我们的客户发现价值和赚钱——这对我们双方都有利"。

乍看起来，达伊和穆尔曼的观点很有吸引力，但是，跟其他理论一样，其应用起来也存在一定的局限性。不加以控制的话，执行由外而内的战略同样很危险，这会让公司过度发挥其执行力，并冲淡品牌的个性。我们在本书中会反复看到，最强势的品牌不但要由它们能做什么来界定，也取决于它们不会做什么。

---

1. 乔治·达伊和克里斯蒂娜·穆尔曼，《由外而内的战略：利用顾客价值赢利》（*Strategy from the Outside In: Profiting from Customer Value*），纽约：麦格劳-希尔教育集团（McGraw-Hill），2010年。

由于意识到了卓越运营的重要性，在过去的30年里，又产生了另一种有影响力的战略思维。20世纪80年代，日本汽车业迅速崛起，美国三大汽车制造商受到冲击，并为之付出了代价，它们投入了相当大的精力来研究丰田汽车公司（Toyota Motor Corporation）率先提出的精益产品开发和精益制造方法。詹姆斯·沃马克（James Womack）和丹尼尔·琼斯（Daniel Jones）在1990年出版的《改变世界的机器》（*The Machine That Changed the World*）中对此做了详尽阐述。[1]

具有讽刺意味的是，丰田之所以能开发出富有传奇色彩的丰田生产系统，是因为它采用了美国学者W.爱德华兹·戴明（W. Edwards Deming）的学说。戴明发现，日本高管比美国同行更能接受他的建议。[2]他被公认为是改进业务流程的全面质量管理（Total Quality Management）和六西格玛（Six Sigma）之父，六西格玛于1995年由通用电气的CEO杰克·韦尔奇率先采用后被广泛认可。

在20世纪90年代末互联网泡沫出现时，人们对卓越运营的关注曾经退居二线。在那些令人兴奋不已的好日子里，主流观点是初创公司应该不惜一切代价竞相提高市场渗透率。大量的风险资本涌入初创公司，虽然它们的愿景很吸引人，但是缺乏执行能力。电子商务公司Webvan的迅速崛起和衰落正是这种理念的缩影，在其进行首次公开募股（IPO）之后的16个月里，Webvan未经充分论证就在26个城市中大肆扩张其网上食品杂货业务，在烧掉了将近20亿美元后，走向了破产。

在世纪之交，互联网泡沫破裂和全球经济深度衰退惊醒了人们，高管们将注意力转移到了运营管理上，并将其作为成功实施战略的先决条件。咨询师拉姆·查兰（Ram Charan）和时任霍尼韦尔公司（Honeywell）

1.詹姆斯·沃马克和丹尼尔·琼斯，《改变世界的机器》，纽约：自由出版社，1990年。

2. W. 爱德华兹·戴明，《走出危机》（*Out of the Crisis*），马萨诸塞，剑桥：麻省理工学院出版社（MIT Press），1986年。

CEO的拉里·博西迪（Larry Bossidy）[1]在《执行：如何完成任务的学问》（*Execution: The Discipline of Getting Things Done*）一书中说："基于我们平时的观察，有没有纪律来保证工作的完成，是区分成功公司与混乱的公司或者失败的公司的关键。"[2]在他们看来，执行力是成功的关键驱动力，它比战略更重要。

因此，在过去的40年里，随着商业战略思想的发展，凸显出来的第三个战略要点是，卓越运营和业务整合，即确保公司的能力、资源、激励机制和企业文化以及流程有机整合，从而支撑公司的战略设想。

小结——战略和执行力都很重要

回顾一下本章中提出的商业战略思想，我相信每种思想都有助于回答本书开头提出的并贯穿始终的问题：

☆ 为什么实现和保持长期盈利性增长如此困难？

☆ 公司如何实现这一目标？

商业战略著作往往通过特定理论来观察商业环境，这有助于为更有效的管理和更好的绩效提供规范性的方案。如果这些理论有可信的逻辑、充足的数据和相关的案例分析作为支撑，就更能站住脚；就会被其追随者广泛地应用，其应用范围远远超出了作者原本的意图和理论可延展性的逻辑界限。

例如，虽说克莱顿·克里斯坦森对我们理解产品生命周期动态学做出了巨大贡献，但其他形式的颠覆性技术也能极大地重塑竞争格局。高管们不但要留意克里斯坦森所界定的低端和新市场的颠覆性技术，也要关注高端和大

1.拉里·博西迪和拉姆·查兰，《执行：如何完成任务的学问》，纽约：皇冠商务出版社，2002年。
2.同上。

爆炸式的颠覆性事件。

尽管研究人员还在探讨追求由内而外的能力驱动战略和由外而内的客户驱动战略的利弊，但事实上，CEO们不必非要在这两个看似对立的观点中做出选择。在两个理论构想之间取得平衡，对形成有效的战略架构会更有指导意义。例如，苹果公司在制造iPod、iPhone、iPad和Apple Watch时，实施的显然是由外而内的战略，对客户在音乐和移动计算技术方面的需求做出了预判。这些电子设备，使苹果脱离了其作为电脑公司的"根儿"，事实上，这还促使史蒂夫·乔布斯在2007年将公司名称由苹果电脑公司改成了苹果公司。但是，当苹果继续寻求新的增长机会时，它把目标集中在其核心技术的5个邻近领域里——汽车、家庭自动化、康体、支付和游戏——其中，每一个领域都足以支持其未来的大盘股业务。

将能力驱动和客户驱动战略结合起来使用，比严格实施某一个单独的理论构想更为细致入微，效果也更加显著。

最后，尽管研究者和践行者都为确定最佳的管理实践方案做出了重要贡献，但是，非要说吉姆·柯林斯的建议是放之四海而皆准的，或者完全接受查兰和博西迪的论断，认为商业绩效取决于执行而非战略，未免有些过火。商业战略的概念和执行都不会是完美的，但这两者对于成功实现商业目标都极为重要。

我写这本书的目的是，将过去40年以来最有影响力的战略思想的要点和我自己的商务实践经验相融合。简言之，我将证明以下三个战略规则能够带来可持续的盈利性增长：

☆ 持续创新——不是为了创新而创新，而是为了实现……

☆ 有意义的产品差异化——为消费者所认同并珍视，由……促成。

☆ 业务整合——把公司所有的能力、资源、激励机制、企业文化和流程整合起来，以支持公司的战略设想。

通过不断推出创新和有意义的差异化产品和服务，公司能够以优惠的价格吸引和留住客户，同时也使竞争对手难以复制它们的产品和商业实践模式。这些结果反过来又成为长期盈利性增长的重要驱动力。

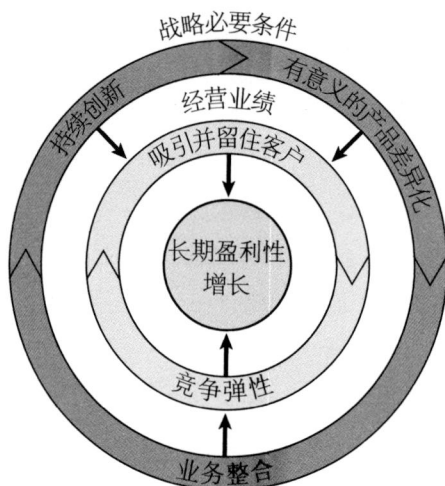

图1.6 长期盈利性增长的战略必要条件

尽管这个药方看起来只是大剂量的常识，但事实证明，公司很难也很少能够真正将这三个必要条件融合在一起作为其商业战略的基础。本书的一个目标，正是探讨为什么会这样，以及该如何应对。

下一章我们将开启下一段旅程，探索如何应用这个处方，我们将以卡塞拉家族品牌[1]和西南航空公司为例，它们运用此方，在极具挑战性的行业里取得了巨大成功。

---

1. 位于澳大利亚新南威尔士州（New South Wales）的卡塞拉家族品牌，以及位于纽约州怀特普莱恩斯（White Plains）的多伊奇家族（Deutsch Family Wine & Spirits）在美国共同创立了葡萄酒品牌黄尾袋鼠。我们将在第二章详细探讨这一品牌。

第二章

"坏行业"是不存在的

无论以何种标准衡量，美国的葡萄酒行业历来都是不好赚钱的行业。

2000年，价值200亿美元的美国葡萄酒市场增长缓慢、竞争激烈、四分五裂且被高度管控，同时还面临着全球供应过剩和日益激烈的进口竞争。全美国有超过6500家品牌在想方设法赢得分销商、零售商和消费者的青睐，其中大多数品牌名不见经传。然而，在美国，啤酒的饮用量要比葡萄酒多10倍，而且，四分之三的美国成年人从来不购买葡萄酒。在这样的环境下，新进入者难以在市场上立足，大多数葡萄酒厂都无法赢利。

然而，尽管条件如此苛刻，澳大利亚东南部的一个小葡萄酒厂还是取得了优异的成绩。其推出的一款新产品，2001年进入美国市场，在不到5年的时间里，这款酒就成了整个美国销量第一的进口葡萄酒。

卡塞拉家族品牌的故事及黄尾袋鼠葡萄酒的推出就是一个鼓舞人心的例子，它告诉我们如何在狗咬狗的混战中做一只猫。图2.1生动地展现了这家企业成功发展的样子。那么，它究竟是如何取得这种成就的呢？

图2.1a 卡塞拉家族品牌厂房设施，1994年

图2.1b 卡塞拉家族品牌厂房设施，2006年

美国葡萄酒市场的行业标准

2000年时，美国人还不怎么爱喝葡萄酒——平均每个成年人每月只喝一瓶，大约是法国或意大利人均消费量的十分之一。此外，美国葡萄酒消费主要由一小部分忠实的葡萄酒爱好者推动：四分之三的美国成年人不消费任何类型的葡萄酒，而核心葡萄酒饮用者仅占成年人口的十分之一，却占了葡萄酒消费总量的86%（如图2.2所示）。

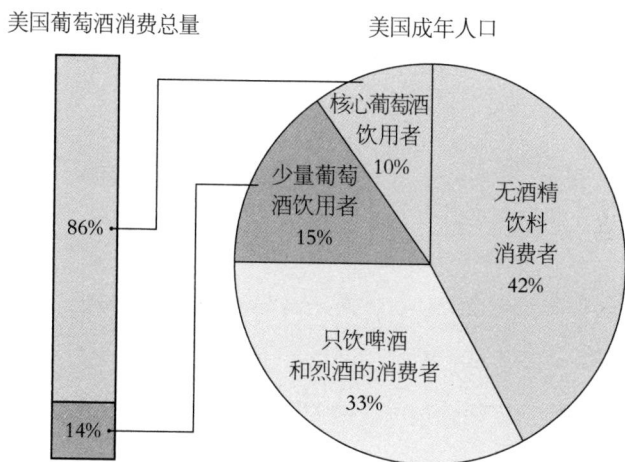

图2.2　葡萄酒消费者类型

传统葡萄酒行业将重点客户放在了核心葡萄酒饮用者上，这些人只占美国成年人口的10%，却占了美国葡萄酒饮用量的86%。而黄尾袋鼠葡萄酒针对的则是48%的美国人口，这些人，要么只饮用啤酒和烈酒（33%），要么只是少量葡萄酒饮用者（15%）。

虽然，葡萄酒在美国主要是由于文化和历史的原因而不受青睐，但是，代代相传的，且被广泛接受的行业标准，也使得美国消费者对葡萄酒缺乏好感：

☆ 传统葡萄酒古怪、复杂和固有的味道让很多初尝者或偶然饮用者难以接受。

☆ 许多优质葡萄酒需要在购买后窖藏多年，不能用于日常休闲消费，通常是留待特殊场合饮用。

☆ 即便是对葡萄酒鉴赏家而言，品牌的种类也是数不胜数。例如，美国超市销售出了1.3万多种不同的葡萄酒。备货充足的葡萄酒专卖店可能有上千个不同的品牌，其中很多品种的标签是用外语写的，或者满是专业的产品说明，让人搞不懂是什么意思。

☆ 品种的标签往往令人困惑，类似的酒在不同国家的名称也不尽相同［例如，勃艮第葡萄酒（Burgundy）用黑比诺（pinot noir）葡萄制成，用于生产罗第丘（Côte-Rôtie）葡萄酒的葡萄品种既可以叫作席拉（syrah），也可以叫作设拉子（shiraz）］。

☆ 葡萄酒的销售模式也加剧了混乱，如葡萄酒庄经常举办葡萄酒展销会，但通常按产地展销，而不是按照葡萄品种，这就使得购买者无法货比三家。[1]

☆ 葡萄酒价格差异很大，从"两元抛"（"Two-Buck Chuck"）到2000美元的拉菲（Château Lafite Rothschild），价格不等。

☆ 按照美元的计价标准，葡萄酒要比啤酒或烈酒贵得多。

因此，很多美国人——包括一小部分饮用葡萄酒的人——即使不是对葡萄酒完全望而却步，也认为它很复杂。根据2002年的调查，饮用葡萄酒的美国人中，80%以上认为自己对产品的认识处于一般水平或一知半解，40%的人感到对选择毫无头绪，34%的人称不认识品牌名字，这让消费者在选择葡萄酒时犹豫不决。[2]大约三分之一的美国成年人完全不喝葡萄酒，但他们

---

1. 市场研究表明，葡萄酒的消费者更有可能根据葡萄品种购买葡萄酒[如梅洛（merlot）或霞多丽（chardonnay）]，而不是根据其原产国。想象一下，如果你去一家店铺购买电视，却发现那家店将产自韩国、日本和美国的电视分别摆放在不同的陈列区，而不是按照尺寸和价格将所有电视摆放在一起，这该多么奇怪啊。
2. 互联网线（Internet Wire），"最新调查显示，'葡萄酒焦虑'现象普遍存在，峡谷路酒庄（Canyon Road Winery）追踪调查消费者对葡萄酒的恐惧，以提供解决方案"；2002年8月23日。https://business.highbeam.com/436102/article-1G1-90703907/new-survey-shows-wine-anxiety-widespread-canyon-road.

喜欢其他含有酒精的饮料（如啤酒或者烈酒）。一位权威的葡萄酒专家表示："33%的人喝含酒精的饮料，但他们不喝葡萄酒。他们尝试过葡萄酒，但是不喜欢。我们对他们的采访不多，因为他们说不喜欢葡萄酒，所以我们不打算从他们口中了解葡萄酒。这些人会改变主意吗？谁知道呢？很可能不会。"[1]

这是典型的混战心态，这种心态弥漫在大多数行业里。在这种情况下，数以千计的生产商争夺一个相对较小的市场——那些经常喝葡萄酒的人只占成年人人口的10%——在消费者看来，这些产品没有差异、容易混淆且令人不快。行业的普遍观点是，对产品不感兴趣的消费者是不能指望的，他们也从来没有怀疑过实际上是自己的商业行为抑制了消费者的兴趣。当卡塞拉家族品牌刚刚进入美国市场时，也掉进了完全相同的陷阱之中。

卡塞拉家族品牌进入美国市场

20世纪50年代，一位来自意大利西西里岛的移民菲利波·卡塞拉（Filippo Casella）抵达了澳大利亚，这个人出身于酿酒世家，1969年，他创立了卡塞拉家族品牌。他做了很长时间的流动雇农，直到存够了钱他便在新南威尔士买了一块40英亩[2]的土地，开始将自己的葡萄酒和葡萄大量出售给其他品牌的葡萄园。

他的次子约翰在位于沃加沃加（Wagga Wagga）的查尔斯特大学（Charles Sturt University）学过葡萄酒酿造学，并在另一家澳大利亚酒厂工作过，1994年，约翰接管了家里的生意。虽然在其父亲的操持下，自产优质葡萄酒品牌发展得不错，但约翰·卡塞拉为了品牌的扩张，从之前

---

1. 这句话出自酿酒师、作家、加州大学戴维斯分校葡萄栽培与酿酒系教员詹姆斯·T. 拉普斯利（James T. Lapsley）之口。转引自W. 钱·金、勒妮·莫博涅、贾森·亨特（Jason Hunter）、布赖恩·马克斯（Brian Marks）和韦恩·莫滕森（Wayne Mortensen）的《制定成熟市场中的制胜战略：2001年美国葡萄酒业》（*Crafting Winning Strategies in a Mature Market: The US Wine Industry in 2001*），《哈佛商业评论》，2009年7月。
2. 1英亩=4046.86平方米。——编者注

出口导向型的竞争对手那里挖来了经验丰富的经理人。新的出口部经理觊觎新市场，尤其是美国。但是，这样一个规模不大且未得到广泛认可的澳大利亚葡萄酒厂，又没有既定的标签，想要在美国这种竞争激烈的高端葡萄酒市场出售产品，必须要有人协助。所以，卡塞拉请求澳大利亚贸易委员会（Australian Trade Commission）帮他寻找一个美国的经销伙伴。

与此同时，在约1.2万英里[1]之外的纽约怀特普莱恩斯，多伊奇家族的创始人兼CEO比尔·多伊奇（Bill Deutsch）和他的儿子彼得（Peter）希望扩大他们在美国的葡萄酒进口业务。当时，多伊奇每年大约要进口30万箱葡萄酒，大部分来自法国，这些酒通过其在美国各地与众多分销商建立的良好关系分销出去。多伊奇很想使公司的葡萄酒投资组合更加多元化，于是开始在其他国家寻找有潜力的产品。

多伊奇觉得有机会从澳大利亚引进一个有战斗力的品牌，就和澳大利亚贸易委员会联系，以寻求合适的葡萄庄园作为合作伙伴。多伊奇的寻求正好跟卡塞拉的诉求匹配，于是两家公司很快就建立了联系。1997年，在美国旧金山贸易展第一次见面后，多伊奇和卡塞拉同意合作。"这是绝配！"多伊奇回忆道，"两个规模不大的家族企业寻找发展机会，我有一种预感，这行得通。"[2]

卡塞拉提供低价优质的葡萄酒的新资源，反过来，多伊奇也提供了令人垂涎的进入美国市场的机会。他们同意互换一半品牌的股权，多伊奇家族将在美国营销卡塞拉家族品牌的葡萄酒。此后不久，卡塞拉和多伊奇用卡拉马庄园（Carramar Estate）的标签在美国推出了一系列葡萄酒。

卡塞拉遵循传统思维，以当地的地标（在这个案例中，是一个原住民的葡萄园）来命名他的葡萄酒，给了这个品牌一种风土条件良好和历史悠久的感觉：卡拉马是指"背靠树荫"，庄园象征着身份地位。瓶子的标签上印有

---

1. 1英里=1.609344千米。——编者注
2. 除非另有说明，本章所引的比尔·多伊奇的话均出自他与本书作者的对话。

华丽的盾牌和王冠，这华丽的外观与葡萄园当时的简陋设施形成了鲜明的对比（如图2.1和图 2.3所示）。卡拉马庄园的定价为9.99美元，同数以千计的其他平庸的品牌一道拥入了竞争激烈的美国高端葡萄酒市场。

图2.3 卡塞拉家族品牌葡萄酒

　　鉴于其从众的定位，卡拉马庄园品牌业绩平平也就不足为奇了，其第一年的销量只有2万箱。此后不久，该品牌遭遇挫折，因为有报道称，消费者抱怨这款酒"带木塞气味"，正在向零售商退货并索要退款。卡塞拉发现，供货商给卡拉马庄园提供的是一批受了污染的瓶塞，而且已经运到美国。多伊奇回忆说："约翰·卡塞拉因为这件事感到很羞愧。他向我保证会召回所有未售出的葡萄酒，并表示愿意退出我们的合作。但是，我提醒他，我致力于长期合作，并鼓励卡塞拉拿出一款更有吸引力的酒，卷土重来。"

　　卡拉马庄园这款产品看似令人失望，但实际上是一剂催化剂，它促使卡塞拉和多伊奇重新思考他们应该如何在美国葡萄酒市场中展开竞争。

黄尾袋鼠葡萄酒的诞生

当卡塞拉仔细考虑要如何生产一款在对手如林的美国市场更有特色的葡萄酒时，他决定向传统思维以及界定了葡萄酒口感、成本、品牌、市场推广、零售的行业标准发起挑战。换句话说，他不打算重新加入混战，而是决心成为一只猫。

首先是产品方面。卡塞拉发现了一个商机，如果生产一款令人愉悦的水果味葡萄酒，并且价格低廉——一瓶750毫升，只卖6美元——那会比卡拉马庄园的市场更大。他开始着手打造亲民且能日常饮用的酒，口感好、性价比高。这样，不仅能吸引现有的葡萄酒饮用者，也能吸引非葡萄酒饮用者，他们之前因为不喜欢葡萄酒的口感、价位或者由于传统葡萄酒的复杂性而拒绝饮用。

比尔和彼得父子立刻就被这款酒迷住了，他们说"它很美味，随意休闲，简单至纯而又妙趣横生"。乔恩·弗雷德里克松（Jon Fredrikson）是加利福尼亚州（California）一家影响力颇高的葡萄酒行业资讯出版商，他对这款酒的评价也很高，他评论说："对喝软饮料长大的公众来说，黄尾袋鼠一定是一款完美的葡萄酒。"[1]

为了营造品牌形象，卡塞拉向一位住在阿德莱德（Adelaide）的图形艺术家求助。他给了卡塞拉一个橘黄色的黄脚岩沙袋鼠（袋鼠的近亲）形象，这个形象可以唤起人们对澳大利亚土著艺术的回忆。这个黄尾巴小动物的图案看上去非常舒服，而且很容易让人联想到澳大利亚文化。卡塞拉花了不到5000美元的设计费，就为新产品的营销活动打下了坚实的基础。

那么，括号是用来突出[黄尾袋鼠]这一品牌名称的吗？卡塞拉在书本中查找"袋鼠"的时候，无意间发现了沙袋鼠的定义。在页面边缘，它的拉丁文

---

1. 弗兰克·J. 普赖尔（Frank J. Prial），《在葡萄酒行业驰骋叫器的小袋鼠》（*The Wallaby That Roared Across the Wine Industry*），《纽约时报》，2006年4月23日。

学名旁边，用括号注明了它的澳大利亚名字：[黄尾袋鼠]。卡塞拉决定保留括号，这样会使这款酒显得与众不同，并使用小写字母拼写，以进一步表明该品牌决不矫揉造作。

为了强调这款酒易于接受、不矫情，卡塞拉决定避开长久以来一直被广泛遵循的标准行业惯例。首先，不像其他的高档葡萄酒竞争对手那样，无论是红葡萄酒还是白葡萄酒，他都使用波尔多风格的酒瓶盛装。其次，他极力避免在标签上使用酿酒术语和热情洋溢的风土介绍。

例如，一款典型的高档法国葡萄酒在美国出售时可能会在标签上做如下描述：

富腾古堡（Château de Fontenille）占地65公顷[1]，物产丰富，其中40公顷用来种植葡萄藤，紧邻拉索沃修道院（La Sauve Majeure）。经过18个月的熟成，其中9个月贮藏于橡木桶中，另外9个月储藏在大桶中。这款葡萄酒非常温和，果香浓郁，口感柔滑。保存良好的话可以放置5—7年。

相比之下，黄尾袋鼠设拉子酒瓶背标上的描述就要简单得多：

卡塞拉家族三代都在他们的酒厂酿酒，酒厂位于澳大利亚东南部的小镇杨达（Yenda）。在这里，酿造[黄尾袋鼠]葡萄酒只为了一个简单的目的：生产一款很棒的葡萄酒，让人人都能享用。最好的葡萄酒应该具备的东西[黄尾袋鼠]都有。它易于被接受、新鲜剔透、香气四溢、个性非凡。[2]

卡塞拉说："从一开始，我们就说我们决不矫揉造作。我们的标签上有一个袋鼠图案。当你翻转瓶子阅读背面时，就会发现，标签上并不会提及葡

---

1. 1公顷=0.01平方千米。——编者注
2. 引自富腾古堡酒瓶上的相关描述。

萄酒产自哪里，以及橡木酒桶的熟成期是多久。"[1]

比尔·多伊奇起初对这不寻常的瓶子和标签设计有些担心，在那时，还没有人尝试过在葡萄酒标签上使用动物和明亮的颜色，但彼得·多伊奇喜欢这个新标签。不过比尔·多伊奇实在中意这款酒，因此他最终同意在2001年的后7个月进货2.5万箱。

下一个阶段是市场营销。为了在美国市场开疆拓土，销售新产品，多伊奇和卡塞拉继续打破传统的行业惯例，进一步强化其鲜明的品牌个性。首先，他们利用美国人对澳大利亚充满乐趣与冒险的印象，给葡萄酒商店的店员戴上土著布须曼人（Bushman）的帽子，穿上油布夹克，那些店员其实没有多少葡萄酒销售经验，而且对澳大利亚了解甚少。甚至运货的卡车司机，都要穿着澳大利亚风格的衣服，便于零售商识别——或许还会向他们推荐——黄尾袋鼠葡萄酒。为了激发人们的购买欲望，多伊奇和卡塞拉设计了色彩艳丽的端架陈列，从而将其与陈列在葡萄酒专营店和超市卖场货架上的竞争品牌区分开来。

为了吸引那些对葡萄酒望而却步的非饮用者，多伊奇和卡塞拉刻意简化黄尾袋鼠葡萄酒的产品线，以推出优惠的价格。刚发售时，它只有两个葡萄品种——设拉子和霞多丽，酒瓶规格也只有两种。其推广价极具竞争力：标准容量的售价是5—6美元，1.5升的是11美元，然而与那些定价高昂的葡萄酒相比，它的味道毫不逊色。备受尊敬的葡萄酒评论家罗伯特·M. 帕克（Robert M. Parker）指出："在某些圈子里有批评此类葡萄酒的风潮，但对懂行的人来说，这些酒都是精心制作的。"[2]

黄尾袋鼠葡萄酒在美国可谓一炮而红。不足6个月，其销量便超过了22.5万箱，几乎是多伊奇最初所预测的10倍。第一批货卖出的速度太快，导致不得不使用运输成本高昂的飞机来补货。激增的需求迅速超过了卡塞拉家族品

---

1. 金等人，《制定成熟市场中的制胜战略》。
2. 弗兰克·J. 普赖尔，《在葡萄酒行业驰骋叫器的小袋鼠》，《纽约时报》，2006年4月23日。

牌葡萄庄园的生产能力，使其不得不在大宗市场上额外购买葡萄，这使得卡塞拉家族品牌的利润更加微薄。

到2002年，黄尾袋鼠葡萄酒上市刚满一年，其销量就跃升至120万箱，成为美国市场上排行第二的澳大利亚葡萄酒。到2006年，其销量超过了800万箱，这一销量，相当于排在黄尾袋鼠葡萄酒之后的五大澳大利亚厂商产品销量的总和，也相当于法国生产商进口总量的70%。

竞争对手对黄尾袋鼠葡萄酒的成功做出了积极的回应。他们认为，标签上那个色彩鲜艳的有袋目动物才是关键，所以，世界上许多大大小小的葡萄酒厂商依葫芦画瓢地推出了数以百计的"小可爱品牌"，到处都是那种赌运气的标签，如豪猪背脊（Porcupine Ridge）、驴子与山羊（Donkey & Goat）、小企鹅（Little Penguin）、思诺凯露（Smoking Loon）等。2003—2006年，近五分之一的新款葡萄酒在美国市场推出的时候，标签上都是动物，但没有一款能引起广大消费者的兴趣。回忆2006年参加竞争时的情况，多伊奇指出："商店被搞得像个动物园，而不是卖酒的。"他还说："葡萄酒的坟场里充斥着动物的标签，他们以为可以模仿黄尾袋鼠，但他们在价格、定位和口感上完全没找对路，这些产品现在要么停产，要么被倒掉；在30—60天的时间里，它们就都消失了。"

黄尾袋鼠葡萄酒为什么会成功？

黄尾袋鼠葡萄酒的故事，再次肯定了推动盈利性增长的三大战略准则：

☆ 持续创新——不是为了创新而创新，而是为了实现……

☆ 有意义的产品差异化——为消费者所认同并珍视，由……促成。

☆ 业务整合——把公司所有的能力、资源、激励机制、企业文化和流程整合起来，以支持公司的战略设想。

在本案例中，黄尾袋鼠葡萄酒取得巨大成功并非依靠突破性的技术。约翰·卡塞拉是一位天才酿酒师，他创造了一款既美味又便宜的葡萄酒。但是，市场中早已经有了数以千计的优质葡萄酒产品，关键性的创新，是他发现了一个独特的、尚未开发的商机来服务于大量美国消费者，而这些消费者此前一直被成千上万的无差异的、昂贵的和过于复杂的产品所忽视。通过黄尾袋鼠葡萄酒，多伊奇和卡塞拉创造出了有意义的差异——一款容易接受、负担得起的日常消费的葡萄酒，无论老顾客还是新顾客都能乐享其中。[1]在这个过程中，他们打破了多项行业惯例：标签上的袋鼠、布须曼人的帽子、简单的语言、不用橡木桶熟成、只用一种酒瓶形状！结果就是，虽然黄尾袋鼠葡萄酒被纯粹主义者摒弃，却深受消费者的喜爱。

黄尾袋鼠葡萄酒这种逆势而上的做法，也凸显出推动品牌走向成功的第三个关键要素——卡塞拉家族品牌和多伊奇家族品牌整合了所有的业务行为，来支持他们所需要的品牌定位。如图2.4所示，一系列相互关联的战略和运营决策创造了黄尾袋鼠葡萄酒的品牌形象。总的结果就是，一种葡萄酒被大量新消费者和偶尔饮用葡萄酒的消费者所喜爱，且对大量的模仿者具有竞争力。

---

1. 必须指出的是，将葡萄酒定位为日常生活中的休闲消费品，而非特殊场合才可登堂入室的酒品，这种情况在其他地区是很常见的。黄尾袋鼠葡萄酒只在美国实现了其最显著的有意义的产品差异化。尽管卡塞拉家族品牌也向欧洲、亚洲和南美洲的许多地方出口黄尾袋鼠葡萄酒，但它在美国的消费量是其在世界其他地区总消费量的两倍。

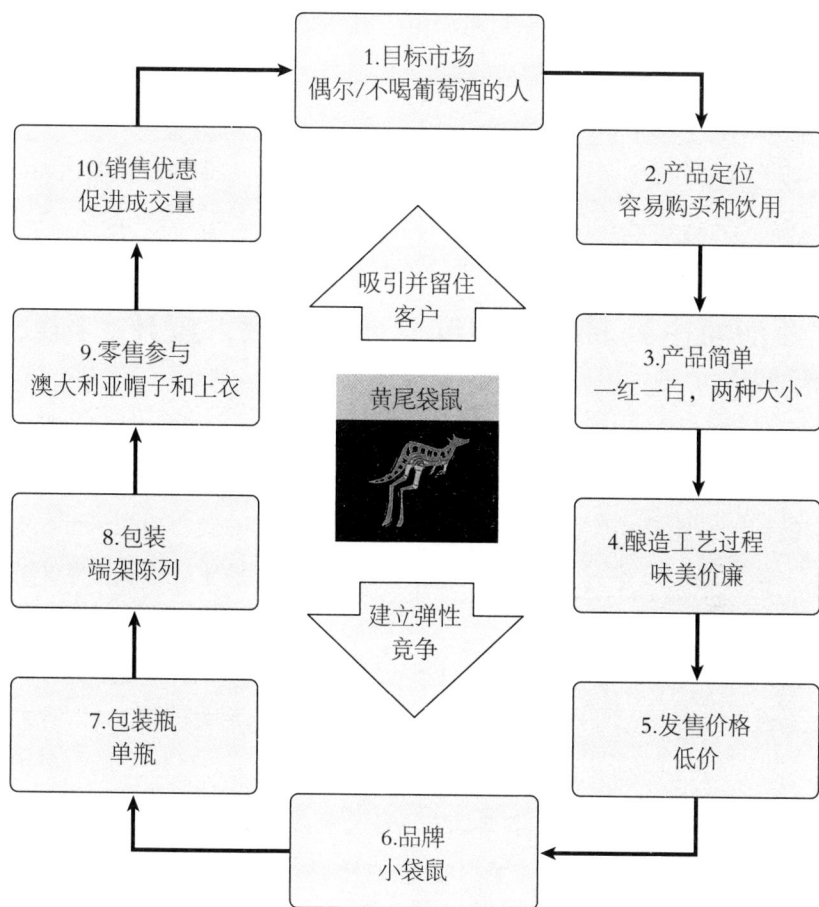

图2.4 黄尾袋鼠的业务整合

2003年，有超过四分之一的黄尾袋鼠消费者是第一次喝葡萄酒的人——其中，既有从其他含酒精饮料（主要是啤酒）那边"皈依"过来的，也有酒精类饮品的新买家。购买模式也显示，那些从其他品牌转向黄尾袋鼠的饮酒者，消费葡萄酒的频率比之前更高。[1]与其他品牌相比，越来越多的黄尾袋鼠葡萄酒的购买者，包括那些新近"皈依者"，其购买数量和购买频率都提高

---

1. AC 尼尔森（AC Nielson），《有关黄尾袋鼠葡萄酒的影响研究》（*Yellow Tail Impact Study*），2004年。

了。卡塞拉的愿望是创造一款日常享用的酒，而不是只出现在特殊场合的奢侈品，这点显然得到了市场的认可。

葡萄酒资讯的出版人乔恩·弗雷德里克松这样评价黄尾袋鼠葡萄酒在美国市场上的成功，他写道："黄尾把握住了趋势。它对最新一代的饮酒者和潜在饮酒者来说是完美的……它是葡萄酒史上最大的成就。"[1]

西南航空公司如何通过变成一只猫，避开了狗咬狗的混战？

我在哥伦比亚大学讲授商业战略这门课的时候，经常让MBA学生指出结构特征特别糟糕的行业，至少按照迈克尔·波特的五力模型来评估是这样的。虽然他们对于五力的划分仍然存在质疑，但是航空业仍被他们多次提及。

这是个绝佳的选择。用我们在上一章中所讲述的五力来衡量的话，对航空业来说，不论在哪一方面都面临着极大的挑战（图1.1）：

☆ 购买者的议价能力：多家航空公司通常会在大多数航线上进行竞争，随着互联网的出现，价格透明度、快速比较和预订机票的能力让买家处于主导地位。

☆ 供应商的议价能力：航空公司两项最大的开销便是燃料和人工，这两者的价格牢牢掌握在两个强大组织——石油公司和工会的手里，这使得航空公司很难直接控制其要素成本。

☆ 新进入者的威胁：尽管属于资本密集且利润微薄的行业，航空业却一直有着让人无法抗拒的魅力。过去30年间，美国航空业已经有几十家新进入者。维珍美国航空（Virgin America）的创始人理查德·布兰森（Richard

---

1. 普赖尔，《在葡萄酒行业驰骋叫嚣的小袋鼠》。

Branson）曾开玩笑地说："如果你想成为一个百万富翁，准备10亿美元，开一家新的航空公司就行。"

☆ 替代品的威胁：在过去的20年里，美国的航空客运需求每年仅增长1.1%，[1]虚拟会议技术的改进也带来了持续性的威胁，尤其是对利润丰厚的商务差旅而言。

☆ 行业竞争对手的竞争强度：更糟糕的是，航空业像是被下了诅咒一样——每一天，其100%的产品库存都会彻底过期。对比而言，如果你的业务是出售豌豆罐头，那么你的产品在某一天卖不出去的话，你还能期盼第二天会有更好的运气，或者还可以打折促销。但是，一旦飞机离开登机口，飞机上空余的座位就是一去不复返了。鉴于高昂的固定成本，航空公司有非常强烈的动机让每趟航班满员。也难怪自1978年解除行业管制之后，美国航空业一直存在激烈的价格竞争。

鉴于这些因素，几十年来，航空业整体上都未收回成本，也就并不奇怪了。来自国际航空运输协会（International Air Transport Association）的数据显示，2004—2011年间，航空业平均投资资本回报率（return on invested capital，ROIC）为4.1%，较1996—2004年周期的3.8%有所改善。这仍远低于整个行业7%—9%的加权平均资本成本（weighted average cost of capital，WACC）。[2]

迈克尔·波特注意到，1992—2006年期间，按投资资本回报率来排名的一长串美国行业中，航空业排在末尾，这体现出了航空业的困境。2008年，波特又写了一篇文章，再次阐述了他之前提出的五力模型理论，他提供了数

---

1. 麻省理工学院全球航空工业计划（MIT Global Airline Industry Program），航空业数据项目（Airline Data Project）。参见http://web.mit.edu/airlinedata/www/Traffic&Capacity.html。
2. 布雷恩·皮尔斯（Brian Pearce），《盈利性和空中运输的价值链》（*Profitability and the Air Transport Value Chain*），国际航空运输协会简报（*International Air Transport Association Briefing*），2013年6月。参见https://www.iata.org/whatwedo/Documents/economics/profitability-and-the-airtransport-value%20chain.pdf。

据（图2.5）以重申他的假设，即"坏"行业都饱受低回报率之苦。[1]

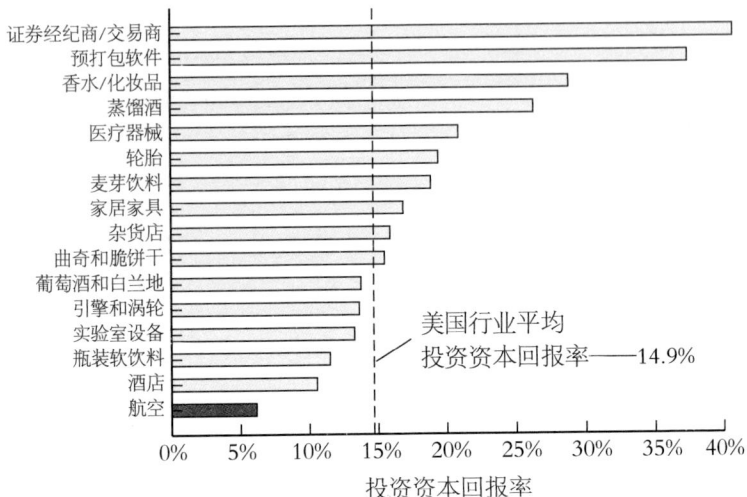

图2.5 美国行业平均投资资本回报率，1992—2006年

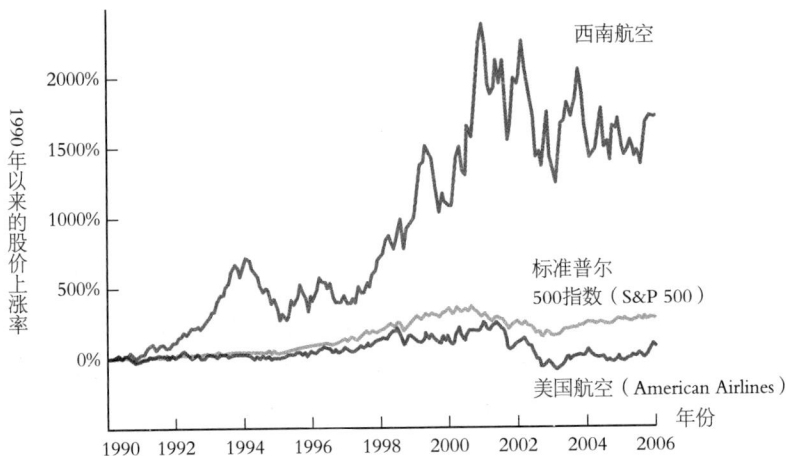

图2.6 航空业股票价格

---

1. 迈克尔·波特，《塑造战略的五大竞争力》（*The Five Competitive Forces That Shape Strategy*），《哈佛商业评论》，2008年1月。图2.5描述的是文章中分析的一个行业子集的情况。

在这个时期，华尔街当然不会对此视而不见。在图2.6中，我们可以看到，1990—2006年的16年间，美国航空公司的股票价格几乎没有变化，而在这段时间里，标准普尔500指数的增长率为237%。其他大的航空公司如美国联合航空（United Airlines）、达美航空、美国大陆航空（Continental Airlines）以及全美航空（U.S. Airways）等之所以没有出现在这张图表上，是因为它们在此期间都经历了破产重组，而美国航空公司自身也在2011年申请破产。

看到以上种种证据之后，为什么还会有人想要进入表现如此糟糕的行业？这就跟询问黄尾袋鼠为什么要进入葡萄酒业是一样的。如果在面对一个表现欠佳的行业时只有两种选择，要么进入这个行业，和当前的市场领导者用同样的游戏规则展开竞争，要么完全不涉足这个行业，那么的确应该完全遵循迈克尔·波特和沃伦·巴菲特的警示性建议。

然而还有第三个选择，那就是要认识到，整个行业可能都错过了一个有吸引力的机会，没有对某个潜在的市场进行开发，而且只有采用一套完全不同的规则才能开拓这片市场。西南航空公司决定在狗咬狗的混战中，成为一只猫。该公司创立于1971年，起初只是得克萨斯州内的一家运输公司，后来发展成为美国最大的国内客运航空公司。

最初，西南航空锁定了一个业绩不佳而且传统航空公司根本不愿涉足的细分市场，即那些休闲旅客和精打细算的商务旅客，他们之前主要选择私家车（或公共汽车）来进行短途旅行。因此，西南航空并不仅仅打算从现有的竞争对手那里撬走市场份额（虽然就跟黄尾袋鼠葡萄酒一样，它实际上也这么做了），它还要开拓市场，吸引那些以前从不搭乘飞机的消费者。

在西南航空进入该市场之前，一些老牌的航空公司如美国航空和达美航空主要将目光集中在对价格不敏感的商务旅客这一利润丰厚的市场，提供一系列便利舒适的服务，为航空旅行带来高昂的成本。西南航空的联合创始人兼CEO赫布·凯莱赫（Herb Kelleher）发现，与竞争对手相比，该公司能够通过让航空旅行变得更便宜（最初西南航空的票价比当时的长途汽车票价低

60%）、更便捷（更频繁地从不太拥挤的机场起飞）、更令人愉悦（一贯友好亲善的机舱服务）来拓展和获取更广阔的市场。但要做到这一点，必须打破既定的行业规范，并在战略上整合西南航空的业务，来为有意义的差异化航空旅行服务提供保障。

更便宜

乍一看，人们可能会得出这样的结论，西南航空有能力提供比竞争对手更低廉且仍然有利可图的票价，关键在于其不进行任何多余的服务：仅有一种机型、相对较短的航程、服务不分等级、不提供食物、不能自选座位、使用不拥挤的机场。但再仔细一想，这些运营要素使得西南航空有能力用比竞争对手少一半（甚至可能更短）的时间来安排其进港航班回航。靠着西南航空那不到20分钟的周转时间，凯莱赫可以在一天之中安排同一架飞机和机组人员额外多飞一两趟航班——直到今天，这都是其巨大的生产力优势。受制于航线结构、机队类型、劳工制度、分等级的客舱服务和机场拥挤程度等因素，现有的航空公司无法复制西南航空的生产力优势。即使传统运营商想要模仿西南航空的低价服务模式，他们的成本结构也完全没有竞争力，在经历了多年的重大经营损失后，他们都决定关闭其低成本的子公司。相比之下，到2015年，西南航空已经连续43年实现净利润增长了。

更便捷

西南航空经营实践中的另一个优势是，给乘客提供更便捷的服务。更短的周转时间意味着西南航空的飞机能比竞争对手起降得更频繁。他们强调点对点服务，而不是中枢辐射式航线网络服务，这样就能为很多旅客减少换乘的时间。而且通过使用不拥挤的中型机场——比如使用拉夫菲尔德机场而不是达拉斯-沃思堡国际机场——让大多数客户能够更快捷地登机，而且航班起降也更为准时。

更令人愉悦

从西南航空成立之始，凯莱赫便意识到，员工的满意度在给客户提供友好服务方面至关重要。在这样一个以不友善的劳资关系和粗暴的客户服务而闻名的行业里，西南航空的员工参与度和客户满意度在各大航空公司的排名中一直处于或接近榜首。[1]对于西南航空友好客户服务的妙趣逸事，请尝试搜索"西南航空乘务员"，并在YouTube上浏览表达赞赏之情的乘客所举出的实例。

有研究者研究了西南航空多年，想搞清楚其聘用、培训和薪酬补助机制，以便更好地理解为何在其业绩持续增长的同时，还能一直保持如此高水平的员工参与度和客户满意度。[2]西南航空是首批（在1973年）为所有员工建立利润分享机制的航空公司之一，而且在其前43年的运营中，从未进行过强制性裁员。更广泛地说，凯莱赫认为，西南航空这种积极的劳工关系主要反映了其企业文化，而这种文化，从公司成立第一天起就开始建立并不断培育：

几年前，商学院还认为这是一个难题。他们会说："好吧，谁的利益在先？你的员工，你的股东，还是你的客户？"但其实这并不是一个难题。你的员工是第一位的。如果你善待你的员工，你猜怎么着？你的客户会接踵而

1. 例如，在Glassdoor招聘网站对所有行业的员工满意度调查中，在2010年和2011年，西南航空分别排名第一和第二。而且，西南航空在航空公司客户满意度排名中也一直处于或接近榜首，本数据以美国顾客满意度指数（ACSI）和J.D.Power咨询公司的研究为依据。
2. 帕特·卡塔尔多（Pat Cataldo），《聚焦员工参与度：如何衡量并改进》（*Focusing on Employee Engagement: How to Measure It and Improve It*），北卡罗来纳大学凯南–弗拉格勒商学院（UNC Kenan-Flagler Business School），2011年。

来，这会让股东满意。员工至上，其他都紧随其后。[1]

总之，西南航空公司拥有创新的灵感，觉察到有机会在航空业创造有意义的差异化，以吸引新客户和现有的客户，并在战略上调整其所有的业务实践，从而有效地获取市场份额并带来利润增长。

正如图2.6所示，尽管美国航空公司等历史上的市场领导者都在努力避免破产，西南航空却成了几十年来美国股票市场上市值最高的公司之一。

黄尾袋鼠葡萄酒和西南航空的案例是通用的吗？

这两个案例说明，即使在"坏行业"中，被相当大的结构性挑战所困扰，那些愿意打破行业规范，采取新行业规则的后起之秀也能取得成功。虽然卡塞拉家族、多伊奇家族和西南航空公司在战略性统筹其资源从而产生有意义的差异化方面，的确充满创新性，但在这两个案例当中，都不需要依靠什么奇迹般的技术突破来在市场上创造价值。

这就引申出一个重要的问题：将这样的成果普及开来是否容易？是黄尾袋鼠和西南航空不同寻常，还是各行各业都有赢家（和输家）？对于这个问题，博思公司的两位顾问，埃文·赫什（Evan Hirsh）和卡斯图里·兰根（Kasturi Rangan）对2001—2011年涉及全球经济各个层面的65个行业中的6138家公司的股东总回报（total shareholder return，TSR）[2]进行了分析，据此得出了上述问题的明确答案。[3]图2.7表明，在一个特定行业内部，公司间业绩的差异远远高于行业间公司平均业绩水平的差异。换句话说，无论一个

---

1. 《我们这个时代最伟大的12位企业家》（*The Twelve Greatest Entrepreneurs of Our Time*），《财富》，2012年4月。参见http://archive.fortune.com/galleries/2012/news/companies/1203/gallery.greatest-entrepreneurs.fortune/index.html。

2. 股东总回报，是指在一个特定时期内包括股息再投资在内的股价升值率。

3. 埃文·赫什和卡斯图里·兰根，《草并没有更绿》（*The Grass Isn't Greener*），《哈佛商业评论》，2013年1—2月。

行业作为一个整体的业绩水平如何，每个行业都有个别的明星企业。

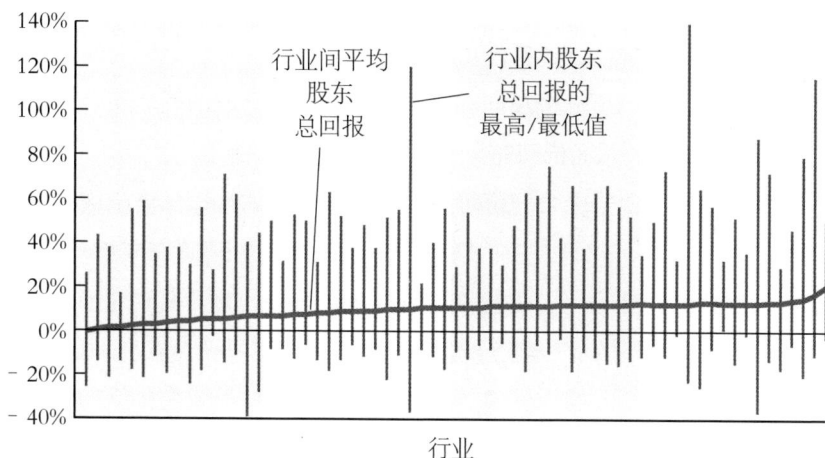

图2.7 股东总回报的复合年增长率（CAGR）（2001—2011年，按行业高/低/中）（行业从左到右依次为：半导体、计算机、通信设备、生命科学、媒体、IT服务、航空、电子、造纸、生物技术、电信服务、休闲设备、家庭耐用品、软件、储蓄与贷款、保险、建筑产品、公路及铁路、消费者金融、消费者服务、专业服务、资本市场、休闲娱乐、健康设备、个人产品、独立发电、汽车、商业服务、商业银行、水务、食品零售业、电气、复合型公用事业、电气设备、分销商、房地产投资信托基金、包装、多元化零售、金融服务、建筑和工程、医药、交通基础设施、房地产、航空运输、机器设备、贸易和分销、专营零售、医疗保健、航空航天和国防、汽车配件、互联网、能源设备、化工、饮料、服装和奢侈品、天然气公用事业、建筑材料、家居用品、食品、工业、无线电、海洋、金属和矿业、石油和天然气、烟草）

从图2.7中得出的另外两个见解强化了这一点。首先，在这样的分布情况中，处于前四分之一的行业（从汽车配件到烟草），公司的平均TSR为17%或更高。各行各业的顶尖者平均股东总回报至少为17%，即使在表现欠佳的后四分之一的行业中，也至少有一家公司在过去10年中的平均TSR高达40%以上。

其次，在这65个行业内，"最佳"和"最差"行业之间的平均TSR差异只有20个百分点。相比之下，每个行业的顶尖公司的年TSR平均比该行业的普通公司的平均TSR高出72%。

依此分析，我们能得出一个肯定的结论，不管行业作为一个整体所面临的结构性挑战是否强大，每一个行业中都有业绩超群的公司。

在上一章中，我引用了沃伦·巴菲特的观点，当一个声誉良好的经理人遇上名声糟糕的行业时，通常情况下，该行业的声誉不会有任何改变。而本章提供的分析表明，另一个反向的观点更加切实：开明的战略和有效的执行可以战胜行业结构，从而推动商业成功。

作为在任何行业中的公司都可以取得卓越业绩的推论，还应该注意到，所谓的"好行业"——即那些在波特五力模型中得分较高或在成长-份额矩阵中被归为明星的行业——未必能长期保持上乘业绩。为了说明这一点，我们可以看看赫什与兰根的另一项分析，他们不仅观察了65个行业在2001—2011年间（如图2.7所示）的业绩表现，而且也关注了这些行业在此前10年的业绩表现。如图2.8所示，在1991—2001年的10年中，财务表现位居前四分之一的所有行业中，只有8%能在下一个10年卫冕行业顶尖者的殊荣。事实上，在接下来的10年里，先前的行业领头羊中，有四分之三实际业绩都低于行业中位数。

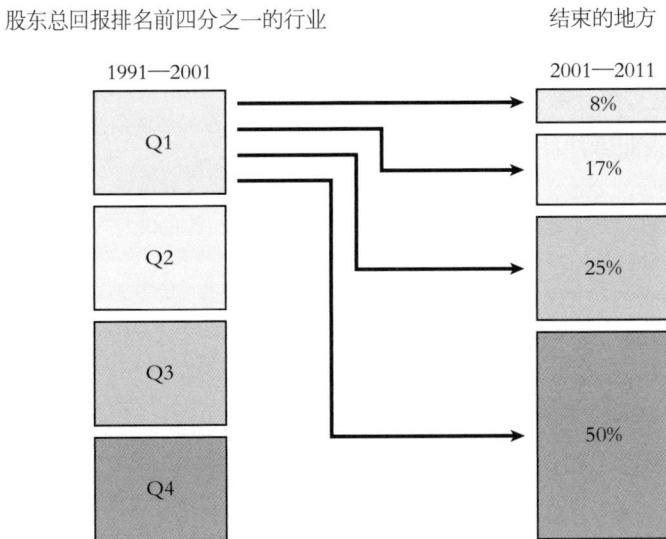

股东总回报排名前四分之一的行业　　　　　　　结束的地方

1991—2001　　　　　　　　　　　　　　　　2001—2011

Q1　→　8%

　　→　17%

Q2　→　25%

Q3

Q4　→　50%

图2.8　连续数十年表现最佳的行业

对求职者和员工的启示

这些结果表明，根据一个行业过去的表现，来预测它未来会不会成功，是不可靠的。在最糟糕的情况下，过去的荣耀搞不好反而暗示着这个行业行将没落。这个问题，对于那些渴望去"热门行业"工作的MBA毕业生和职场人士而言，关系重大。但是，正如风险投资家马克·安德森（Marc Andreessen）所警告的："MBA毕业生其实就是一个非常可靠的反向指标——如果他们都想要进入投资银行业务，那么离一场金融危机就不远了；如果他们想要进入科技领域，则意味着产业泡沫正在形成。"[1]

很多人都会赞同安德森的说法。例如，迈克尔·刘易斯（Michael Lewis）在他1989年所写的华尔街回忆录《说谎者的扑克牌》（*Liar's Poker*）中说："在交易大厅里，你学到的第一件事就是，当许多人追求相同的商品时，无论它是股票、债券还是一份工作，其价值很快就会被高估。" 这一论点暗示了出现繁荣与萧条周期交替的可能性，因为当行业雇用了太多薪资膨胀的MBA后，往往就会被迫做出调整。[2]

虽然没有统计数据能证明MBA毕业生的首选确实可以预测未来的行业业绩，[3]但是求职者往往会对当前表现强劲的行业趋之若鹜，这是不争的事实。[4]可能有人会说，这种现象受到了供应的驱动，因为发展势头较好的行业，无疑会有更多的招聘需求。但事实上，招聘MBA最多的行业，其起薪水平往往也会快速提升，这表明对这些工作的需求是供不应求的。在我从商学院招聘或教学的时候，我发现各个行业的人气是随着时间不断起落的。有些年头，

1. 安德鲁·戈德曼（Andrew Goldman），《泡沫？什么泡沫？》（Bubble? What Bubble?），《纽约时报》，2011年7月7日。参见http://www.nytimes.com/2011/07/10/magazine/marc-andreessen-on-the-dot-com-bubble.html?_r=1&。
2. J. L. 法伊弗（J. L. Pfeiffer），《他们的职业暗示何处不能去：来自哈佛MBA的提示》（*Their Careers Hint at Where Not to Go: A Tip from Harvard MBAs*），《纽约时报》，1994年1月29日。
3. 威廉·费韦贝赫（William Vijverberg），《MBA就业安排和股票市场的表现》（*MBA Job Placement and Stock Market Performance*），斯坦福大学经济学系（Stanford University Economics Department），2010年5月10日。参见https://economics.stanford.edu/sites/default/files/Publications/vijverberg_hthesis2010.pdf。这篇论文论证了就业选择是行业以往业绩的可靠指标，但它对于行业未来的业绩则并无指示作用。
4.《银行？不了，谢谢！》（*Banks? No thanks!*），《经济学人》（*The Economist*），2013年10月11日。

投行位列热门职业排行榜的榜首，而在其他年头，MBA们则偏爱咨询、技术、奢侈品或健康服务领域的工作。

但基于我在本章中提出的论据，求职者必须对"热门行业"内的竞争格局有可能随着时间的推移而发生重大改变的情况做好充足的心理准备。行业本身并不能确保工作的安全性和强劲的财务表现，只有公司明智的管理行为才能做到这一点，就像卡塞拉家族品牌、西南航空公司和图2.7中那些默默无闻的行业赢家所做的那样。

求职者应该领会到"在狗咬狗时做只猫"这一隐喻的特定含义。当求职者一拨拨拥向一个特定的行业，你最好的选择就是朝着不同的方向前进：无论当前的行业表现如何，基于以下三方面的考虑而选择一个特别的公司：

☆ 你真的对这家公司感兴趣。

☆ 你充分信任这里的管理团队。

☆ 你可以在推动创新和有意义的产品差异化上有所作为。

尾声——黄尾袋鼠葡萄酒和西南航空的成功是否会延续？

尽管黄尾袋鼠葡萄酒和西南航空公司已经获得了成功，但它们还是为我们提供了竞争优势如何随着时间的推移发生巨大转变的活生生的例子。

在推广了价格亲民并能日常饮用的葡萄酒，使其销量在5年的时间里快速增长之后，2000—2009年中期，黄尾袋鼠葡萄酒的销量稳定在800万箱左右，从此再也没有突破。卡塞拉家族和多伊奇家族品牌也因在美国市场上屡屡遭遇不利的发展势态而陷入苦斗。

2005年，美国最大的葡萄酒零售商嘉露酒庄（E.&J.Gallo Winery）收购了位于加州的一家中型葡萄酒厂贝尔富特酒庄（Barefoot Cellars），这家酒厂拥有强大的平民主义品牌形象。[1]被嘉露酒庄收购后，贝尔富特扩大了其葡萄酒的供应范围，价位同黄尾袋鼠相近。此外，嘉露在全国范围内大力宣传贝尔富特，它在这一行是老大，占据主要的杂货店和零售连锁店，它利用其影响力给贝尔富特提供强有力的商品销售和促销支持。结果，贝尔富特在2005—2013年的复合年增长率为47%，超过了黄尾袋鼠，成为6—8美元价格区间的葡萄酒销售领袖（如图 2.9所示）。[2]

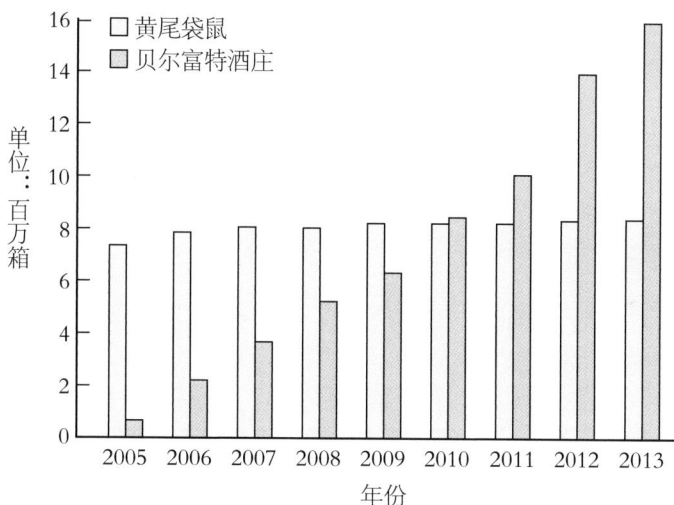

图2.9 2005—2013年 黄尾袋鼠与贝尔富特的销量对比

2009—2013年间，澳元兑美元汇率上涨了40%，这使卡塞拉家族品牌的出口承受了严重的利润压力。鉴于美国葡萄酒市场激烈的价格竞争和充足的葡萄供

---

1. 贝尔富特酒庄由行业新人迈克尔·霍利亨（Michael Houlihan）和邦尼·哈维（Bonnie Harvey）创建于1986年。早在黄尾袋鼠挺进美国葡萄酒市场很久之前，霍利亨和哈维就觉得是时候推出一种不那么自视过高的葡萄酒品牌了。因为发音简单，故他们给这种葡萄酒起名叫贝尔富特，并将其中一位创始人的足印做成品牌商标。最初，他们背井离乡，以有限的资金来经营这家公司，主要靠口口相传和"公益营销"（将葡萄酒提供给非营利组织用于筹款活动，以此做免费宣传）来获得消费者知名度。公司运营了20年，贝尔富特的销量达到了每年约50万箱，其市场以美国西部市场为主。自2005年被嘉露酒庄收购之后，贝尔富特在全国的销售额已经增至1000万箱以上。参见迈克尔·霍利亨和邦尼·哈维：《贝尔富特精神：艰难困苦、拼搏和诚心玉成全美第一葡萄酒品牌》（*The Barefoot Spirit: How Hardship, Hustle, and Heart Built America's #1 Wine Brand*），《进化》（*Evolve*），2013年。
2. 数据由多伊奇家族提供。

应,黄尾袋鼠选择不提高价格,以抵消不利的汇率变化。

2013年,世界上最大的葡萄酒零售商,同时也是黄尾袋鼠最大的客户好市多(Costco),宣布将不再代销黄尾袋鼠葡萄酒,转而销售其廉价的自有品牌——柯克兰(Kirkland)。

随着美国经济的走强,葡萄酒消费者的偏好转向质优价高的产品。如图2.10所示,2014年,价格档位在6—8美元的黄尾袋鼠葡萄酒销量下跌幅度达到峰值,而2013—2014年间,售价大于等于10美元的产品享受着两位数百分比的收入增长。[1]

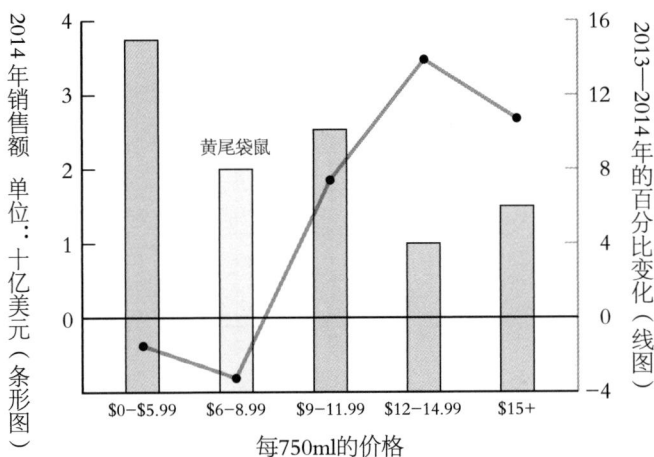

图2.10 美国葡萄酒销售趋势(按价格区间)

卡塞拉家族和多伊奇家族已经采取了一系列措施以图东山再起,其中包括不断扩大产品类别,现在他们已经有了20多种单一酿造、混合酿造和起泡葡萄酒品种,此外,他们还提供各种不同容量的瓶装酒,增大电视广告投放量,并瞄准了社交媒体。公司也考虑了很多更加雄心勃勃的品牌拓展战略,比如葡萄酒零售打包服务,推出冰镇版桑格利亚汽酒,继续拓展含酒精和无酒精饮品系列。时间会告诉我们,黄尾袋鼠是否能再度辉煌,在美国市场中

1.数据由多伊奇家族提供。

开辟一片新的发展天地。

近年来，西南航空也不得不去适应一个截然不同的商业环境。尽管航空业总体上通过兼并整合，使运载能力日趋合理化，并且燃料价格也不断下降，但西南航空面临的行业竞争更为严峻了。21世纪初，西南航空曾利用其低成本定位来对抗虚弱的传统航空公司，但现在，西南航空发现自己成了夹心饼干，上头压着运效越来越高的大型航空公司如美国航空、达美航空、美国联合航空等，底下还有一批只提供基本服务的航空公司如忠实航空（Allegiant Air）和精神航空（Spirit Airlines）在猛追（如图2.11所示）。[1]此外，航空业的后起之秀，如捷蓝航空（JetBlue）和维珍美国航空，正通过以有竞争力的低价格提供乘客喜欢的飞行设施，如更宽敞的客舱、真皮座椅和优质零食，来获取市场份额。随着竞争的加剧，西南航空的劳工关系——曾经是公司竞争优势的重要来源——因航空公司竭力控制人工成本，现在也变得越来越有争议。

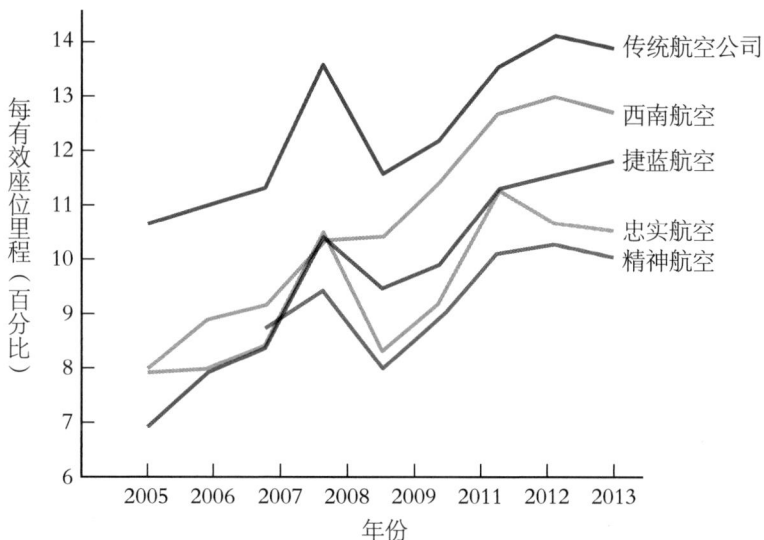

图2.11 2005—2013年航空公司的运营成本[2]

1. 此处的分析基于航空业数据项目的数据，麻省理工学院全球航空工业计划，2005—2013年。参见http://web.mit.edu/airlinedata/www/Expenses&Related.html。
2. 本图缺少2010年数据，疑系原著有误。——编者注

尽管如此，西南航空运用有助于盈利性增长的三个战略规则，还在继续保持强劲的发展态势。2010年，通过收购穿越航空（AirTran Airways），西南航空得以开展国际航运服务，为其将来的发展打下了坚实的基础。同时，西南航空还是保持不收取行李托运费和机票改签费的少数几家航空公司之一，并且也改进了舱内服务设施，如提供舱内Wi-Fi，因而，西南航空仍能实现其有意义的产品差异化。西南航空还持续进行业务整合以支持生产作业，尽管其在美国航空业中拥有最高的工资[1]，但仍能保持成本竞争力。2012—2015年，西南航空是美国最赚钱且发展最快的航空公司之一，在整个美国航空业中，股票上涨幅度是其他公司的两倍多。

总之，所谓的"坏行业"是不存在的。在任何一个行业，一家企业如果能够发现并利用各种机会来提供有意义的产品差异化，并能在战略上整合整个组织，从而有效地提供产品和服务，便可以享受持续的增长和赢利。然而，没有哪家公司能够靠吃老本为生，不断创新是长期保持业绩领先的先决条件。

---

1. 2013年，西南航空飞行员的平均工资比行业平均水平高出66%。尽管如此，通过高生产率水平的作业，西南航空每组机组人员可服务的乘客数量比美国航空业的平均水平高出72%。在按飞行里程差异调整了西南航空的成本后，如图2.11所示，相对于大型的传统航空公司等竞争对手来说，在按每有效座位里程数计算的调整成本上，西南航空仍有33%的较大优势。

第三章

我们为什么从商？

作为本章的标题，这个问题看起来很简单，不过近年来，人们又开始对商业企业的目的究竟为何，展开了一番激烈的争辩。在进一步探讨商业战略之前，或许我们应该就"职业经理人的首要任务到底是什么"这一问题达成共识。

我在哥伦比亚商学院讲授商业战略课时，经常会在第一讲中向我的MBA学生提出一个宽泛的问题："如果你们非常幸运，毕业后在一家上市公司谋得一份CEO的差事，那么在你上任的头几年里，你会将什么作为你工作的重中之重呢？"随后我会加上一句，"当然，商业环境各有不同，那就想想最普遍适用的商业目的吧，这或许可以帮你做出决策。"

学生们总是会陶醉在这个假设的好运带来的荣耀感中，片刻之后，他们得出的最常见的答案通常是"股东价值最大化（Maximizing Shareholder Value，MSV）""建立一个强大的管理团队""成为市场份额领袖"以及"引领对社会负责的公司行为"。

把股东收益放在首位的思想仍然塑造着下一代公司领导者的思维，这毫不奇怪。在商学院里，股东价值最大化一向被奉为圭臬，其背后有由诺贝尔奖得主和其他杰出人物提出的经典而令人信服的理论支撑着。

股东价值最大化学说

股东价值最大化（以下简称MSV）学说，源于一篇被广泛引用的学术性商业论文：《企业理论：管理行为、代理成本与所有权结构》（*Theory of the*

Firm：Managerial Behavior，Agency Costs and Ownership Structure）。这篇论文出自哈佛大学经济学家迈克尔·詹森（Michael Jensen）和威廉·梅克林（William Meckling）之手，后者后来成了罗切斯特大学（University of Rochester）西蒙商学院（Simon Business School）的院长。[1]

詹森、梅克林和其他MSV的支持者指出，在所有上市公司的利益相关者中，只有外部股东会面临自己的投入完全得不到回报的风险，因此，只有他们能通过将股权变现获取利益。鉴于此，这些股东——实际拥有企业的委托人——有权获得企业创造的价值。

这样看来，公司高管作为委托人的代理，其职责是管理好公司，从而使委托人可以获取的价值最大化。为了避免委托人与他们的代理之间产生目标上的冲突，詹森和梅克林建议公司应该让高管也加入主要股东的行列，给他们可观的股权薪酬。这样的话，管理层和股东可以在MSV这个目标上达成一致。

詹森和梅克林有非常强大的盟友来支持他们关于MSV的看法，其中包括诺贝尔奖得主米尔顿·弗里德曼（Milton Friedman）[2]以及在20世纪八九十年代为公司股东（及自身）创造了巨大价值的两位传奇CEO：可口可乐公司（Coca-Cola）的罗伯托·戈伊苏埃塔（Roberto Goizueta）和通用电气公司的杰克·韦尔奇。

1970年，弗里德曼在《纽约时报》上发表了一篇题为《企业的社会责任是增加利润》（*The Social Responsibility of Business Is to Increase Its Profits*）的文章，力挺MSV学说。他认为，若管理上有任何与利润最大化和股东价值相悖的做法，都会破坏美国资本主义的基石：为了国家整体的利益而通过资

---

1. 迈克尔·詹森和威廉·梅克林，《企业理论：管理行为、代理成本与所有权结构》，《金融经济学》杂志（*Journal of Financial Economics*），3，4，1976年10月，305—360页。截至2014年底，该文已被近46,000篇学术文章引用。
2. 弗里德曼是芝加哥大学经济学系的主任，于1976年获得诺贝尔经济学奖，曾被《经济学人》杂志誉为"20世纪后半叶，甚至是整个20世纪，最具影响力的经济学家"。

本有效配置，实现价值最大化。[1]

杰克·韦尔奇也直言不讳地支持MSV学说。1981年，韦尔奇就任通用电气CEO后不久，发表了一篇演讲，概述了其主要思想：甩掉业绩不佳的业务和大幅削减成本，以实现持续的利润增长，其速度要超越全球经济增长的速度。韦尔奇告诉分析师："通用电气会做拉动GNP（国民生产总值）的火车头，决不会成为拖后腿的车尾。"[2]

在之后的20年里，韦尔奇兑现了他的承诺。在他的领导下，通用电气的市值从140亿美元增长到4,840亿美元，成为当时全球市值最高的公司。在长达12年的时间里，有46个季度通用电气的收益达到甚至超过了分析师的预测——实现率高达96%，并且在这46个季度中，通用电气有89%的季度以精确到分的准确率实现了其对每股收益的预测！商业史上，没有哪家公司能创造这么高的市值，韦尔奇也在1999年被《财富》杂志评选为"世纪经理人"。[3]

时间快进到2009年3月12日，韦尔奇退休快8年了，此时，他却掉转了方向，宣称自己不再是MSV理论的拥趸："显然，只关注股东价值是世界上最愚蠢的想法了。股东价值是结果，而不是战略……你主要的利益来源是你的员工、客户以及产品。"[4]韦尔奇无疑是在对2009年通用电气的股东价值下降到不及它峰值的25%这一事实做出回应。但是，究竟发生了什么，让这位MSV学说最伟大的追随者，重新思索公司的首要任务？

韦尔奇自己描述了这样一个事件，该事件发生在他CEO任期的后半程：

1994年4月14日，我正准备于周四晚上离开办公室度过一个大周末，迈克[迈克·卡彭特（Mike Carpenter），通用电气金融服务公司（GE Capital）主管]打来了一通电话，内容是你永远都不想听的那种。"我们有麻烦了，杰

---

1. 米尔顿·弗里德曼，《企业的社会责任是增加利润》，《纽约时报》，1970年6月13日。
2. 《杰克·韦尔奇的MBA》（The Jack Welch MBA），《经济学人》，2009年7月23日。
3. 杰弗里·科文（Geoffrey Colvin），《终极经理人》（The Ultimate Manager），《财富》，1999年11月22日。
4. 弗朗西斯科·格雷拉（Francesco Guerrera），《韦尔奇批评聚焦股价》（Welch Condemns Share Price Focus），《金融时报》（Financial Times），2009年3月12日。

克。"他在电话里说，"一个交易员的账户出现了我们无法确认的3.5亿美元的亏空，而他也已经失踪了。"

卡彭特告诉我，公司负责政府债券部门的杰特（Jett）制造了一系列虚假交易，来抬高自己的奖金。这些虚假交易人为地抬高了基德尔公司（Kidder）上报的收益。为了填补这一亏空，我们需要从第一季度的收益中拿出3.5亿美元。

迈克的这一消息让我立刻周身不适：3.5亿美元，简直难以置信，这个数字实在太庞大了。我冲进浴室，在一阵痉挛中把胃里的东西全吐了出来。

那个周日晚上，我给14位通用电气的业务主管打了电话，告知了他们这一坏消息，并向他们每个人道歉。我感觉非常糟糕，因为这一突发事件会打击我们的股价，还会伤及每一位员工。对于这场灾难我非常自责。[1]

请注意，韦尔奇突如其来的痛苦，并非因为公司的财务控制不力，或者通用电气过度依赖一个高风险且资金不足的业务部门（通用电气金融服务公司），而是因为公司没有一如往常地实现收益预期。通用电气以及其他许多公司都信奉韦尔奇的管理理念，都是围绕结果制定战略。这些公司过度关注短期利润和股价收益，却忽视了长期盈利性增长的关键驱动力。

对MSV学说的异议

越来越多的学者、CEO和受人尊敬的商业评论员对上市公司如何践行股东价值最大化学说表示热切关注，其中包括：多伦多大学（University of Toronto）罗特曼管理学院（Rotman School of Management）院长罗杰·马

---

1. 杰克·韦尔奇和约翰·A. 伯恩（John A. Byrne），《杰克·韦尔奇自传》（*Jack: Straight from the Gut*），商业+出版社（Business Plus），2001年，224—225页。

丁（Roger Martin），[1]哈佛商学院教授克莱顿·克里斯坦森，[2]马萨诸塞大学经济学教授威廉·拉佐尼克，[3]亚马逊CEO杰夫·贝索斯，[4]星巴克总裁霍华德·舒尔茨（Howard Schultz），[5]英国《金融时报》经济评论员、大英帝国司令勋章（CBE）获得者马丁·沃尔夫（Martin Wolf）[6]以及《福布斯》杂志管理评论员史蒂夫·丹宁[7]等。

可以说，马丁·沃尔夫非常准确地概括了大家的看法：

经济学中，最重要的就是思考应该如何管理公司，公司的目标是什么。不幸的是，我们把这搞得一团糟。这一团糟有个名字，那就是"股东价值最大化"。如果秉持这样的信条来运营公司，不仅会导致错误的行为，还可能会阻碍公司实现其真正的社会目标，即带来更大的繁荣。[8]

杰克·韦尔奇很晚才认识到，为股东创造价值是明智的商业战略的结果，而非驱动力，而沃尔夫的评判已经超越了这种认识。沃尔夫和其他人都认为，专注于MSV的公司，实际上可能会系统地破坏股东价值，并毁损社会和经济福利。

---

1. 罗杰·马丁，《顾客资本主义时代》（*The Age of Customer Capitalism*），《哈佛商业评论》，2010年1—2月。
2. 克莱顿·M.克里斯坦森，《投资者对商业有害吗》（*Are Investors Bad for Business*），《哈佛商业评论》，2014年6月。克里斯坦森主要关心的是，许多企业高管在管理业务时过于关注短期目标。他的观点与MSV学说密切相关，但并不专门针对该学说。
3. 威廉·拉佐尼克，《只有利润，没有繁荣》，《哈佛商业评论》，2014年9月。
4. 杰夫·贝索斯，《致股东们的一封信》（*Letter to Shareholders*），1997年，摘自亚马逊投资者关系网站http://media.corporate-ir.net/media_files/irol/97/97664/reports/Shareholderletter97.pdf。贝索斯主要关心的是，许多CEO以短期目标为导向，即股东价值最大化。而他还将股东寻求短期收益的利益诉求纳入长久的承诺中，即提供优质的客户服务。
5. 卡罗琳·费尔柴尔德（Caroline Fairchild），《星巴克CEO霍华德·舒尔茨：赢利能力是一个肤浅的目标》（*Starbucks CEO Howard Schultz: "Profitability Is a Shallow Goal"*），赫芬顿邮报（Huffington Post），2013年6月28日。舒尔茨主要关注的是，在更广阔的社会目标下，超越MSV理论来管理企业。
6. 马丁·沃尔夫，《机会主义的股东必须信奉承诺》（*Opportunist Shareholders Must Embrace Commitment*），《金融时报》，2014年8月26日。
7. 史蒂夫·丹宁，《世界上最蠢的想法：股东价值最大化》（*The Dumbest Idea in the World: Maximizing Shareholder Value*），《福布斯》，2011年11月28日。
8. 沃尔夫，《机会主义的股东必须信奉承诺》。

MSV学说的反对者认为，股票回购通常反映了公司资本的错误配置，将本可以用于再投资公司未来发展的资本转移走，会导致公司能力和全球竞争力的削弱。反对者称，在研发方面投资不足，以及产品开发和生产的大规模离岸转移，都破坏了美国在全球市场的长期竞争力，妨碍国家经济的复苏。在他们看来，基于股权的管理激励手段，使管理重心偏向实现短期利润的不合理的指标体系，这样会加剧收入不均，阻碍国家经济增长。对一项历来而且继续被广泛接受的管理学说来讲，这是非常严重的诟病。让我们更详细地逐个检验一下这些批评点。

资本配置

在支持价值创造的活动——例如，投资研发、推动市场扩张和促进员工发展等——和以股东股息及公开市场股票回购为形式进行的价值抽取活动之间，公司的资本配置会有一个内在的权衡。在第二次世界大战到20世纪70年代之间的时期，大部分大企业都重视将收益用来再投资，以促进业务增长。

但是，随着MSV学说在20世纪70年代的兴起，公司资本配置开始偏向于价值抽取，而且，在美国证监会（SEC）取消了对公开市场股票回购的监管限制后，这一过程在80年代开始加速。股东回购背后的动机在于，如果对股票的需求大于供给，至少在短期内，每股价格有可能会上扬。

如图3.1所示，1981—2012年，公司净收入中以股息和公开市场股票回购形式分配给股东的部分占比明显增加，平均占企业净收入的近80%。股票回购所占份额增长势头最猛，特别是在过去10年中，一些公司甚至不惜举债来为股票回购提供资金，借贷金额比其年均净收入还高。

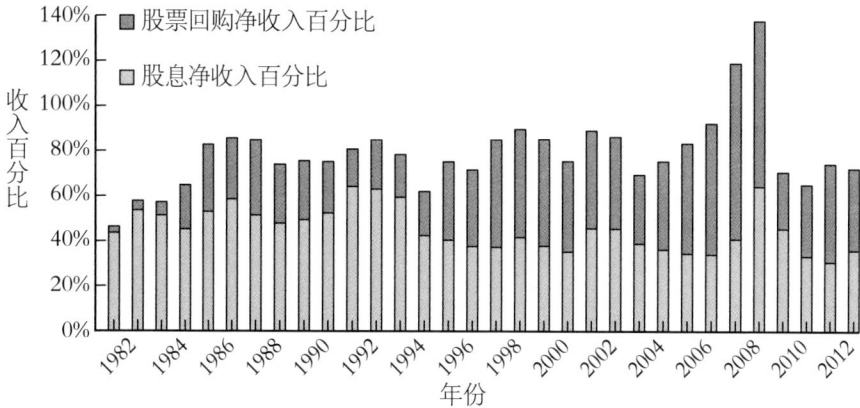

图3.1 股票回购和股息占净收入的百分比(标准普尔500指数)

是什么助长了这种宁可为了股东而进行价值抽取,也不投资于公司发展以实现价值创造的趋势?我之前指出,MSV学说中的一个关键宗旨就是,保证委托人(股东)和代理人(执行管理者)的利益一致。为了达到这个目的,大多数公司董事会建立了薪酬计划,如果达到每股收益(earnings-per-share,EPS)的目标,会以奖金奖励高管,或者给高管股权,因此,奖励的价值会与股价一同上涨。

公司通常也会在给投资者的指南中加入EPS数据,为其预测来年的赢利能力提供依据。理想状态下,EPS的增长反映了企业强劲的盈利性增长能力。但是,如果增长基础薄弱,或者赢利前景黯淡,会发生什么呢?

当公司在公开市场里回购大量自己的股票时,其EPS的增长和股票回购的规模成正比。尽管不能保证回购本身会抬高股价,但是至少从短期来看,市场通常会看好这种行为。许多投资者将回购看作一种信号,表明公司认为市场低估了自己的股票。[1]而且,股票回购也有助于抵消由持续发行管理层股

---

1. 威廉·拉佐尼克指出,公司购买股票的时机选得不准(拉佐尼克,《只有利润,没有繁荣》)。当公司股价走高时,股票回购活动也会达到高潮,而当股价低迷时,股票回购活动则遇冷。这种情况与我们普遍适用的股票回购原理相悖,即应该在公司认为自己的股价被低估时进行回购。

票期权造成的股权稀释。

但是，这里有不合逻辑的地方。如果一家公司的基础收益根本没有增长，只是一味地利用回购推高EPS的话，那么这家公司真的值得如此巨额的投资吗？如果这些投资的代价是减少对研发和市场扩张的资本投入的话，那么这种资本配置是否明智？

波士顿咨询集团研究了资本配置对股价的影响，他们发现，股票回购通常会破坏短期的股东价值。[1]在其中一项研究中，波士顿咨询集团选择了100家宣布扩大其股票回购计划的规模达25%及以上的上市公司，对其之后的股价波动进行了追踪。在之后的两个季度，这些公司的估值倍数的中值变化比标准普尔500指数整体的估值倍数变化低5%。这表明投资者普遍不认同管理者的观点，即他们并不认为公司把资本用于大规模股票回购上是明智之举。[2]

IBM公司近期的表现说明，大规模的股票回购还可能会破坏长期股东价值的创造。如图3.2所示，IBM抽取资本以回购和股息的形式回馈股东，这部分资本远远超过其以研发和资本开支的形式用于公司未来发展再投资。这种配置，清晰地反映出公司在管理优先级方面做出的权衡。需要特别注意的是，IBM公司在研发方面的投资要远远少于其直接竞争对手。

意料之中，IBM的增长遭遇了停滞，2013—2015年，其收益下降了15%。投资者们发现了苗头不对，在过去的3年里，又把IBM的股价拉低了30%，而同期标准普尔500指数上涨了40%之多。尽管进行了大规模的股票回购，但在过去两年里，IBM还是成了道琼斯工业平均指数所有股票中"评价最差"的公司。

---

1. 埃里克·奥尔森（Eric Olsen）、弗兰克·普拉施克（Frank Plaschke）、丹尼尔·斯泰尔特（Daniel Stelter），《避免现金陷阱：高利润下价值创造的挑战》（*Avoiding the Cash Trap: The Challenge of Value Creation When Profits Are High*），《波士顿咨询集团视角》，2007年9月。
2. 奥尔森等人，《避免现金陷阱》。在他们引用的研究中，波士顿咨询集团发现，投资者更喜欢公司以股息而不是以股票回购的形式将利润回馈给股东。

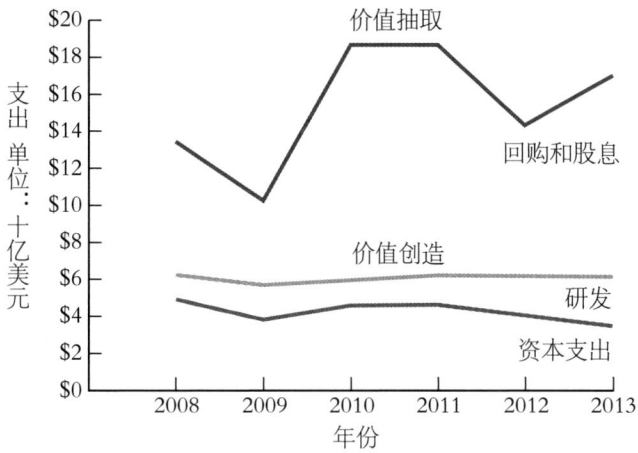

图3.2a IBM资本配置和股东价值：IBM价值抽取支出和价值创造支出

思爱普（SAP）	13.6%
微软	13.4%
谷歌	13.3%
甲骨文	13.0%
思科	12.2%
亚马逊	8.8%
IBM	6.2%
惠普（HP）	2.8%

图3.2b 研发所占收入的百分比（2013年）

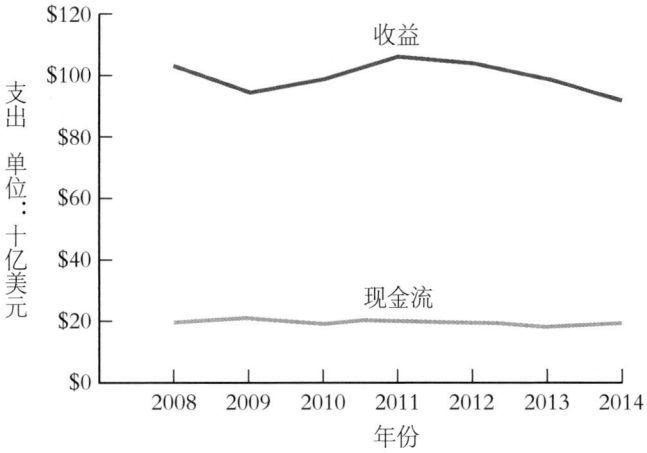

图3.2c　IBM的收益和现金利润

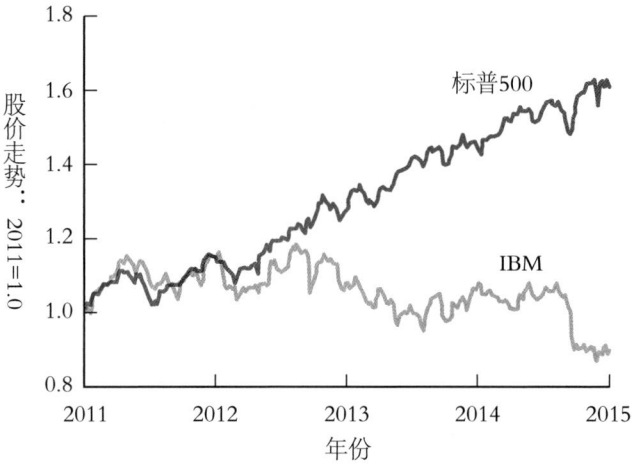

图3.2d　IBM与标准普尔500指数的对比

削弱公司的能力和国际竞争力

关于MSV学说的第二个忧虑是，许多MSV的奉行者都有一个倾向：只专注于短期的成本削减,从而减少了在市场差异化能力方面的投资,但正是在这方面的投资才能长期支撑国际竞争力。

克莱顿·克里斯坦森是此观点的旗帜鲜明的代言人,他认为管理决策总是被财务比率指标(例如,资产收益或成本收益测算结果)牵着鼻子走,如果在分母上下功夫,它们的价值就会被提高。[1]比如,一些公司为了在资产负债表上减少资产而进行大规模外包,或者为了减少运营成本而停止研发,上述做法虽然可能获得短期收益,但是,长期竞争力会被削弱,后果难以估量。[2]这种做法的弊端多多,比如,以知识的流失(很可能是永久性的)为代价,而知识的流失又会影响到公司的创新和能力,从而错失创造利润的机会。

财务理论表明,公司的价值应反映所有未来收益的贴现现金流,然而,管理决策的制定却往往取决于短期的财务收益。

不恰当的管理激励机制

激励机制的麻烦之处就在于它立竿见影。就这一点而言,MSV学说的要旨,即必须让委托人与代理人的利益保持一致,这无疑直接促使股票回购和其他提高短期股价收益的措施备受青睐。越来越多的CEO的报偿方式开始转为基于股权的报酬,因此,高管薪酬优渥丰厚起来。1978—2013年,CEO的(根据通货膨胀率进行了调整)报酬增长了937%,是股票市场总体价值增长的两倍多,与历史同期普通工人薪酬10%的增长率相比,不可同日而语。[3]

这些趋势也引起了一系列质疑,人们担心高管薪酬机制是否加剧了收入不平等,并同时带来了更多的经济和社会负面影响。这个探讨超出了本书的

---

1. 克莱顿·M. 克里斯坦森、德里克·范贝弗,《资本家的两难境地》(*The Capitalist's Dilemma*),《哈佛商业评论》,2014年6月。

2. 同上。

3. 阿莉莎·戴维斯(Alyssa Davis)、劳伦斯·米舍尔(Lawrence Mishel),《CEO日进斗金,而普通工人的薪酬则在缩水》(*CEO Pay Continues to Rise as Typical Workers Are Paid Less*),《经济政策研究所》(*Economic Policy Institute*),2014年6月12日。

范围，但从有效的商业战略角度出发，讨论如下问题还是非常切题的：高管的薪酬机制是否有助于促进长期盈利性增长（所有利益相关者都受益）以及股东价值的可持续增长。

就这一问题，威廉·拉佐尼克对10家公司CEO的薪酬进行了研究，这些公司在2003—2012年间都进行过最大规模的股票回购。[1]它们在股票回购上共计花费8,590亿美元，占其全部净收入的68%。在这10年间，这些公司CEO的平均薪酬达到了1.68亿美元，但只有三家公司——埃克森美孚（Exxon Mobil）、IBM和宝洁公司（Procter & Gamble）——的股票价格指数超过了标准普尔500指数。另外，在之后的3年（2013—2015年），这10家公司里，只有微软一家的营收增长率超过了美国整体的GDP增长率。其中三家公司（思科、英特尔和沃尔玛）的营收增长率低于美国的GDP增长率，另外六家［埃克森美孚、通用电气、惠普、IBM、辉瑞（Pfizer）和宝洁］在2013—2015年间的营收全都处于缩水状态。

可见，那些进行大规模股票回购的公司基本都停滞不前了。按照杰克·韦尔奇的说法，它们不再是拉动GNP的火车头。高管薪酬机制能否合理激励管理行为，使股东价值、收入、利润或社会福利的长期增长实现最大化，这一点尚不明确。

到底什么才是企业存在的首要目的呢？正如我们所看到的，MSV学说的支持者和反对者分歧巨大。股东价值最大化既是资本主义的基石，是公司价值的重要驱动力，也是一个有缺陷的概念，它会侵蚀它本应滋养的那些价值。

化解僵局

1954年，德高望重的彼得·德鲁克（Peter Drucker）一语中的地解答了

1.拉佐尼克，《只有利润，没有繁荣》。

这个问题："企业的目的只有一个合理的定义——创造客户。任何企业有且只有两个基本功能——营销和创新。"[1]德鲁克坚定不移地把客户放在企业为之服务的下列所有利益相关者的首位：员工、股东以及企业运作过程中的广泛共同体。

60年后，阿里巴巴（Alibaba）集团的CEO马云[2]发布了一封致潜在投资者的公开信，其主题是"什么才会成为史上最大的IPO"。他在信中解释了自己为什么支持彼得·德鲁克的原则：[3]

我曾经多次表示，我们的原则是"客户第一、员工第二、股东第三"。我知道，第一次听到的投资者会感到难以理解。

我下边来阐述一下上述原则。作为公司的受托人，我们相信，阿里巴巴为股东创造长期价值的唯一途径是为客户创造可持续的价值。因此，客户第一是必须的。

……

我们的公司不会根据短期的营收或利润做出决策。我们在实施战略时将充分考虑公司的使命和长期发展。我们的员工、资金、技术和资源，将被用来确保阿里巴巴生态链可持续的发展和增长。我们欢迎具有同样长期理念的投资者。[4]

可以说，马云对利益相关者优先次序的排序与亚马逊CEO杰夫·贝索斯"英雄所见略同"。1997年，杰夫在写给股东的第一封信中，也表达了类似的观点：

1. 彼得·F. 德鲁克，《管理实践》（The Practice of Management），哈珀商业出版公司（Harper Business），2006年，1954年第一版。
2. 公开信发布于2014年，马云于2013年已辞去CEO一职。——编者注
3. 捷利斯·德莫斯（Telis Demos），《银行家推行"绿鞋"期权，助推阿里巴巴创史上最大规模IPO》（Alibaba IPO Biggest in History as Bankers Exercise 'Green Shoe' Option），《华尔街日报》，2014年9月21日。
4. 瑞安·马克（Ryan Mac），《阿里巴巴IPO在即，马云亲笔致信潜在投资者》（As Alibaba's IPO Approaches, Founder Jack Ma Pens Letter to Potential Investors），《福布斯》，2014年9月5日。

　　我们认为，获得成功的基本途径是设法在长时期内一直创造股东价值。这个价值将是我们发展和稳固自己在市场上的领导地位这一能力的直接结果。市场领导地位越稳固，经济模式才会越强劲有力。市场领导地位能够直接转化为更高的营收、更强的赢利能力、更快的资本流动率以及随之而来的更强劲的投资资本回报率。

　　正因为我们关注长远目标，我们做决策和权衡利弊时与其他一些公司不太一样。因此，我们想要与您分享公司的基本管理和决策方法，这样您——我们的股东，才可以确信，这与您的投资理念是一致的。我们会继续矢志不渝地聚焦客户。我们在做投资决策时，会继续以市场的长期领导地位为依据，而不是根据短期赢利能力或华尔街的短期反应……

　　我们不敢说上述理念是正确的，但这就是我们的理念。而且，对于这些我们已经实施的以及将要继续实施的方法，如果不够明确，那我们就是在玩忽职守。[1]

　　贝索斯恪守这些原则，事实上，1997年的这封信在每年的年报中都会出现，这提醒股东，亚马逊公司存在的目的是什么。亚马逊"矢志不渝地聚焦客户"的理念，帮助它在电子商务的客户价值、便利性以及服务等方面确立了行业标准。另外，贝索斯"以市场的长期领导地位为依据"做投资决策的意旨，使公司在资本支出和研发上的投资迅速增加，这几乎消耗掉了自公司建立以来的所有净收入（见图3.3）。正因如此，亚马逊从来没有支付过股息，也从未斥巨资回购过公司股票。[2]

　　正如贝索斯准确地预测到的那样，他惹恼了许多华尔街的分析师，这些

---

1. 贝索斯，《致股东们的一封信》。

2. 截至2015年底，亚马逊只进行了4轮股票回购，总数加起来大概是其流通股份的3%。这些目标明确的股票回购，正是在股票市场低迷不振的时期进行的，但根据后来股价的走势，股东们得到了3倍的回报。参见J. 艾伦（J. Allen）的《资本管理》（Capital Management），《投资者简报》（Investor Newsletter），2014年10月14日，http://jallencapitalmanagement.com/posts/amzn-amazons-share-repurchases.html。

人一直在呼吁实现更多的利润，分给股东更多的股息。一位观察家将亚马逊称作"一家由众多投资者'供养'的专门为客户服务的慈善机构"，这句话很好地表达了人们对亚马逊的负面情绪。[1]

在客户利益和股东利益之间，是否存在内在的平衡？亚马逊如今所取得的业绩表明，矢志不渝地聚焦客户和长期发展，才能更好地服务客户、员工和股东。

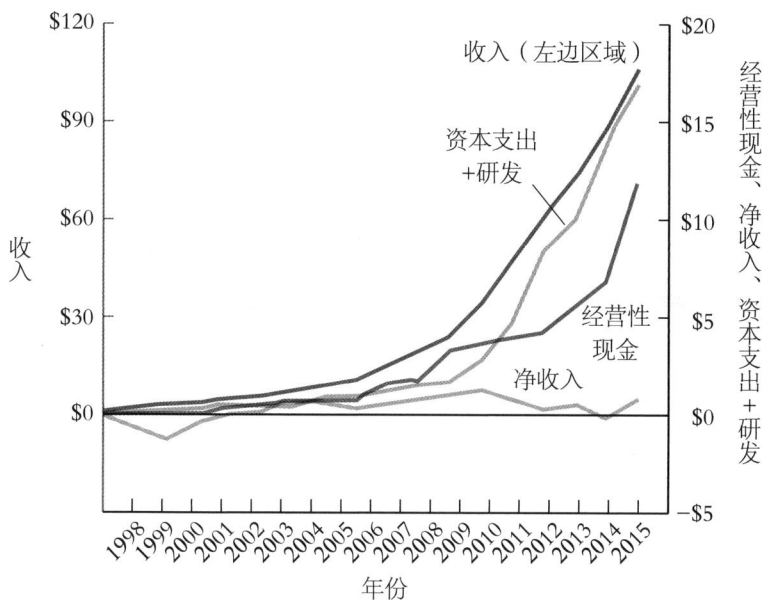

图3.3　亚马逊的收入、赢利能力和增长型投资（1998—2015年，以十亿美元计）

客户满意度

美国客户满意度指数体系登记在册的230家公司中，亚马逊的客户满意

---

1. 马修·伊格莱西亚斯（Matthew Yglesias），《亚马逊利润下滑45%，但仍是全球最棒的公司》（*Amazon Profits Fall 45 Percent, Still the Most Amazing Company in the World*），《Slate》杂志，2013年1月29日。

度一直是最高的，该指数是美国最具综合性的跨行业客户满意度指标。[1]亚马逊的商业规模之大和产品范围之广，更使得这一成就卓越无比。客户满意度指数较高的其他公司一般都是高端品牌，如梅赛德斯-奔驰（Mercedes-Benz）、诺德斯特龙（Nordstrom），或特定品类供应商，如亨氏（Heinz）。

营收增长

亚马逊2015年的收入超过1,000亿美元——成为最快突破千亿美元的公司。

股东价值

根据公司股东总回报和市值，《哈佛商业评论》评选出的2015年表现最佳的100名CEO中，杰夫·贝索斯排名第一。在贝索斯任职期间，亚马逊的市值达到近2,000亿美元，这意味着股东的回报率超过20,000%。[2]

更广泛的商业目的：创造北极星

亚马逊和阿里巴巴代表着成功的公司，其领导者非常明确地把公司的目的锁定在实现优异的客户价值上。更广泛地说，全球业绩最佳的那些公司——即在长期竞争中居于其所属商业领域主导地位的公司——其运营使命都是非常明确的，它们所有的利益相关者也都对之了如指掌。界定公司的目的、优先级和客户价值，会为公司带来一颗北极星，来指引公司如何运营。尽管市场、技术和竞争格局的变化速度越来越快，但公司的目的这一基础可

---

1. 美国客户满意度指数。http://www.theacsi.org/customer-satisfaction-benchmarks。

2. 哈佛商业评论员，《全球最佳CEO》（*The Best-Performing CEOs in the World*），《哈佛商业评论》，2015年11月，参见https://hbr.org/2015/11/the-best-performing-ceos-in-the-world。

以也应该是持久的。

正如杰夫·贝索斯解释的那样：

当我和公司之外的人交流时，经常会被问到一个问题："接下来的5—10年会发生什么变化？"但是，很少有人问我："接下来的5—10年，什么不会发生变化？"在亚马逊，我们一直试图弄清楚什么不会变，因为解决这些问题有助于加快发展的脚步。你今天投入的精力，会在10年后得到回报。反言之，如果你在制定战略时首要考虑的是那些临时性的东西——你的竞争对手、可用的技术等——而这些瞬息万变，那么你的战略也就跟着摇摆不定。

对我们的业务来说，大多数（不变的业务驱动力）都在于洞悉客户。让我们看看在面向客户的业务中，什么是客户所看重的？客户需要可选择性、低价以及快速配送……我想象不出10年后的客户会说出这样的话："如果亚马逊的配送速度能慢一点，我会更加满意。"他们也不会说："我真的很喜欢亚马逊，但还是希望他们的价格能稍微高一些。"所以，如果我们把精力放在改善缺点，即减少结构性成本上，价格也会随之降低，那么从今往后的10年里，我们会获利。但如果我们把精力投注到高速旋转的飞轮上，那么从今往后的10年里，飞轮只会越转越快……[1]

在成功的公司当中，并非只有亚马逊在恪守清晰明确的商业目的，这一目的是由根深蒂固的价值观和信仰来定义的，例如，强生（Johnson & Johnson，J&J）、宜家和星巴克也是如此。

强生公司

无论以何种标准衡量，强生都是一家极其成功的公司。在过去的20年

---

1. 朱莉娅·柯比（Julia Kirby）和托马斯·A. 斯图尔特（Thomas A. Stewart），《机构性认同：杰夫·贝索斯访谈》（*The Institutional Yes: An Interview with Jeff Bezos*），《哈佛商业评论》，2007年10月1日。

里，强生的股价以超过13%的年复合增长率上扬。照此幅度，在其从事的医药及医疗设备领域，强生的营业利润率和营收增长率一直领先于竞争对手。与规模相近的公司相比，强生目前拥有最高的营业利润率（接近30%），增长率仅次于亚马逊。

强生能够持续取得这样强劲的业绩，靠的正是其明确的公司使命。[1]强生公司创始人之一罗伯特·伍德·约翰逊二世（Robert Wood Johnson II）在1932—1963年间担任公司的董事长，他在1943年强生公司上市前夕制定了公司的信条。约翰逊在明确强生的商业目的时，专门强调了对客户的关注，这比彼得·德鲁克还早了10年：

我们认为，公司首先要对医生、护士、病患负责，要对天下的父母负责，要对所有使用强生产品和服务的人负责。为了满足他们的需求，我们所做的一切都要保证超高品质。

强生公司的信条也涉及对其他利益相关者的公司义务，依次为：

☆ 我们对公司的员工负责。每位员工都是一个个体，每位员工在工作中都要有安全感。薪酬要公平充足，工作环境要干净、有序、安全。

☆ 我们要对生活和工作的社区负责，也要对国际社会负责。我们要做保护环境和自然资源的好公民。

☆ 我们最终要对股东负责。公司必须获取丰厚的利润。我们要大胆尝试新的想法。当我们依照这些原则运营公司时，股东们就会获得合理的回报。

尽管强生公司把股东放在最后，但是公司总体经营的使命清晰明了，这使得公司建立了一个公司和股东能够实现茁壮成长的运营环境。强生公司的

---

1. 强生公司网页，2016年6月1日，http://www.jnj.com/about-jnj/jnj-credo。

信条明确了北极星式的公司价值观，因此公司管理层就不需要为了应对多变的市场环境而对其基本的战略方向争论不休了。

强生公司处理芝加哥泰诺（Tylenol）[1]命案的方式就是一个很好的例证，这起事件于1982年发生在芝加哥市区，由于有人改变了药物成分，多人中毒死亡。这次危机使强生公司面临艰难抉择。公司有将近五分之一的利润来自泰诺，并且人们担心在四处蔓延的恐慌与流言之下，强生销售额的下滑将难以恢复。然而，强生并没有试图粉饰太平——虽说这起事件看起来像是市区的某个疯子犯下的孤立案件——而是反其道而行之。董事长詹姆斯·伯克（James Burke）立即下令暂停泰诺的生产和推广，并向全国的医院发布警告。在首起死亡事故发生的一周内，强生宣布召回市场上所有的泰诺。[2]

泰诺重新在美国上市之前，强生研发了一种防拆封包装，这项创新后来成为制药行业的标准。这些行动正是源自公司的信条，这个信条镌刻在强生公司总部入口处的一块花岗岩上，像北极星一样指明强生的目标：以服务于客户需求为首要导向。而且从长远来看，所有利益相关者也全都受益了。在强生表明要把客户的安全置于首位之后，客户对泰诺的忠诚度大幅度攀升。泰诺重新赢得了危机前的市场份额，强生的整体赢利能力和增长率也很快就恢复了过来。

与强生公司的做法相比，下面两家大型公司则缺少以客户为本的核心价值观，让我们看看它们是如何处理安全危机的。

通用汽车公司

几十年来，通用汽车公司一直因为傲慢地无视客户福利而饱受批

---

1. 泰诺是一种常用的感冒药和止疼药，与阿司匹林相比，副作用较小。——译注
2. 丹宁，《世界上最蠢的想法》。

评。[1]1965年，一位鲜为人知的国会助理拉尔夫·纳德（Ralph Nader）出版了《任何速度都不安全》（*Unsafe at Any Speed*）一书，书中记述了雪佛兰科维尔（Chevrolet Corvair）存在危险的设计缺陷。此缺陷已经引发了多起致命的失控事故。但是，通用汽车无视已经公开的证据，还想方设法诋毁纳德，雇用私家侦探窃听他的电话，调查他的过去，还利用妓女引诱他，想逼他就范。为此，纳德起诉通用汽车公司侵犯其隐私。具有讽刺意味的是，媒体对此次诉讼案件的报道却败坏了纳德这本书的名声。本案的结局是，针对公司非法监视确立了一个新的判例，通用汽车也被要求重新设计科维尔的悬挂系统。

时间快进至2004年，大家又一次发现通用汽车故意忽视汽车点火开关存在致命设计缺陷的内部证据，这一缺陷已经导致100多人死亡。[2]

通用汽车一度是美国最大的公司，却在2009年宣告破产。

美国林木宝公司（Lumber Liquidators）

林木宝公司是一家硬木地板的专业零售商，自2009年经济危机以来，该公司在建筑行业势如破竹。2015年，林木宝的股价已经飙升至两年前的476%。但股东喜，客户忧。有报道称，林木宝的消费者出现身体不适现象，发现其近期安装的地板散发出强烈的化学气味。

美国哥伦比亚广播公司（CBS）的新闻杂志栏目《60分钟》（*60 Minutes*）介入该事件，他们将林木宝不同批次的多种地板取样送至独立实验室，以检测甲醛。众所周知，甲醛是种致癌物质。检测结果表明，大部分样本的甲醛含量都高于加利福尼亚州的法定标准，有些地板的甲醛含量甚至高

---

1. 埃德·华莱士（Ed Wallace），《当通用汽车第一次搞砸了》（*When GM First Messed Up*），《彭博商业周刊》，2009年6月4日。
2. 迈克·斯佩克特（Mike Spector）、克里斯托弗·M. 马修斯（Christopher M. Matthews），《美国指控通用汽车欺诈、隐匿打火开关的事实证据》（*U.S. Charges GM with Wire Fraud, Concealing Facts on Ignition Switch*），《华尔街日报》，2015年9月17日。

达法定标准的13倍。

《60分钟》于2015年3月1日播出后，林木宝的CEO罗伯特·M. 林奇（Robert M. Lynch）声称自己对此问题并不了解，并保证对此进行调查。他还坚称公司的地板是安全的。但《60分钟》节目组早已派记者前往林木宝的中国供应商处进行调查，该供应商承认他们是有意地采用了成本低廉的制造工艺，甲醛超标，却贴上了符合加州法律标准的标签。

林木宝回应称，会为消费者免费提供检测室内空气质量的成套工具，与此同时，有问题的地板却还在出货。两个月后，公司终于停止了从中国进口货物，而CEO也突然辞职。林木宝的股价于年底暴跌，与2015年的最高点相比，下跌了75%。[1]

关键点就在于，像强生这样的公司，坚守清晰的以客户为本的使命，无论处于顺境还是逆境都能存活并且繁荣发展。另外还有两家成功的公司，也一贯秉承着一套强有力的核心价值观，它们是宜家和星巴克。

宜家

1943年，英瓦尔·坎普拉德（Ingvar Kamprad）在瑞典创立了宜家，专注于以具有竞争力的低廉价格为全球消费者提供时尚家具，正如公司的两句座右铭所示："价格低得有意义"和"每日生活更美好"。

对于以客户为本的商业目的，宜家如此表述：

宜家的经营理念是提供各式各样设计精良、功能齐全的家居产品，价格低廉，大众都能买得起。

大多数情况下，那些具有设计感的家居产品，通常只为买得起的小众而

---

1. 瑞秋·艾布拉姆斯（Rachel Abrams），《林木宝总裁罗伯特·林奇辞职》（*Lumber Liquidators Chief Robert Lynch Resigns*），《纽约时报》，2015年5月21日。

创。宜家自一开始就走不同的路线。我们决定与大多数人站在一起。也就是说，我们要满足世界各地的人——拥有不同需要、品味、梦想、愿望和财力的人，想要改善自家家装和日常生活质量的人——对家居产品的需求。

制造出昂贵精美的家具并不难：只要投入资金并让消费者买单就行。但是，制造出精美耐用又价格低廉的家居产品就没有那么简单了——这需要不同的方法。我们会找到最简约的解决方案并在每个方法、流程中保持节约——不过我们不会在理念上偷工减料。[1]

宜家坚定不移地依照这一章程经营了70多年，成了世界上最大的家居产品零售商。宜家近期宣布了一份名为"益于人类，益于地球"的承诺书，并定下目标，创造并销售价格适宜的产品和家装解决方案，通过投入更少的能源和水资源、减少浪费来帮助消费者节省资金。公司近期还更新了其全球就业政策，为员工提供更好的工作条件和更高的薪资。宜家的这一举措虽然增加了其运营成本，但是他们相信，让公司和员工的需求达到平衡是一项明智的投资，最终会为消费者提供更优质的服务。

虽然宜家是私营企业，披露的财务数据有限，但有报告表明宜家在持续赢利，2015年度收益接近360亿美元，凭借自有资金实现了长足的发展，在43个国家开设了超过328家店铺。[2]

星巴克

星巴克的创始人兼CEO霍华德·舒尔茨在创立星巴克之初，就让公司显得与众不同。他在2011年出版的自传中阐述了星巴克的商业目的：

1.《关于宜家》（*About IKEA*），宜家英国官网，2016年6月1日，http://www.ikea.com/ms/en_GB/about_ikea/the_ikea_way/our_business _idea/a_better_everyday_life.html。
2.《2015财年宜家集团年度总结》（*IKEA Group Yearly Summary FY15*），宜家美国官网，2016年6月1日，http://www.ikea.com/ms/en_US/pdf/yearly_summary/IKEA _Group_Yearly_Summary_2015.pdf。

作为一名商人,我们内心深处渴求与消费者建立感官和情感上的纽带,靠讲述的故事,一遍,两遍,乃至无数遍。

理想地说,每家星巴克门店都要讲述关于咖啡的故事,讲述我们这个组织的信仰。这个故事要通过我们产品的味道和外观,通过消费者看到的、听到的和闻到的一切,才能展现出来。我们的门店和合作伙伴在携手提供一片绿洲,营造一种舒适惬意、加深彼此联系的愉悦感受,并对咖啡和我们所服务的社区表达深深的敬意时,是做得最好的。[1]

在这颗北极星的指引下,舒尔茨制定的战略,强调产品质量和卓越的客户体验,通过广泛的员工培训以及精良的店面设计,让客户能看见"剧场化"的咖啡制作,并与咖啡师零距离接触,很多咖啡师和老主顾私交都不错。

1992年,星巴克上市了。在舒尔茨的带领下,依仗忠实的老主顾们不断高价购买咖啡,公司的足迹迅速遍布全球,成为强有力的品牌。到2000年,舒尔茨卸任CEO时,星巴克已经在全球开设了近4000家门店,营收超过20亿美元,市值超过70亿美元。

但在之后的岁月里,舒尔茨的继任者吉姆·罗伯茨(Jim Roberts)偏离了原来的公司愿景,以牺牲客户体验为代价,开始追求超速发展。为了取悦华尔街,星巴克设定了野心勃勃的发展目标,2000—2007年,星巴克的门店数增加了4倍。公司安装了更快更大的冲泡机器,经常会挡住客户的视线,减少了对咖啡师的培训,不再重视营造店内氛围。随着星巴克的很多顾客开始质疑咖啡品质的下降还能否配得上如此高价的时候,麦当劳(McDonald's)和唐恩都乐(Dunkin' Donuts)开始攻城略地,它们的市场份额不断增长。2008年,舒尔茨重新出任CEO时,星巴克的同店销售额正在快速下滑,其市值

---

1. 霍华德·舒尔茨、乔安妮·戈登(Joanne Gordon),《一路向前:星巴克如何在不失灵魂的前提下奋进》(*Onward: How Starbucks Fought for Its Life Without Losing Its Soul*),罗代尔图书出版社(Rodale Books),2011年,273—274页。

从2006年时近270亿美元的峰值缩水至2009年的73亿美元。

舒尔茨离开的这段时间，星巴克丧失了其北极星式的目标，导致了它在市场上的惨状。舒尔茨如此评价他回归后的首要使命："这是我毕生的事业，而不仅是一份工作。我回来不是为了拯救公司——我不太喜欢这样的说法——而是为了重燃造就它的那股激情。"[1]

舒尔茨构建了一套复兴战略，让星巴克回归最初的商业目的，即提供优质的产品和卓越的客户体验。[2]舒尔茨在实施战略时，重新构建了高管团队，使他们围绕着清晰的公司愿景团结起来，同时关闭了几百家多余或不符合公司高标准客户消费服务的门店。他还增加了对咖啡师的培训，7,000多家美国门店同时暂停营业，进行3小时的员工强化培训，包括向每个门店播放一段来自CEO的视频信息。2008年，舒尔茨为了巩固星巴克的核心价值观，斥资让一万名门店经理到新奥尔良市（New Orleans）参加公司全球会议。为了重建顾客与咖啡师以及咖啡制作过程之间的纽带关系，舒尔茨重新设计了门店，更换了更小的咖啡机。最后，他还推出了新产品，重新确立了星巴克在咖啡领域的霸主地位。

舒尔茨重塑了公司的核心价值观，他的复兴战略取得了显著成果。2008—2015年，星巴克扭转了同店销售额连年下滑的局面，从每年减少9%到增加9%，年销售额和净利润分别增加了85%和773%，市值也增加了近10倍。

总的来说，强生、宜家和星巴克用了这样的办法走向辉煌：创造或重塑与众不同且清晰明了的商业目的——让这样一颗北极星指引它们的管理行为和长期策略。

---

1. 约翰·H. 奥斯蒂克（John H. Ostdick），《重燃星巴克内心和灵魂的激情》（*Rekindling the Heart and Soul of Starbucks*），《成功》杂志（*Success*），2011年3月6日。

2. 南希·F. 克恩（Nancy F. Koehn）、凯莉·麦克纳马拉（Kelly McNamara）、诺拉·N. 卡恩（Nora N. Khan）、伊丽莎白·勒格里（Elizabeth Legris），《星巴克：变革与复兴》（*Starbucks Coffee Company: Transformation and Renewal*），哈佛商学院出版公司，案例9-314-068，2014年6月2日。

商业目的：重温德鲁克的定义

在结束这一话题之前，让我们再重新审视一下彼得·德鲁克对商业目的所做的规定，并对之做些修改，使它与有效的商业战略更为切合。还记得他是怎么讲的吗："企业的目的只有一个合理的定义——创造客户。"

德鲁克把客户放在所有利益相关者的首位，虽然这么做在方向上是正确的，但他只专注于创造客户的想法还是有些狭隘。毕竟，任何企业都能通过低价处理（甚至是免费赠送）其产品和服务来招揽客户。

所以，首先，我们需要加上一个限定词——有利可图地创造客户。

其次，能够捕捉到终身客户价值的公司才是最成功的，所以吸引并留住客户，才是商业目的的核心。

最后，为了长期地吸引并留住客户，企业需要持续保持高水平的顾客满意度。不幸的是，我们大都熟知那些存在垄断和寡头势力的行业，它们往往通过强制性或迷惑性的商业手段，使得个别公司能有利可图地常年吸引并留住那些满意度并不高的客户。[1]但是，这些行业在面对市场新进入者的干扰时，就显得不堪一击，因为这些新进入者能寻求同样或更佳的价值主张，从而把大批不满意的客户招到它们麾下。

总之，怀着对彼得·德鲁克的敬意，我们的结论如下：

企业的目的唯一有效的定义是：有利可图地创造并留住满意的客户。

正如我在本章中展示的例子那样，以客户为本同时又致力于为所有利益相关者创造价值的公司宗旨，能够为公司提供一颗北极星，引导有效战略的

---

1. "行业基准"（Benchmarks by Industry），美国顾客满意度指数，2016年6月1日，http://www.theacsi.org/index.php?option=com_content&view=article&id=148&Itemid=213。美国顾客满意度指数最低的两个行业分别是（有线）电视订购服务和网络服务供应。当有可行的选择出现时，这些行业的消费者会非常乐意并迅速地转向新的服务供应商。

制定。在图3.4中，我们现在可以在最外层增加一圈，以表明恰当的公司使命在实现长期盈利性增长中发挥的关键作用。

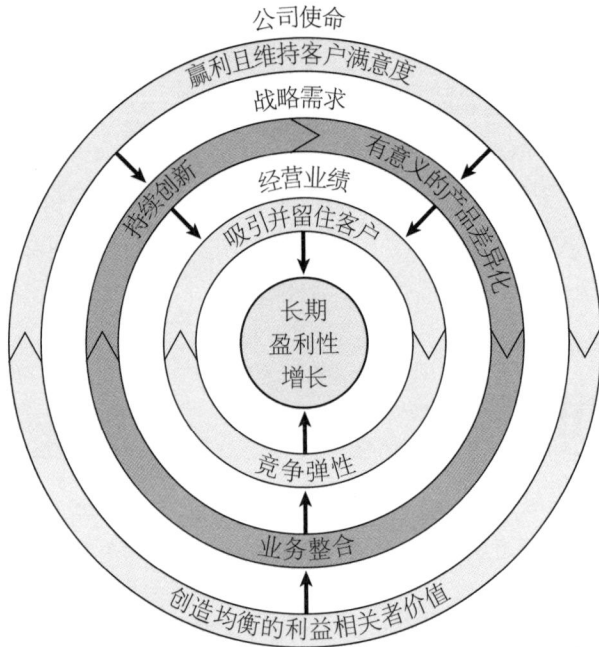

图3.4　公司使命引导战略制定

那些按照这一基本定义确立了自己独特的商业目的并忠于它的公司，就拥有了这颗能引起客户和其他利益相关者共鸣的北极星，指引它们长盛不衰。

你目前所在的公司（或是你想要创立的公司），是否拥有一颗令人信服且清晰明确的北极星？

第四章

寻找商业圣杯：长期盈利性增长

创造股东价值是有效商业战略的结果而非驱动力，有效商业战略的目标应该是有利可图地创造并留住满意的客户。但是，公司怎样才能将此做到极致？本章，我将会向大家介绍，公司各个层面的行动如何为股东和其他利益相关者创造价值。

股东价值的驱动力

我们先从一些关键术语的定义开始讲起。上市公司市值最好的衡量标准是股东总回报。它是公司股东投资的回报，包括累积股息再投资（通常是3—5年）。例如，如果你于2009年1月2日投资1,000美元买了强生的股票，并且一旦获得股息就马上将其用在再次购买强生的股票上，然后在2013年12月31日清空了所有的强生股票，你的初始投资现在的价值为1,810美元，那么这5年的TSR就是81%。

那么，是什么使得一些公司的TSR比其他公司更高呢？简单说来，TSR主要是通过两个关键指标来反映公司业绩的：营收增长率和利润率。[1]正如以股东价值最大化作为追求目标来指导具体制胜战略和战术的制定实在太过宽泛一样，只看营收增长率和利润率也同样太宽泛。因此，我们需要进一步解构这些高水平业务绩效指标的驱动力。

---

1. 一家公司在任一时刻的市场价值，反映的是未来预期现金流的折现价值，而不是公司的利润或利润率本身。但是现金流来自公司的营收和利润率，受整个企业的管理活动的直接影响。本节的要点是将股东价值的驱动力分解成详细的管理行动，这些管理行动单独或一起影响股东价值。

我们先来看看利润率。更确切地说，我们要考察一家公司的投资资本回报率（ROIC）与这家公司的加权平均资本成本（WACC）的比率。不妨设想一下：如果一家公司能够以7%的纯成本通过发行股票、债券或利用银行信贷额度来筹集资金，然后通过类似投资获得15%的回报，那么利差就为公司的所有者创造了可观的利润。一直保持正利差的公司更容易吸引更多资本，同时，也会带来更多的资本增值。

在这样的情况下，下一个逻辑问题就是，公司如何提高其ROIC？如图4.1所示，ROIC的驱动力包括：增大分子（通过增加经营利润率）或是减小分母（通过减少给定业务产出水平所需投资额总量）。这些衡量指标本身又可以继续解构为一套管理行动，从而驱动更高水准的业务成果。

比如，更高的经营来自更高的价格或更低的成本，产品设计、广告宣传和渠道管理是提高价格的影响因素，而生产和分销效率则会影响成本控制。

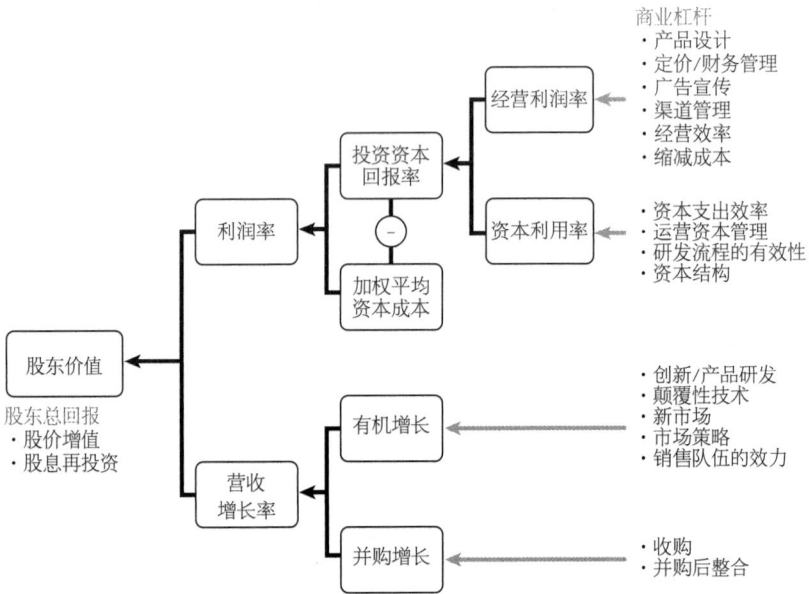

图4.1 股东价值的驱动力

公司还可以通过提高资本利用率的一系列行动，来提高其ROIC——比如更高效地调配资本支出和运营资本。这些具体行动包括所有类型的生产制造和分销效率，这可以减少整条供应链对工厂投资和库存的需求。

对营收增长而言，如图4.1下半部分所示，增加营收的首要杠杆是有机增长（通过创新/产品研发、市场扩张或营销效果）和兼并收购。这种"分解法"的关键是要表明，增加营收增长率和利润率是整个公司管理行动的直接结果，这最终会成为创造股东价值的驱动力。

就这一点而言，彼得·德鲁克或许太危言耸听了，他声称"任何企业有且只有两个基本功能：营销和创新。营销和创新创造结果，其余都是成本"。[1]正如图4.1所示，每一个企业功能都可以（也都应该）对股东价值的增长有所贡献。企业功能可以通过增加营收增长率来支持股东价值增长，这是营销和创新的首要领域；也可以通过提高经营效率和资本效率来达成，这是整个组织共同分担的责任。

因此，组织内的每位员工都应该清楚了解：吸引并留住满意的客户是如何驱动总体利润率、营收增长率和股东价值的；他们的行动是如何贡献于此的。如果员工不明白他们日常工作的价值，那么他们的工作可能会事倍功半，也可能说明他们任职的公司没有好的沟通管理策略，或许两者皆然。

让每位员工都明白并关心他们的工作对公司总体业绩有多么重要的意义，这样现实吗？想想市值60亿美元的捷蓝航空是怎样向1.8万名员工传达自家的战略意图的吧。每两个星期，所有的新员工（包括行李装运员、检票人员、飞行员、行政人员以及高管）都要在佛罗里达州奥兰多市（Orlando）的公司培训地参加为期两天的新人培训。培训首日，由公司CEO牵头，捷蓝航空的所有领导团队进行演讲和现场问答。他们的培训内容涵盖了公司的历史传承、公司运营状况，以及所有员工都要接受的核心价值观。首席财务官还

---

1. 彼得·F.德鲁克，《管理实践》，纽约：哈珀商业出版公司，2006年，1954年第一版。

会对公司微利运营的状况做一番坦率而富有启发性的解释，并且明确提出每位员工都要为了公司整体的繁荣而尽自己的一份力。

捷蓝航空以客户为中心的价值观，很容易就能使直接面对客户的员工做出符合预期的日常行为，但是，公司高管也强调了行政人员的重要性。如捷蓝航空首席运营官在近期的新人培训中这样解释：

> 假设你在公司负责财务，而你的机上乘务员对他的飞行津贴并不满意，那么他（或她）在执行下一班飞行任务时就会心不在焉。对在行政岗位的人来说，你们的同事就是客户。所以，捷蓝的每一位员工都要责无旁贷地提供卓越的客户服务。[1]

在新人培训过后，捷蓝航空的高管会在其遍布世界各地的国际运营中心安排定期的公司会议，直接与员工沟通。捷蓝航空的高管层都投注了大量时间亲抓管理，而公司的业务整合则依然紧紧围绕公司建立之初的公司使命——"让航空旅行回归人性（bring humanity back to air travel）"。[2]因此，捷蓝航空连续11年消费者满意度排名第一，而且公司的利润增长率和股东总回报在2015年美国的航空业内都表现突出：[3]捷蓝航空获此佳绩绝非巧合。

---

1. 捷蓝航空首席运营官罗布·马鲁斯特（Rob Maruster）在员工培训会上发表的评论，2013年8月28日。
2. 捷蓝航空公司，《客户服务权利法案》（*Customer Bill of Rights*），参见http://www.jetblue.com/flying-on-jetblue/customer–protection。
3. 克里斯托弗·埃利奥特（Christopher Elliott），《若想拥有体面的客户服务，可以选择这些航空公司》（*If You Want Decent Customer Service, These Are the Airlines to Fly*），《财富》，2015年5月13日，参见http://fortune.com/2015/05/13/airlines-jd-power-survey/。

盈利性增长造成的无情压力

为了表明盈利性增长的重要性，可以考虑一下它对企业价值的影响，这是衡量企业总体价值时广泛使用的一个经济指标。简单来说，企业价值（enterprise value，EV）代表的是投资于一家公司的净资本额，这被定义为股票价值加上总负债的市场价值，再减去现金。[1]实质上，EV反映的是按照市场现值收购公司所需要的理论上的资本额。为了清楚表明这一点，可以考虑运用下列公式计算可口可乐公司的EV：

$$EV＝（持股数量 × 股价）＋总负债－现金$$

截至2013年底，可口可乐股份总数已经达到43亿股，每股价格41.60美元，资本市值达到1,790亿美元。加上370亿美元的公司总体负债，减去其资产负债表中104亿美元的现金，那么得出的EV大约是2,050亿美元。

2013年期间，可口可乐公司产生了大约80亿美元的自由现金流（free cash flow，FCF）[2]，理论上，股东和债权人是可以提取这些钱的。如果公司继续保持这种赢利水平，基于计算自由现金流固定年金的公式，那么得出的可口可乐的价值会变成1,210亿美元（如图4.2所示）。但是，投资者愿意为公司投入价值为2,050亿美元的资金，比可口可乐当前的赢利能力高出近70%。这其中的原因当然是市场对公司进一步发展的预期。

---

1. 为了方便理解，我对该定义做了少许简化。计算企业价值时的其他考量因素包括优先股东的股权价值和少数股东权益，而现金等价物（如应收款项）通常和现金一同被减去。
2. 自由现金流的定义是：来源于公司运营活动资本支出净额的现金，目的是保持当前业务。为了便于计算，自由现金流通常是通过源于营运现金流的资本支出总净额来估算的。

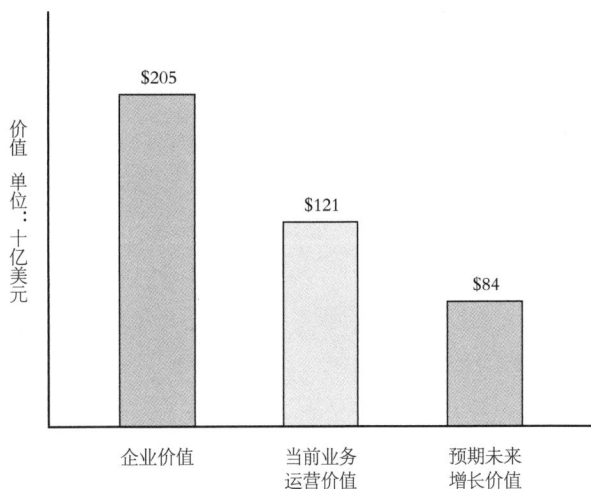

图4.2 2013年可口可乐公司的EV

EV=［股票数量（43亿股）×股价（41.60美元）］+总负债（370亿美元）-现金（104亿美元）

当前业务运营价值=自由现金流（80亿美元）/加权平均资本成本（6.6%）

预期未来增长价值=企业价值（2050亿美元）-当前业务运营价值（1210亿美元）

照这种方式分析所有公司，可以大范围地得出对公司未来发展的市场预期。比如，2013财年年终，史泰博（Staples）的EV比按当时FCF计算的价值少18%，这表示，市场预计公司未来的赢利能力会降低。同年，星巴克的EV比基于其当时赢利能力算出的价值要高出112%，表明市场预期其未来发展强劲。

上面每个例子都有一个共同点：一个企业的市场价值很大程度上取决于对未来发展的预期。利润的增长不仅是股东价值的关键性决定因素，而且是公司其他利益相关者福利的增加因素：

☆ 员工。成长中的企业会提供向上流动的空间和职业发展机会，并且覆盖公司所有职级，而且可能提供额外的利润分成奖励。

☆ 管理层。在赢利能力不断增长的公司中，高管层基于股权的薪酬奖励非常丰厚。

☆ 消费者。市场环境下，业绩表现优异的公司，可以在产品创新以及提供上乘客户服务方面继续投资。

☆ 供应商。成功的公司会为其供应商和商业伙伴提供发展机会。

☆ 社区。成长型公司会为其所在的社区提供工作岗位、赋税收入以及慈善捐款。

对于维持盈利性增长的压力，CEO们的感触最深，因为达不到市场预期，常常意味着他们职业生涯的终结。在过去几年里，CEO更替中有大约四分之一是非自愿的，通常是因为公司发展或赢利情况不如人意。近期比较引人注目的例子包括宝洁公司的鲍勃·麦克唐纳（Bob McDonald）、麦当劳的唐汤普森（Don Thompson）、美国艺电公司（Electronic Arts）的约翰·里奇蒂耶洛（John Riccitiello）、杰西潘尼（JCPenney）的罗恩·约翰逊（Ron Johnson）、卡夫食品（Kraft Foods）的托尼·弗农（Tony Vernon）以及塔吉特百货（Target）的格雷格·斯特恩哈菲尔（Gregg Steinhafel）。[1]

公司在保持长期增长方面表现如何？

增长是公司业绩和CEO职位保障的必要条件，鉴于其重要性，我们有必要弄清楚公司在确保长期增长方面表现如何。坦率地说，表现不怎么样。

公司执行委员会（CEB）对这一问题做了最具权威性的研究，过去半个世纪以来，他们对包括财富100强和类似的国际公司在内的大约500家公司的

---

1. 贾森·D. 施勒策（Jason D. Schloetzer）、马泰奥·托内洛（Matteo Tonello）、梅利莎·阿圭勒（Melissa Aguilar），《CEO继任实践：2014》（*CEO Succession Practices: 2014*），美国经济咨商局（The Conference Board），报告编号：TCB_R–1544–14–R，2014年4月9日。

长期收入增长进行了分析。[1]在10年时间里，公司年度收益增长率无法维持在至少2%的水平，就可以定义为增长停滞（许多情况下，公司都经历了10年或者数十年的收益下滑）。[2]需要强调的是，CEB的研究专门考察长期运营情况的趋势，而非由商业周期或者暂时的挫折引起的年增长率的起伏变化。CEB定义的停滞公司所表现出的经营业绩持续性严重下滑，是商业环境中的结构性变化导致的，而管理层至少在10年里都无法克服。

比如美国第一家汽车轮胎制造商百路驰轮胎（BFGoodrish，BFG），其业绩在业内领跑了将近一个世纪，之后于1979年经历了增长停滞状态（见图4.3）。百路驰在增长停滞期到来之前的3年中，增长还很强劲，其收益以超过12%的复合年增长率（CAGR）增加。但是当米其林（Michelin）的全新技术产品——子午线轮胎——问世之后，百路驰的销量就停滞了，之后10年的CAGR惨跌至-6.5%，从此一蹶不振，其轮胎业务于1989年抛售给了一家私募公司。

---

1. 马修·S.奥尔森、德里克·范贝弗、塞思·韦里，《当增长停滞不前》，《哈佛商业评论》，2008年3月。CEB的研究关注的是收益而非利润的增长。作者在文中指出，没有一家公司能够长期在无利润的情况下继续发展，因此，营收表现是公司长期业绩的可靠指标。
2. 更准确地说，CEB的研究建立了三个定义增长停滞的标准。第一，前10年的实际收入增长至少达到2%。第二，停滞后的实际增长要低于6%，也就是说，公司继续保持高于6%的实际收入增长就不算停滞，即使该公司之前10年的增长率达到两位数也是如此。第三，在停滞点前后10年，公司收入增长率的差值不低于4%。

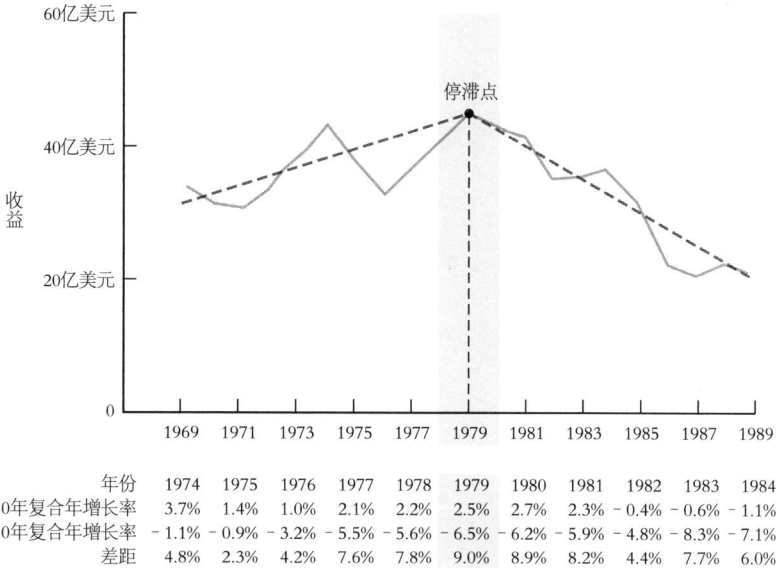

年份	1974	1975	1976	1977	1978	1979	1980	1981	1982	1983	1984
停滞期之前10年复合年增长率	3.7%	1.4%	1.0%	2.1%	2.2%	2.5%	2.7%	2.3%	-0.4%	-0.6%	-1.1%
停滞期之后10年复合年增长率	-1.1%	-0.9%	-3.2%	-5.5%	-5.6%	-6.5%	-6.2%	-5.9%	-4.8%	-8.3%	-7.1%
差距	4.8%	2.3%	4.2%	7.6%	7.8%	9.0%	8.9%	8.2%	4.4%	7.7%	6.0%

图4.3 停滞点的界定：以百路驰公司为例

增长停滞的定义：

停滞前10年实际收益的CAGR>2%

停滞后10年实际收益的CAGR≤6%

停滞点：10年的收益增长中有>4%的下挫

　　百路驰的增长停滞并不是例外，而是一个普遍现象。CEB的研究发现，87%的公司，在过去半个世纪中，都至少有一次触及过增长停滞点。有些公司，如苹果和3M[1]，得以东山再起，而其他大多数公司，如美国无线电公司（RCA）、摩托罗拉和柯达，在之后的数十年都是挣扎在增长停滞当中，通常结局都是破产或强制抛售，与其历史估价峰值相比，抛售价是非常低的（见图4.4）。

---

1. 全称为明尼苏达矿业及制造公司（Minnesota Mining and Manufacturing）。——译注

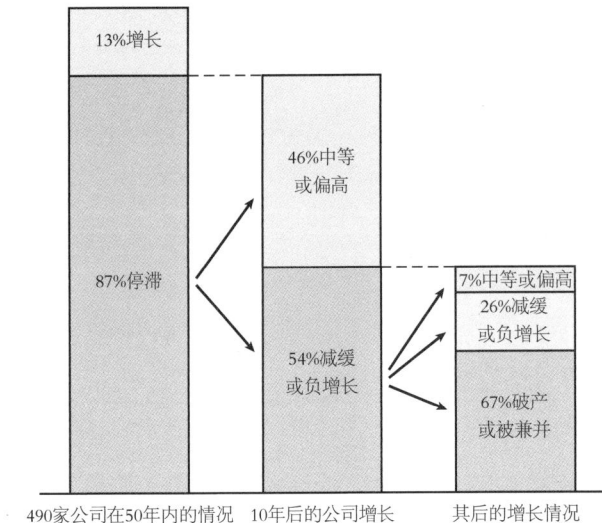

图4.4 《财富》全球100强公司的长期收益增长（1955—2006年）

在研究中，我们还能发现保持长期持续增长难度之大的另一个证据，即标准普尔500指数上市公司的存续期从1958年的61年降至2012年的18年。展望未来，这表明从今以后的近15年中，目前的标准普尔500指数公司中的75%将不复存在，至少不再以独立的实体形式存在。[1]如果观察标准普尔500指数的淘汰率，也会发现该现象——淘汰率指公司失去市场份额领袖地位的速率。根据德勤尖端创新中心（Deloitte's Center for the Edge）近期的一项研究，公司的淘汰率自1965年之后上升到了39%。[2]很明显，从任何角度看，公司想要维持长期盈利性增长并在行业里保持领袖地位都是越来越难了。

---

1. 理查德·福斯特（Richard Foster），《美国企业界中的创造性破坏之鞭》（*Creative Destruction Whips Through Corporate America*），创新洞察管理顾问公司（Innosight），《行政人员简报》（*Executive Briefing*），2012年冬。http://www.innosight.com/innovation-resources/strategy-innovation/upload/creative-destruction-whips-through-corporate-america_final2015.pdf。

2. 约翰·哈格尔三世（John Hagel III）、约翰·西利·布朗（John Seely Brown）、塔玛拉·萨莫依洛娃（Tamara Samoylova）、迈克尔·卢伊（Michael Lui），《成功还是挣扎：ROA是业绩的真实标尺》（*Success or Struggle: ROA As a True Measure of Business Performance*），《2013年移位指数系列报告3》（*Report 3 of the 2013 Shift Index Series*），德勤大学出版社（Deloitte University Press），2013年10月30日。http://dupress.com/articles/success-or-struggle-roa-as-a-true-measure-of-business-performance。

CEB的研究者们接着又探究了增长停滞的原因。在87%的研究案例中，主要原因都可以追溯到管理控制中的各个要素，比如管理上的自满、未能维持产品创新、过早放弃可行的核心业务，或者大型收购的失败等。仅有13%的研究案例是因为不受控制的外部因素使管理不幸碰壁，比如大型规制改革，抑或是地缘政治引起的资产没收。

CEB在分析增长停滞的根本原因时，带有一定程度的主观性。比如，管理上的自满和未能持续创新之间的界限很模糊，这反过来也可以解释一次考虑不周的收购行为。但是，CEB的研究结果也是发人深省的。尽管可持续的盈利性增长至关重要，但被研究的公司中只有六分之一可以实现，其他大部分公司都因为管理控制上的问题而做不到这一点。

持续增长是可望而不可即的吗？

当然，在商业的达尔文进化论体系下，也许大型公司注定会遭遇停滞、衰退或失败。根据这种观点，CEB的研究只是印证了商业发展的必然宿命。这需要我们进一步探讨。

我们都被那些创业精英的故事打动过，他们那些颠覆了行业规则的奇思妙想，都是在简陋的环境当中酝酿出来的——比如一间车库（史蒂夫·乔布斯）、一间宿舍[马克·扎克伯格（Mark Zuckerbery）]或者米兰的一家咖啡吧（霍华德·舒尔茨）——最后其公司一举成为全球市场领导者。新一代企业家创建的公司正以创纪录的速度达到100亿美元的市值[优步、爱彼迎（Airbnb）、色拉布（Snapchat）、小米（Xiaomi）]，对现有市场领导者构成巨大威胁。这些成功的故事表明，那些保护现有市场领导者的传统竞争优势——规模、运营经验、品牌形象、客户基础、分销和金融深度——可能再也无法抵挡长江后浪的冲击。

这正是马尔科姆·格拉德韦尔（Malcolm Gladwell）的新书《大卫和歌

利亚：小角色如何打败大人物》（*David and Goliath: Underdogs, Misfits and the Art of Battling Giants*）的主题。[1]格拉德韦尔重新讲述了圣经故事"大卫和歌利亚"，他把大卫描述成英勇善战、足智多谋的战士，打败了愚蠢自负而又呆板的歌利亚。格拉德韦尔驳斥了大卫是弱者的传统观点。在这种错搭中——出人意料的是，商界和体育界中许多这样的错搭现象——格拉德韦尔断定，领先者的一些倾向会令自己在后起之秀面前不堪一击。

正如我们所见，历史上这样的例子比比皆是：那些能赢利且在市场处于领先地位的公司，往往会被身量不大却身手敏捷的竞争者打翻在地。比如，20世纪美国最大的公司AT&T，因无法适应撤销管制以及无线技术的崛起，最后被迫以其历史峰值的一小部分把它日渐减少的资产卖给了自己以前的区域分部。作为一家笨重呆板而且对客户不友好的垄断公司，AT&T的脆弱性让我们想起了莉莉·汤姆林（Lily Tomlin）脍炙人口的妙语："我们不在乎，我们没必要在乎。我们是电话公司！"[2]

通用汽车公司数十年来一直是美国最大的汽车制造企业，最终却在2009年宣布破产，虽然通过纳税人救援资金存续至今，但其市场规模大大缩水。有大量文件可以证明，通用汽车在管理上存在缺陷，[3]并以其治理不力、故步自封和糟糕的劳工关系，成了商学院的教学研究案例。[4]

20世纪70年代中期，曾主宰胶卷行业长达一个世纪的柯达，其胶卷和相机的市场占有率高达90%，却在2012年宣告破产。柯达是克莱顿·克里斯坦森所提出的颠覆性技术理论的典型案例，这个理论解释了为什么大型企业要

1. 马尔科姆·格拉德韦尔，《大卫和歌利亚：小角色如何打败大人物》，波士顿：利特尔&布朗出版社（Little，Brown），2013年。
2. 莉莉·汤姆林在《周六夜现场》（*Saturday Night Live*）第二季第一集出演的喜剧，1976年9月18日。视频参见https://www.youtube.com/watch?v=CHgUN_95UAw。Text transcript: http://snltranscripts.jt.org/76/76aphonecompany.phtml。
3. 保罗·英格拉西亚（Paul Ingrassia），《速成课：美国汽车业破产和救援之路及后续》（*Crash Course: The American Automobile Industry's Road to Bankruptcy and Bailout—and Beyond*），纽约：兰登书屋（Random House），2011年。
4. 杰里·金（Jerry Kim）、布鲁斯·科格特（Bruce Kogut），《通用汽车2.0：发生什么了？接下来会怎样？》（*General Motors 2.0: What Happened? What's Next?*），哥伦比亚商学院案例资料，2010年。

努力采纳创新技术，就柯达的案例而言，数字成像技术成了它的软肋。[1]

在这些孤立的案例中，是管理不善击垮了那些曾经受人尊崇的企业吗？或者说，市场领军企业注定会在后起之秀的冲击或传统竞争者的侵略进攻之下灭亡吗？传统观点越来越向以下这种看法倾斜：市场领导者无法长期保持其全球性竞争优势。

苹果公司可以说明这一点。诺贝尔经济学奖获得者保罗·克鲁格曼（Paul Krugman）[2]，受人敬重的学术商业理论家克莱顿·克里斯坦森[3]，《华尔街日报》科技记者、畅销书作家尤卡瑞·凯恩（Yukari Kane）[4]以及思爱普董事会成员、《明镜周刊》（Der Spiegel）作家斯特凡·舒尔茨（Stefan Schultz）[5]，都预测后史蒂夫·乔布斯时代的苹果公司前景黯淡。另外，在2013年的《彭博全球调查》中，71%的受访者认为苹果已经不再是行业的创新者。[6]由此得出的推论是"强者必败"，而这绝不仅限于苹果公司。这种想法的源头在于，越来越多的人坚信，随着时间的推移，大型企业不可避免地会失去竞争优势。

这种观点有失偏颇，它甚至可能会不攻自破。如果管理层相信长期保持高于市场赢利水平的增长是不可能的，那么符合逻辑的反应就是尽可能长久地获取并保护流动资产和顾客。这种做法只会让当前的市场领导者衰落得更快。商界歌利亚很难继续繁荣，除非把最初使他们获得成功的创业精神和适应环

1. 克莱顿·M. 克里斯坦森，《关键概念》（Key Concepts），http://www.claytonchristensen.com/key-concepts。
2. 保罗·克鲁格曼，《论微软和苹果的对称性》（On the Symmetry Between Microsoft and Apple），《纽约时报》2013年8月24日。
3. 克伦威尔·斯库巴斯（Cromwell Schubarth），《颠覆大师克里斯坦森：苹果、特斯拉、风投和学者都可能会死》（Disruption Guru Christensen: Apple, Tesla, VCs, Academia May Die），《硅谷商业杂志》（Silicon Valley Business Journal），2013年2月7日。
4. 尤卡瑞·伊瓦塔尼·凯恩，《闹心的帝国：乔布斯之后的苹果公司》（Haunted Empire: Apple After Steve Jobs），纽约：哈珀商业出版公司，2014年。
5. 斯特凡·舒尔茨，《苹果劫》（The Apple Crash），明镜在线（Spiegel Online），2013年1月24日，参见http://m.spiegel.de/article.do?id=879352。
6. 苏珊·德克尔（Susan Decker）、亚当·萨特里亚诺（Adam Satariano），《全球民调显示71%的人认为苹果失去了创新的魔力》（Apple Seen Losing Innovation Magic by 71 Percent in Global Poll），《彭博商业周刊》，2013年5月16日，http://www.bloomberg.com/news/2013-05-17/apple-seen-losing-innovation-magic-by-71-in-global-poll.html。

境的能力继续保持下去。

让我们看看苹果公司。

2012年9月29日，苹果公司公布了其收入状况，其近3年的经营取得了令人瞩目的成绩，公司营收增长了266%，利润增长了406%，市值增长了280%。但令人心里没底的是，作为全球最具价值的公司，苹果能否将其强劲的增长势头永远保持下去。果不其然，苹果的利润率和增长率在之后的18个月里开始下降。许多权威人士认为，这是苹果竞争优势削弱的迹象，并断言其未来的财务状况将会表现平庸甚至更糟。

在哥伦比亚商学院，我的一位受人爱戴的同事曾在校内讲座中，对MBA学生表达过具有争议的观点：

> 主宰这样庞大的全球市场非常难，没有人主宰过电子设备市场。相信我，在相关产业我们见过这样的例子，比如索尼、摩托罗拉和诺基亚（Nokia）。它们赚的钱远不及苹果，但是，苹果的利润在最近的16—18个月里，至少减少了三分之一。你没法主宰这么大的市场……苹果正在走向没落！[1]

苹果公司出众的消费者洞察力、创新能力、设计能力、营销能力、制造能力以及引领趋势的零售方法一直是有目共睹的，为什么却得到了"走向没落"的断言？

我认为在对苹果公司——或者其他市场领导者——随着时间推移最终一定会失去竞争优势和令市场侧目的财务业绩的普遍看法上，有三个具有误导性的论据：

---

1. 布鲁斯·格林沃尔德（Bruce Greenwald），《竞争优势》（*Competitive Advantage*），哥伦比亚商学院 Th+nkCBS演讲系列，2013年11月7日，YouTube视频参见https://www.youtube.com/watch?v=zsvnvV3wDgc。

☆ 大数定律。

☆ 竞争法则。

☆ 竞争优势法则。

大数定律

该定律关乎一个显而易见的事实：随着公司的成长，其维持高于市场水平的增长率所需的增量收入也会越来越大。对苹果公司来说，其年收益要超过2,000亿美元，这个巨大挑战令人生畏。

比如，试想一下，如果苹果公司来年的盈利性增长达到10%，意味着什么（虽然这10%超过了市场平均水平，但这仅仅是它过去5年CAGR的三分之一）？苹果要在一年时间里获得如此庞大量级的增长，这相当于要在它当前的盈利基础上，再把某些公司［如美国西南航空公司、通用磨坊食品公司（General Mills）、美国钢铁公司（U.S. Steel）］的整体收益加进来。

另一种体会苹果公司面临挑战之大的方式是，试想一下，它推出的新产品要产生多大的收益才能支撑其强劲的销售额增长？2015年4月，苹果发布苹果手表（Apple Watch），这是一款令人着迷的"可穿戴技术"产品，苹果粉们早就翘首以盼了。[1]实际上，苹果并不是这项新兴技术的先行者（在便携式音乐播放器、智能手机和平板电脑等技术上也是如此）。三星、Pebble和谷歌的智能手表在Apple Watch问世前一两年就已经上市了。

虽然苹果没有公布官方的销售数字，但业内分析人士发布报告称，苹果在Apple Watch上市的头6个月出货量接近700万只（这一数字超过了其他智

---

1. 若林大辅（Daisuke Wakabayashi）、伊娃·杜（Eva Dou）、洛兰·卢克（Lorraine Luk），《苹果能否破解智能手表密码》（*Can Apple Crack the Smartwatch Code*），《华尔街日报》，2014年6月20日。

能手表供应商之前5个季度的出货量之和）。[1]由于节假日销售会更加强劲，2015年，Apple Watch的预计销售额达到了1200万只。假设Apple Watch的平均售价为530美元，那么，2015年该产品总进账约为64亿美元。[2]我们不妨对苹果再慷慨些，假设每位消费者平均花费50美元来购买Apple Watch上的应用（App），这其中30%的收益归苹果公司所有。尽管利润不菲，但苹果的进账仅仅多出了不起眼的1.8亿美元。这里的关键是，如果苹果在2015年的增长要继续超过市场水平，需要新增200亿美元的收入才可以（此后几年还需要更多），要想达到这一目标，可不能光靠Apple Watch。

毫无疑问，苹果想要长期保持超过市场水平的增长确实很难，但是，这完全没有可能吗？毕竟，在CEB研究过的500家公司中，有13%曾经在50年或更长的时间里完成过这种壮举。具体的例子有强生公司（有130年历史的医疗保健产品公司）、波尔公司（Ball Corporation，有136年历史的食品包装和航空航天用品供应商），它们的表现非常出色，在过去20年里持续以超过总体经济水平的速度增长（见图4.5）。长期在市场上表现出众虽然难度颇大，但从数据来看，这绝非不可能。

---

1. 保罗·拉姆金（Paul Lamkin），《苹果手表销量突破700万》（*Apple Watch Sales Hit Seven Million*），《福布斯》，2015年11月5日，参见http://www.forbes.com/sites/paullamkin/2015/11/05/apple-watch-sales-hit-7-million。
2. 2015年销量预估参见保罗·拉姆金的《2015年苹果手表销量达到1200万》（*Apple Watch Sales Hit 12 Million in 2015*），*Wareable*网站，2016年2月9日，www.wareable.com/smartwatches/apple-watch-sales-hit-12-million-in-2015-2279。本段当中提到的苹果手表预估收益是假定苹果手表都是从自营店卖出的，而且把所有零售收入都算作收益。事实上，苹果也通过特选零售合作伙伴销售苹果手表，这就将其单位售价降低到了批发价格水平。朱莉娅·洛夫（Julia Love），《苹果手表均价最高估计为529美元》（*Average Apple Watch Sells for $529, at Top End of Estimates*），路透社，2015年9月30日，www.reuters.com/article/us-apple-watch-idUSKCN0RU1AA20150930#pQd5246hh4K0krKW.99。

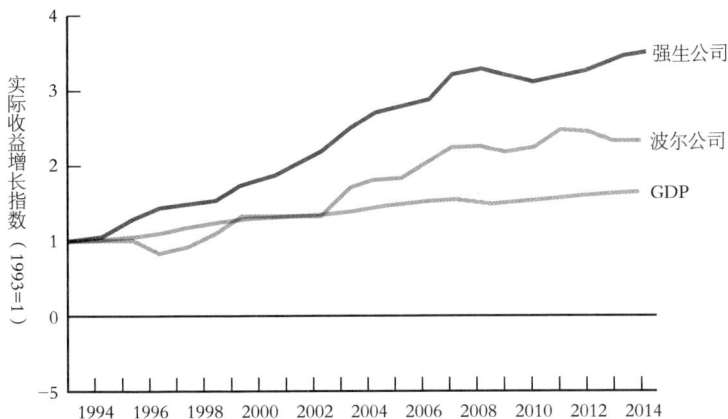

图4.5 长期增长的明星企业：强生公司和波尔公司

那么，苹果公司除了智能手表外，还能在哪里找到下一波增长浪潮呢？它还可以探索如下几个重大机遇，来引燃下一个增长引擎。

游戏

据称，苹果新一代iPad的处理速度和视频刷新率，等同于甚至高于市面上任意一款高端游戏机。加上其流媒体技术对电视市场的入侵，苹果可能会颠覆全球游戏产业，目前，这一产业的收益超过了900亿美元。[1]

家庭娱乐

沃尔特·艾萨克森（Walter Isaacson）在他2011年所著的《史蒂夫·乔布斯传》（*Steve Jobs*）中，提到乔布斯曾说过"我终于把它搞定了！"——这里的"它"，指的就是独一无二且方便易用的电视。之后，关注苹果的人就期待着一款革新技术问世，使苹果在超过1,200亿美元的全球家庭娱乐市场中成为先锋。

1.《顾能公司表示，2013年全球电子游戏市场总值930亿美元》（*Gartner Says Worldwide Video Game Market to Total $93 Billion in 2013*），顾能公司（Gartner），参见http://www.gartner.com/newsroom/id/2614915。

支付

全球有超过8亿的苹果用户安装了iTunes软件，他们的账户里都包含了信用卡信息，iOS设备的移动购物占比在市场中也处于领先地位，所以说，苹果非常适合在电子支付领域引领变革。其支付产品苹果支付（Apple Pay）已经植入iPhone 6当中，由于仅在美国就有超过4万亿美元的信用卡交易额，而且，消费者和零售商市场的早期反应都非常好，这款产品可能会有助于苹果完成改变行业规则的任务。

零售服务

苹果以同样的方式研究并推出一系列店内零售应用，让实体零售商为消费者提供个性化的购物服务。苹果开发了名为iBeacon的店内追踪技术，可使零售商为消费者提供个性化购物推荐以及交叉促销、会员折扣和自动结账等服务，这些都能为苹果带来收益。

移动健康和医疗解决方案

苹果公司在健康和健身监测应用方面投入巨大，并将其嵌入所有的移动计算设备。行业分析师预测，针对个人和企业的移动健康解决方案这一市场，将在之后的10年内增长到400多亿美元，[1]而且苹果公司会成为这一领域主要的自主供应商，也可能会与IBM合作。

企业IT解决方案

在近期宣布与IBM建立合作关系之后，苹果准备大规模扩展其在企业市场的业务。两家企业的目标相辅相成，都是向IT管理层销售iOS系统下的集成

---

1. 卢卡斯·梅里安（Lucas Mearian），《移动健康设备市场将增长8倍，达420亿美元》（*Mobile Health Device Market to Grow Eightfold to $42B*），《计算机世界》（*Computerworld*），2014年7月2日。

式移动业务解决方案，包括内部管理程序（应收账款、时间和费用报告）以及面向客户的应用（客户关系管理、移动健康医疗、订单履行流程）等。迄今为止，苹果公司在企业市场的进军之路，很大程度上由于IT部门的抵制，只限于以公司折扣价销售智能手机和平板电脑。苹果与IBM合作，将价值链提升到企业解决方案层面，让自己（和IBM）有机会更加深入渗透到企业当中，赚取基于价值的利润。

汽车

据报道，苹果正在努力加速研发电动汽车，并计划于2020年推向市场，苹果公司内部将这一备受瞩目和期待的项目称为"承诺项目"。[1]虽然还不确定苹果铆足了多少劲进军汽车市场，但鉴于其过去的表现，以及全球汽车产业营收超过1.5万亿美元的客观条件，明显能感觉到，苹果在这一行业竞争中的增长潜力非常可观。

过去20年里，苹果不断彰显出自己的市场拓展与创新能力，来弥补老旧产品销量的下滑。另外，为寻求新的增长点，苹果愿意忍痛割舍某些产品的销售额，正如iPhone与iPod的对决以及iPad与MacBook之争。苹果目前最大的增长机会可能是开发生态系统服务，在娱乐、移动性、健康、金融和商业等方面提供广泛的解决方案，用这些来增加其硬件的魔力。

在任何情况下，根据大数定律，认为苹果无法在市场中继续处于领先地位的断言，都只是诡辩罢了。大数定律无非就是简单的算数问题，却被奉为一套亘古不变的商业法则。

---

1. 唐·赖辛格（Don Reisinger），《苹果购买大片土地用于开发自动驾驶汽车之报告》（*Apple Is Buying Lots of Space for Self-Driving Cars: Report*），《财富》，2016年5月6日，http://fortune.com/2016/05/06/apple-self-driving-cars/。

竞争法则

认为苹果和其他市场领导者注定衰败的第二个论据是竞争法则。根据这一法则，由于下列这些具有普遍性的原因，一家公司曾经高涨的ROIC会不可避免地回归平均水平：

☆ ROIC越高，竞争越多。

☆ 即便新晋竞争者的现金回报率比市场领导者的低一些，它们还是会愿意去挑战那些市场领导者。如果挑战市场领导者能创造出高于平均水平的回报，而且这一回报会比把资本用在其他地方更高，直接竞争对手就会蜂拥而至。

☆ 当越来越多的竞争者拥入市场，市场领导者的产品差异性将会被弱化，定价压力也会增大，市场中所有竞争者的ROIC都会不可避免地下滑。

☆ 这一过程将会持续进行，直到利润幅度（ROIC减掉资本成本的部分）接近零，在这个点位上会形成新的行业均衡，市场领导者则会在接近行业平均净利润的水平上运营。

这一理论简单明了，而且看上去有基础数据的支持。比如，图4.6展示的2013年美国所有上市公司的ROIC相对于市值的分布情况。竞争法则的支持者声称，他们的理论是站得住脚的，因为他们发现苹果在2012—2013年间的ROIC和市值均有所下滑。或许这就是苹果在竞争日益激烈的情况下，向"没落"怯懦地迈出的第一步。

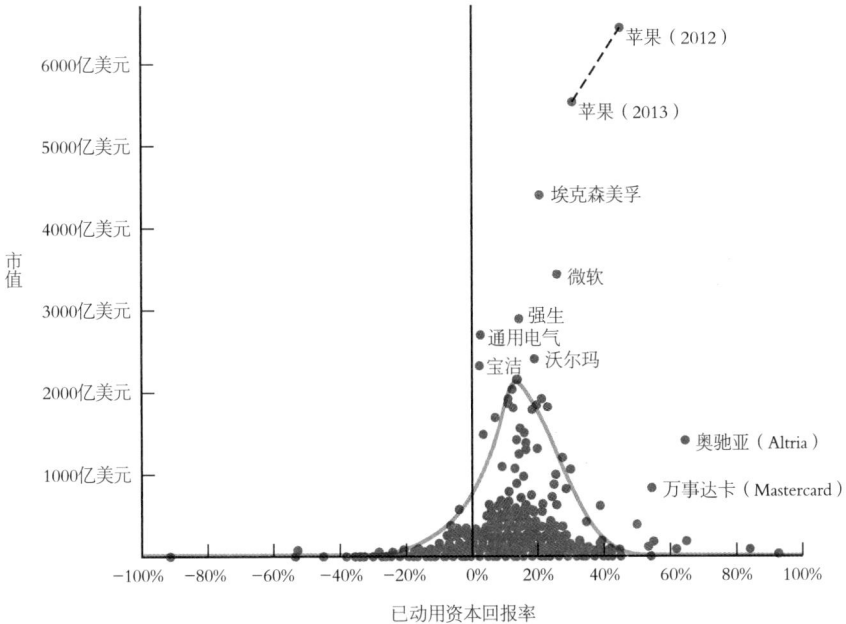

图4.6　2013年美国上市公司的财务业绩

许多业内观察人士也指出，苹果逐渐失去了智能手机和平板电脑的技术领先地位。[1]它最近一款革新产品（iPad）问世已经4年了，这期间，苹果毫无作为，这进一步证明，苹果已经无法保持获得持续高利润的竞争优势了。

将竞争法则运用于苹果和其他高盈利性公司所得出的这种无情解读，从根本上来说是有缺陷的，其原因有二：

首先，只有当市场领导者按兵不动，给竞争者机会来追赶或者超越自己当下产品的技术优势时，这一法则才能适用。如果市场领导者持续调整战略，不断更新竞争优势的基础，那么竞争者可能永远都追不上它们。亚马逊公司就是一个例子。如果亚马逊满足于称霸图书销售的电子商务市场，只想保

---

1. 琼·巴普蒂斯特·苏（Jean Baptiste Su），《苹果为何在新iPad上失去了创新精神》（*Why Apple Lost Its Innovation Spirit With New iPads*），《福布斯》，2013年10月23日，http://www.forbes.com/sites/jeanbaptiste/2013/10/23/apple-lost-innovation-spirit-with-new-ipads/#3ff9ba3296。

住这一宝座，那么，如今这一业务的价值连30亿美元都达不到。相反，亚马逊现在是一家收益高达1,000亿美元的公司，年增长率超过20%，它选择在图书市场业务上颠覆自我，并大幅度扩张企业的规模和业务范围。它让竞争者疲于奔命，而不会受制于竞争法则。诚然，许多公司为了在产品创新方面常年保持行业领头羊的位置而奋力拼搏，但并没有一个亘古不变的法则能阻挡它们领先的脚步。在这方面，苹果过去20年来的表现可谓非同凡响。正如先前我们提到的，苹果从不缺乏未来的增长机会。2015年，苹果逆转了2013年财务业绩暂时下滑的局面，市值达到了7000亿美元，ROIC也超过了48%。

其次，于苹果而言，许多对其当下产品的批判显然是对其公司竞争优势基础的误解。苹果从来没有把自己标榜或宣称为技术规范的领袖，比如产品的"速度和容量"等。相反，苹果通过应用广泛的系列硬件设备为消费者持续提供上乘的用户体验，以此创造自身竞争优势。这一竞争优势的来源，不仅在于其出色的硬件，还在于其优秀的集成软件开发能力。苹果的产品设计优势，则是另一个无形但非常重要的差异化因素。恐怕有人会怀疑苹果这些竞争优势来源是否能继续抵消竞争法则，我们可以参考一下最近的消费性电子产品的市场：智能手表。有30多家制造商在智能手表领域大展拳脚，其中的佼佼者是三星、Pebble和索尼。但是，正如《纽约时报》的时尚作家瓦妮莎·弗里德曼（Vanessa Friedman）在她的"T台风云"（On the Runway）专栏中对三星最初的智能手表产品所做的评论那样：

没有哪款（智能手表）设计得很好，好的设计会让你对关于形式的固有假设重新进行思考……事实上，智能手表所做的恰恰与此相反：它重新强化了我们过去对于形式的假设，即把手机屏幕变小，然后戴在手腕上。看到这些智能手表，我能想到的就只有《星际迷航》，"传送我吧，史考特！（Beam me up, Scotty!）"那么这款手表的乐趣——或者说消费者对它的渴望到底在哪儿？……无可否认，这只与美学有关，而与功能性和工程学没什么关系。智能手表是一件配饰，所以审美性非常重要。[1]

　　许多科技作家也都在唱衰智能手表的未来，认为它并不具备实用性功能，现有产品的用户界面也让人颇费脑筋。[2]鉴于这些评价，智能手表产品最初的销售额不尽如人意也是意料之中的。但是，在Apple Watch上市的头6个月，历史似乎重演了。苹果拓展了其产品范畴，Apple Watch的销售额几乎是其他所有智能手表总和的两倍以上，对于智能手表的款式、外形尺寸、性能和实用性，苹果再一次树立了新标准，同时占据了市场领导者地位。

　　有些评论家以苹果作为智能手表领域的后来者为由，哀叹苹果在后乔布斯时代失去了创新优势，要知道，苹果大获成功的iPod、iPhone和iPad产品，都要比竞争者的先发产品晚了起码10年才问世（见图4.7）。

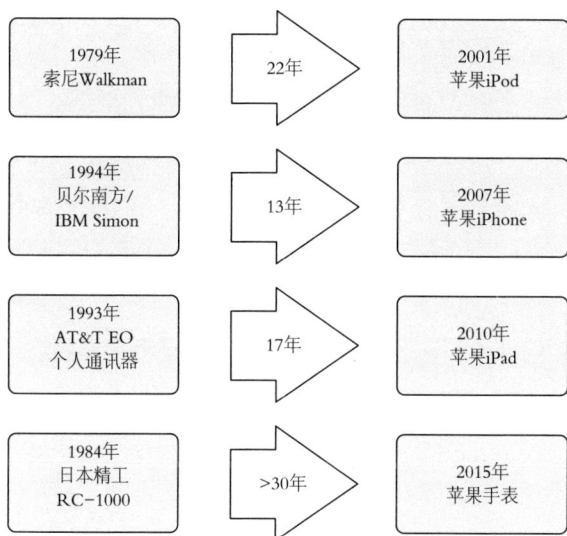

1979年 索尼Walkman	22年	2001年 苹果iPod
1994年 贝尔南方/ IBM Simon	13年	2007年 苹果iPhone
1993年 AT&T EO 个人通讯器	17年	2010年 苹果iPad
1984年 日本精工 RC-1000	>30年	2015年 苹果手表

图4.7　先发产品和苹果同类首发产品的时间对比

1. 瓦妮莎·弗里德曼，《谷歌智能手表评测——对比LG G与三星Gear Live》（*Reviewing Google's Smartwatches——The LG G and the Samsung Gear Live*），《纽约时报》，"T台风云"专栏，2014年6月26日。
2. 安德鲁·霍伊尔（Andrew Hoyle），《三星Galaxy Gear评测》（*Samsung Galaxy Gear Review*），科技资讯网，2013年9月27日。

苹果确实有几次新产品发布后遭遇冷门的情况，这是因为它太急于将产品推向市场，而没有花时间细化用户体验，比如苹果当年的掌上电脑Newton以及第一款移动电话Rokr（与摩托罗拉合作推出）。最近的例子是，它即将与iphone 6产品线一起推出的电子钱包服务Apple Pay。为了推出Apple Pay，苹果花了很多时间，从早先谷歌和Paypal等公司所推出的电子钱包服务中吸取了教训，来完善自己领先于行业的用户体验。[1]

总而言之，公司可以克服竞争法则，只要它能持续创造更好的——哪怕不是最早的——新产品。

竞争优势法则

人们之所以会认为公司不能长期保持盈利性增长，是因为人们认为一家公司的竞争优势会不可避免地随着时间的推移而削弱。而持这一观点的人也理所当然地认为，所有产品和服务都会经历一个生命周期。图4.8中这个为人们所熟知的钟形曲线，描绘的是典型的新产品销售轨迹——早期推出阶段、快速增长阶段、成熟阶段以及最终衰落阶段，这些都是由技术竞争和消费者偏好改变所推动的。[2]50多年前，约瑟夫·熊彼特把这个过程称为"创造性破坏"。[3]虽然生命周期的基本动态过程如今依然适用，但唐斯和努涅斯都认为，产品的生命周期会因许多新兴信息技术的出现而大幅度缩短。[4]

---

1. 杰弗里·A. 福勒（Geoffrey A. Fowler），《Apple Pay评测：易于使用，但仍难于找寻》（*Apple Pay Review: Easy to Use, but Still Hard to Find*），《华尔街日报》，2014年10月28日。
2. 请注意，图4.8所描述的产品生命周期是成功产品的典型销售趋势。许多刚推出的新产品在到达增长阶段之前就宣告失败了。
3. 沙伦·雷耶尔（Sharon Reier），《半个世纪后，经济学家提出的"创造性破坏"理论适用于互联网时代——熊彼特：萧条与繁荣的先知》（*Half a Century Later, Economist's 'Creative Destruction' Theory Is Apt for the Internet Age: Schumpeter: The Prophet of Bust and Boom*），《纽约时报》，2000年6月10日。
4. 拉里·唐斯、保罗·努涅斯，《大爆炸式颠覆：颠覆性创新时代下的策略》，纽约：Portfolio出版社，2014年。参见本书第一章对引起大爆炸式颠覆的动态所做的描述，这种力量会大幅度缩短产品的生命周期。

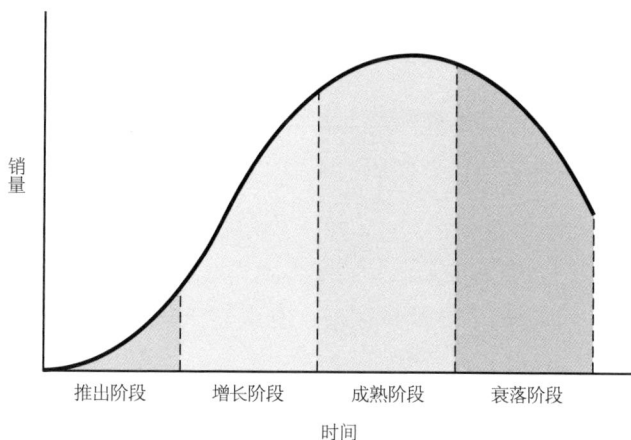

图4.8 典型的产品生命周期

　　无论人们对产品生命周期的长短有何看法，不可否认的是，公司如果要长期保持市场领导者地位，必须一直更新其产品线，力求每种产品定期都有新品推出。克里斯坦森强调，这指的并不是单纯的渐进式改进，那样的改进只会把大多数公司推入没有赢家的关于产品特性和功能的竞赛当中。相反，那些成功的公司一定会重新思考消费者价值主张和新产品的概念，而且思考的对象不仅仅是现有的消费者，还有潜在消费者，即对目前产品的体验感觉不佳的消费者。

　　挑战还是存在的。许多当前的市场领导者非常不愿意自我颠覆，因此最终被那些新企业所取代，这些新企业更加激进地为市场带来不同的解决方案，力图比现有产品更加质优价廉。

　　这些市场领导者不愿自我颠覆的原因可以归结为它们把注意力集中在更大、要求更高的客户身上，这些客户通常会促使公司致力于对现有产品进行小修小补。与此同时，它们的注意力局限于与它们相差无几的传统竞争对手上，而往往无视那些非传统的新进入者，因为新进入者的初代产品多少有些粗糙和不成熟，而且它们瞧不上那些仅有短期收益机会的新兴的、配套服务不到位的细分市场。现有企业还往往缺少激励企业创新的内部流程和管理思维模式，设立激励措施通常是为了赚取短期利润，这阻碍了有风险的或长期业务发展。因此，大多数公司都会把其产品周期的最后阶段拖延到进入增长停滞或者更糟的状态才肯罢休。

那么公司是否能克服阻碍创新的障碍，改进竞争优势基础并维持市场领导者地位呢？

答案是肯定的，但前提是，公司必须忠实地执行长期增长的三大支柱战略，也就是我之前提到的：持续创新；有意义的产品差异化；把公司所有的能力、资源、激励机制、企业文化和流程整合起来，以支持公司的战略设想。

按照这种方法，企业会接连不断地推出新品，其增长轨迹就不仅仅是抵消掉老旧产品下滑的销售额了。如图4.9所示，公司任意时间的总销量都等于每个产品生命周期各阶段的销售额之和。

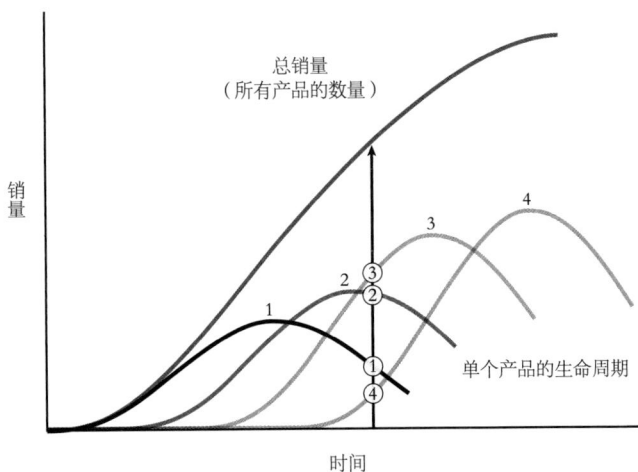

图4.9 持续系列产品生命周期的长期增长趋势

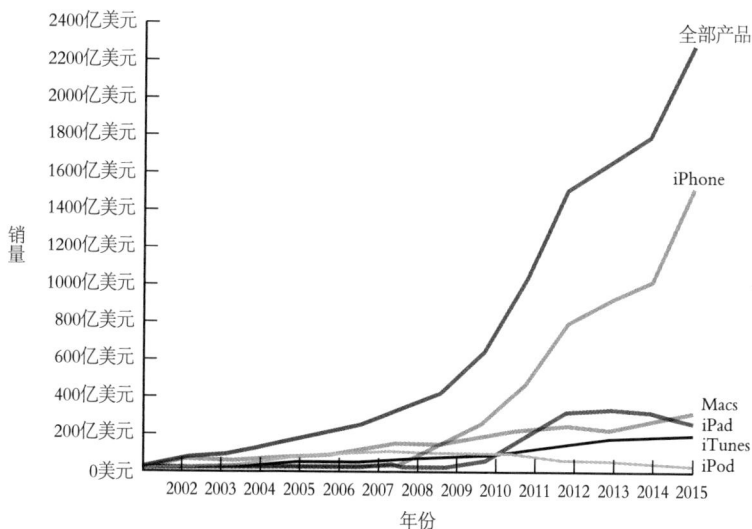

图4.10 苹果各产品生命线

　　这正是苹果和亚马逊——两家增长最快的大型企业——在过去20年里所做的事。比如，苹果不间断地推出具有创新性和有意义的差异化的产品来保持快速增长，偶尔还会以吞噬自己的旧产品线为代价（图4.10）。亚马逊也是如此，靠着永不停歇地拓展营业范围和产品创新，取得了非凡的持续营收增长（即使不是利润率的增长）。这往往也需要决断力，即为了长期获益而牺牲现有的产品线（比如Kindle电子书对纸质图书、亚马逊的新流媒体音乐服务对CD销售的侵蚀等）。

小结

　　总的来说，"商界歌利亚最终会失去竞争优势的基础，并遭遇业绩下滑"，这种观念源于一个隐含的假设，即大型企业在战略方面会表现出尾大不掉的惰性。的确，一家公司无论规模大小，如果更多地关注于捍卫当前的市场地位，而不是用具有差异化的创新产品和服务来更新自己的竞争优势基础，那么这家公司终将失败，原因如下。

第一，随着产品在成熟市场趋于饱和，大数定律会困住这个公司。比如，苹果公司iPhone的销售额，更多的是依赖于重复购买的消费者，而不是首次购买的新消费者。

第二，竞争者会对现有产品展开攻势，用类似（或更好）的特性，更低的成本，来削弱对方的利润和公司价值。比如，小米手机只进入市场3年，就成为中国销量第一的智能手机，他们当时就瞄准了iPhone，而且只用后者一半的价格来与之抗衡。但是，小米手机后来也失去了销量第一的宝座，败给了另外一家低价的智能手机厂商。

第三，一个公司竞争优势的历史基础会被新兴颠覆性技术所削弱，甚至完全破坏。比如，由于声田（Spotify）、潘多拉（Pandora）和亚马逊等流媒体音乐服务的迅猛扩张，苹果公司曾经在业内领先的音乐下载业务（iTunes）陷入停滞。[1]

产品生命周期的影响固然存在，但并非在劫难逃。商业法则并不像科学定律，因为科学定律描述的是物质世界固有且无法改变的特性，而前者，比如大数定律，可以被强大的领袖打破，他们可以通过不断调整战略，来获得长期的利润增长。正如我在本章开头所指出的，13%的大型企业能够冲破残酷的外部竞争和抑制企业创业的内部壁垒，在长达半个世纪或者更长的时间里保持高于市场的增长。霍华德·舒尔茨、克雷格·杰利内克（Craig Jelinek，好市多）、弗雷德·史密斯（Fred Smith，联邦快递）以及蒂姆·库克等杰出的CEO，能够实现长期盈利性增长，尽管摇头族齐唱反调，声称盛者必衰，但是，这些CEO从不理会。

---

1. 汉娜·卡普（Hannah Karp），《苹果iTunes音乐销量大幅下滑》（*Apple iTunes Sees Big Drop in Music Sales*），《华尔街日报》，2014年10月24日。

第五章

你知道你的战略是什么吗？

　　第三章的结尾提出了一个问题:你目前所在的公司(或是你想要创立的公司),是否拥有一颗令人信服且清晰明确的北极星?这是在问一个公司有没有明确的目的、价值观和首要任务。沿着这个逻辑,这个问题可以引申为:你知道你的战略是什么吗?

　　正如我将在本章具体阐述的一样,大多数公司的回答是"不知道"。公司高管通常在制定和沟通战略时感到困难重重。在这些情况下,问题往往出在公司未能明确界定真正的北极星式的公司目标,这些目标是可以转化为具体的、可量化的、可行的、目的明确的和有时限的目标的。而这又常常引发战略惯性,大大削弱企业有效应对市场变化的效率。

　　询问任何一位CEO,你都会听到这样的回答:"我们当然知道自己的战略!"但若果真如此,那么从公司的每一位重要成员那里应该都能得到相同的答复,其中包括:董事会、员工、商业伙伴、客户和投资人等。事实却是,公司无法或者未能清晰表述战略,从而导致公司的利益相关者对此不能清晰理解和消化吸收。或者说,高管们口头说一套商业战略和首要任务,而真正管理和激励员工又完全是另一套做法,两者是脱节的。

　　根据《哈佛商业评论》最近引用的一项研究,在众多业绩突出并且公开阐述了其战略的公司中,仅有29%的员工能从给出的六个选项中准确选出自己公司的战略。因此,绝大多数员工无法将个人的工作积极性和决策与公司渴望的发展方向联系起来。[1]道理很简单:就好比在划船比赛中,如果每位桨

---

1. 哈佛商业评论员,《CEO们大谈战略时,会有人听吗? 》(*When CEOs Talk Strategy, Is Anyone Listening?*),《哈佛商业评论》,2013年6月。

手都只顾自己的节奏或方向，那么胜算将非常渺茫。

令人沮丧的是，高管和董事会之间也存在这个问题。在麦肯锡2013年对772名董事做过的一项调查中，仅有34%认为他们履职的董事会完全知悉公司的战略；只有22%表示他们的董事会对公司创造价值的途径了如指掌；仅仅16%声称董事会全面掌握了公司所在行业的动态变化。[1]

公司的战略意图还常常被消费者或员工误解，更糟的是，这甚至会遭到他们的不信任。例如：美国客户满意度指数组织2014年对230个参与调查的公司做了排名，康卡斯特（Comcast）和时代华纳有线（Time Warner Cable）排在最后两位。[2]这两家公司的消费者对其糟糕的客户服务乃至令人费解的商业行为总是怨声载道，与其对外声明大相径庭：

为了取得成功，应该把我们跟客户在电话、网络和上门服务当中互动的方式与我们提供的其他任何产品视为同等重要。简单来说，客户服务应是我们的最佳产品。

——康卡斯特CEO，布赖恩·罗伯茨（Brian Roberts）[3]

我们正在告诉客户，在过去的两年中我们做出了多么巨大的改变，以更加尊重他们的时间，为他们提供超值服务，以及提供与顶级娱乐技术公司相匹配的体验。我们所做的众多改变，仅仅是新版时代华纳有线服务体验的开端。

——时代华纳有线CEO，罗布·马库斯（Rob Marcus）[4]

---

1. 多米尼克·巴顿（Dominic Barton）和马克·怀斯曼（Mark Wiseman），《董事会的不足之处在哪里》（*Where Boards Fall Short*），《哈佛商业评论》，2015年1月。
2. 美国客户满意度指数新闻稿（American Customer Satisfaction Index Press Release），访问于2014年5月20日，http://www.theacsi.org/news-and-resources/press-releases/press-2014/press-release-telecommunications-and-information-2014。其他市场调研机构，包括舆观品牌指数（YouGov BrandIndex）和君迪调查（J.D. Power）等，在他们对众多行业的数百家公司所做的消费者满意度调查中，也将康卡斯特和时代华纳有线排在了最末位。
3. 摘自康卡斯特CEO布赖恩·罗伯茨在康卡斯特2014年第三季度的财报电话会议中的讲话。
4. 丹尼尔·B. 克兰（Daniel B.Kline）："时代华纳有线承认消费者服务有所失误，并说：'我们会做得更好。'"彩衣傻瓜网站（*The Motley Fool*），访问于2015年10月18日，http://www.fool.com/investing/general/2015/10/18/time-warner-cable-admits-its-customer-service-faul.aspx。

无独有偶，波士顿咨询集团最近的调查显示，近四分之三的高管宣称，创新在公司的首要任务中位列前三。[1]但是，以我的经验来看，公司通常未能将这样的意图转化为有效的行动，使创新成为组织机构运行中一个自然而然、持续不断的要素。[2]例如，如果你为貌似致力于创新的企业工作，那么你对以下问题做出的回答是否和你预期的一致呢？

☆ 作为一名商业创新者，你受到过什么培训和激励？

☆ 当产生新想法时，你能轻易获得种子资本和试验时间吗？

☆ 你们的企业文化鼓励新的创意并包容初始的失败吗？

☆ 所有级别的管理者都以创新为己任吗，这些创新结果有助于提升薪酬和获得职业晋升机会吗？

☆ 即使是在艰难的市场环境中，公司是否依然鼓励主动创新？

如果这些问题的答案都是否定的，那就意味着，公司战略含混不清或者创新意图缺乏诚意，这会使客户沮丧、员工迷惑，削弱长期经营业绩。[3]

有时，问题不仅仅是出在沟通不畅上，还有对战略理解不透或者朝令夕改导致的内部混乱。比如，推特（Twitter）前CEO迪克·科斯特罗（Dick Costolo）在2015年辞职之前，曾努力确定一项战略，试图将公司巨大的社会影响力转化为有意义的业绩成果，最终却令员工和投资人感到沮丧。2014年初，在首次公开募股后的第一次分析师电话会议中，科斯特罗强调，他最关注的是将推特核心用户群"拓展到地球上的每一个人"。然而，就在6个月

1. 金·瓦格纳（Kim Wagner）、尤金·富（Eugene Foo）、哈迪·扎布特（Hadi Zablit）和安德鲁·泰勒（Andrew Taylor），《2013年度最具创新性的公司：来自领导者的教训》（The Most Innovative Companies 2013: Lessons from Leaders），《波士顿咨询集团视角》，2013年9月6日。
2. 乔安娜·巴斯、马拉·M.卡波齐和乔纳森·戴维森，《领导与创新》，《麦肯锡季刊》，2008年1月。
3. 根据一些迹象，应该指出，时代华纳有线和康卡斯特在2013—2014年间已经失去了近70万付费电视用户。http://www.ibtimes.com/comcast-time-warner-cable-bleeding-cable-subscribers-pay-tvs-worst-third-quarter-ever-1723870。在巴斯等人的《领导与创新》中也提到，麦肯锡报告显示，三分之二的高管表示对自己做的创新决策"没什么信心""信心不大"或是"一点信心也没有"。

后，科斯特罗又令人费解地说道："我们要以几何学偏心圆的模式来思考我们所做的一切。"[1]

《华尔街日报》写道："战略改变反映了科斯特罗先生的管理风格。我们曾对推特当前和以前的员工以及能够接近科斯特罗先生和推特公司的人进行了采访，他们这样描述这位昔日的即兴喜剧演员，说他是个徒劳无功的思想者，有着跳跃式思维。"[2]

推特为其含混不清的战略付出了惨痛代价。2014—2015年，推特活跃用户增速极缓，高管更换频繁，市值骤降67%。

管理层级

要将战略清晰度的问题置于讨论情境中，我们首先必须界定几个术语。图5.1阐明了制定和实行有效的商业战略所需的四个层级性要素。整套系统的起点是确立全局指标（*goals*），这确定了公司的长期战略意图和管理工作的优先级。前文中，我们以强生、亚马逊和星巴克等公司为例，列举了它们北极星式的商业目的。公司的既定目标明确了公司业务的大致边界、商业活动范围和管理层最关注的绩效，例如：消费者满意度、员工安全和福利、股东价值和商业实践的可持续性等。

目标（*Objectives*）更为具体翔实，提供特定对象，引导组织机构战略，从而分清主次、权衡利弊并且按照界定的指标体系测度进展情况。为了达到预期目的，目标应该是"SMART"的：

　　具体的（Specific）。用精确的术语来定义战略优先事项，例如：客户维

---

1. 杰夫·贝尔科维奇（Jeff Bercovici），《重新定义成功，推特推出偏心圆》（*Rewriting the Definition of Success, Twitter Gets Eccentric*），《福布斯》，2014年10月27日。这三个偏心圆，第一层表示社交媒体服务的核心用户；第二层表示访问网站但未登陆的用户；而第三层则是在其他网站浏览插入的推特内容的人。
2. 尤瑞·高（Yoree Koh）、希斯廷·格林德（Kirstin Grind），《推特CEO迪克·科斯特罗努力定义愿景》（*Twitter CEO Dick Costolo Struggles to Define Vision*），《华尔街日报》，2014年11月6日。

系或营业收入。

可量化的（Measurable）。还记得"你无法管理你不能量化的东西"的说法吗？目标需要以指标体系的形式确立，可定量追踪，例如：客户忠诚度和股东总回报。

可实现的（Achievable）。尽管理想状态下目标应该可以扩展、激励整个组织机构，但是现实中，它们在一定的时间范围内应该是可以实现的。

相关的（Relevant）。目标应该能帮助公司集中精力来实现既定目标和支持公司价值观。

有时限的（Time dependent）。应规定具体的截止日期，来明确是否在规定时间范围内实现了目标。

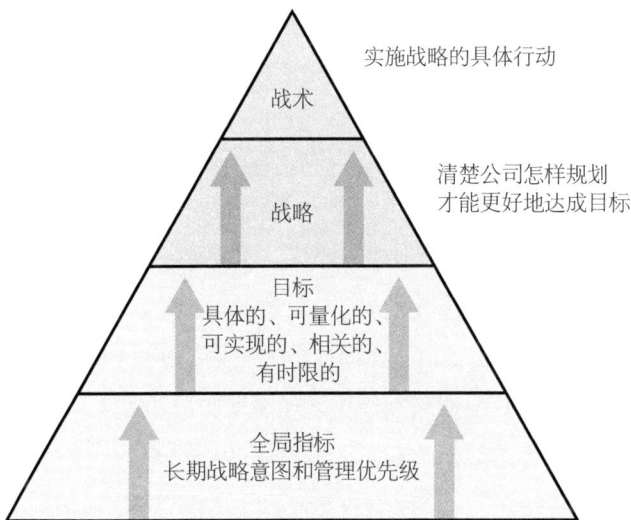

图5.1　金字塔式管理层级

为了阐明这些概念，假设一家公司为了促进增长、提高员工参与度和增加股东价值，已确立了推出创新产品和改善客户服务的目标。

本财年结束时，为衡量这些愿望实现得如何，SMART目标可包括以下这些：推出至少三种有可能在市场上逐渐达到成熟阶段的新产品；整体收入至少提升15%，营业利润率至少提升1.2%；在全国认可的专业市场调研组织所做的测评中，获得客户满意度一流的评价；基于全公司的跟踪调查，员工的参与度至少提高5%；收入增长和股东总回报至少提高18%。

公司的战略（*strategy*），表明它将如何实现既定目标。战略关乎选择，战略引导公司追求哪种市场机会，创造哪些产品，开发哪些分销渠道，建立怎样的商业合作伙伴关系。在战略上选择忽视某些机会，与执行承诺同样重要。因此，像科斯特罗提出的"拓展到地球上的每一个人"这种不切实际的大目标，对于找到战略重点和权衡几乎没有任何指导意义，而想要执行一个明确的战略，战术（*tactics*）是不可缺少的。

你的战略能否凝缩成一个金句？

将图5.1展示的四种元素合而为一，就能为清晰的战略提供基础，即所有的利益相关者都应清楚了解公司战略关乎如下方面：公司旨在提供服务的目标客户；为满足这些客户需求而提供（或不提供）的产品或服务；使公司能够在目标市场上比竞争对手创造更多价值，以巩固竞争优势的基础；以及如果战略成功实施，在特定时间里应该实现的业务和财务目标。

这听起来非常简单明了，不是吗？我大多数的MBA学生都这样认为，但当他们在测试中尝试着把战略构想表述出来时，就不是那么回事了。这个测试是由《哈佛商业评论》杂志最近的一篇文章提出来的，文章题目是："你能说出你的战略是什么吗？"（*Can You Say What Your Stretegy Is*？）[1]在这篇发人深省的文章中，戴维·J.科利斯（David J. Collis）和迈克尔·G.鲁克斯塔德（Michael G. Rukstad）让高管们试着用精简的文字来总结他们的商业战略、范围和优势。范围指的是业务的边界，包括业务所覆盖的地理

---

1. 戴维·J.科利斯和迈克尔·G.鲁克斯塔德，《你能说出你的战略是什么吗？》，《哈佛商业评论》，2008年4月。在这篇文章中，作者提出了战略构想的三大要素：范围、优势和目标，后者指的是财务目标。在本章提到的精简化的战略声明中，已将财务目标略去，但它其实应该包括在任何公司或经营单位的战略内容中。

范围、目标客户和提供的产品及服务。优势指的是管理层将如何创造竞争优势。

为什么要把商业战略凝缩成一个金句？我们已经看到，许多公司都在想方设法用简单的术语来表述战略，以使股东、员工和客户更容易理解（当然，战略被他们接纳的话就更好）。迫使公司用精简的文字来描述其战略，是对战略清晰度的压力测试。如果CEO不能言简意赅地描述公司战略，那么他（或她）又怎能指望市场去做这道填空题呢？公司经常通过30秒的插播广告、自动弹出的在线广告和可移动条幅广告等来推销其产品。简短而清晰的资讯在日常生活中随处可见。科利斯和鲁克斯塔德认为，大多数公司无法以简短的形式有效清晰地表述战略，恰恰证明它们的战略含混不清。

我在课堂上让学生阅读了一篇有关科罗拉多州（Colorado）的库尔斯酿酒公司（Coors Brewing Company）的详细的案例分析，然后要求他们用精简的文字来描述此公司20世纪70年代的商业战略，并与库尔斯如今显而易见的战略进行比对。从这个练习中可以总结出两条经验：第一，凝缩公司的战略并非像学生们想象的那么简单。尽管已经给他们提供了大量关于库尔斯70年代的市场环境和使其大获成功的方法的信息，但是，大多数学生在用简洁语言整合公司战略实质内容时，仍然颇感吃力。第二，随着课堂讨论的深入展开，学生们逐渐明白，即便是有着清晰明了、胜算在握的战略，也需要因时而变。让库尔斯公司在20世纪70年代获胜的战略，于今天却是无效的。

下列文字显示了库尔斯公司20世纪70年代中期战略的极其简短的"学院派解决方案"，以及它对三个关键问题：商业战略、范围和优势的回应。[1]尽管非常简短，但这个言简意赅的战略包含着公司在战略构想中所做的权衡，从而与当时的市场领导者安海斯–布希啤酒公司（Anheuser–Busch）区别开来。正如表5.1所示，库尔斯卓越的口感（来自其得到了清晰表述的产品优

---

1. 在竞争对手抢夺其美国西部市场份额、美乐啤酒（Miller）转型为淡啤酒后，库尔斯就失去了基本的竞争优势。为改变这种情况，库尔斯将产品销售范围扩张至全国，并增加新产品，但这削弱了其自身的独特性，使消费者无法区分其与强劲对手安海斯–布希啤酒之间的差异。

势）以及低廉的价格（由规模经济效应和较低的区域分销成本支撑），使得它在整个20世纪70年代在西部各州中的市场份额、收入增长、厂房利用、总资产和经营利润率等方面均超过了安海斯-布希。库尔斯是一个典型案例，展示了一个表述清晰、执行到位的战略是如何推动企业取得卓越的经营业绩的。[1]

战略清晰度：库尔斯酿酒公司——20世纪70年代

[在西部各州，为有鉴赏力的啤酒饮用者，]1 [提供他们支付得起的优质高档啤酒，]2 [使用落基山泉水和天然原料，独一无二的酿造和熟成过程，在规模最大、成本最低的垂直一体化酿酒厂中酿造。]3

1.库尔斯公司努力服务的对象是谁？

2.生产什么样的产品？

3.以什么作为产品差异和竞争优势的基础？

表5.1　库尔斯和安海斯-布希的战略比较——20世纪70年代

战略要素	库尔斯	安海斯-布希
市场覆盖	西部各州	全国
客户聚焦	有鉴赏力的啤酒饮用者	大众市场
品牌广告语聚焦	产品优越性/正宗地道	生活方式
产品差异	落基山泉水，未经过巴氏杀菌，优质原料	特性不突出；宣称要做"啤酒之王"
运作方式	单一大规模酿酒厂	分散式小规模酿酒厂
价格点	较低	较高

---

1. 潘卡基·格玛沃特（Pankaj Ghemawat），《酿酒业中的阿道夫·库尔斯》（*Adolph Coors in the Brewing Industry*），《哈佛商业评论》，案例9-388-014，1992年6月23日。

但是，市场环境不可避免地会发生变化，因为成功会激起竞争对手的回应。20世纪80年代，美国最大的两家啤酒公司安海斯-布希和美乐不断入侵库尔斯的西部市场，而且发起了前所未有的广告攻势，使得每桶啤酒的成本上升了一个台阶。除此之外，由美乐首创的清淡型啤酒越来越受欢迎，逐渐侵蚀了浓郁型啤酒的市场份额，而库尔斯只有一款产品——浓郁型库尔斯盛宴（Coors Banquet）。作为回应，库尔斯彻底改变了公司战略，将分销范围扩大到全国，增加清淡型啤酒，广告也改为以一种不怎么独特的生活方式为主题。结果，20世纪80年代，库尔斯的每一个竞争优势都消失殆尽，整个公司只剩下更加薄弱的分销、更加高昂的运输成本、更低的广告宣传费用和更加不显著的产品独特性。结果，库尔斯的市场份额、利润率和市值明显缩水，这再次强调了战略清晰度以及有效应对市场和竞争环境变化的必要性。

为了概括实现战略清晰度的重要性，以及对当前市场需求做出反应，请思考下列问题：当提到管理最佳和最烂的公司时，你想到的分别是哪些公司？你首先可能会把苹果、好市多或耐克这样的公司归在第一类，而将西尔斯（Sears）、雅虎（Yahoo）和惠普放入第二类。现在问问你自己，这些公司中，哪些有更清晰、更简明的商业战略？如果你能说出第一类公司相对于第二类公司清晰得多的公司战略，那你就很可能找到了解释两类公司明显的经营业绩差异的出发点了。

有效战略构想的清单

有效的战略能够创造、获取并维持价值。

如图5.2最左侧部分所示，当消费者支付意愿（Willingness to Pay，WTP）超过了公司的服务成本（Cost to Serve，CTS）时，就会创造价值。[1]WTP和CTS之间的差额决定了所创造价值的大小，这个价值由消费者和供应商以某种方式分割。

与竞争对手相比，当一家公司向市场提供的产品成本更低，或消费者支付意愿更高，或两者兼备时，那么，就可以说这个公司获得了竞争优势。此种情况下，有优势的企业在市场中创造了更高的价值，如图5.2中标出的竖杆所示。我们已分享过一个例子：20世纪70年代，与安海斯–布希旗下的竞争性品牌百威（Budweiser）相比，库尔斯有更高的消费者支付意愿，并且其服务成本更低。

那么如何定价合适呢？如图5.2右半部分所示，公司可以选择把价格定在消费者支付意愿和服务成本中间的任一位置。这个战略决策体现了企业打算怎样在自己与消费者之间分配产品价值。消费者从低价中受益，享有更高的消费者剩余，即消费者支付意愿与实际定价之间的差额。消费者剩余越高，越能刺激销量，提高业绩以及消费者满意度。

生产者剩余是与消费者剩余正好相反的概念，它是指产品定价与产品成本之间的差额。显然，在市场中占有竞争优势的企业，在选择要怎样于公司和消费者之间分配价值时，有更加灵活的价格变动空间。在啤酒产业的例子中，库尔斯选择把盛宴的价格定得比百威的低，因而其销量和工厂利用率更高，增长率和市场份额更大。虽然它定价较低，但库尔斯的低价仍使它获得了比安海斯–布希更高的利润率。若能一直保持该竞争优势，那将妙不可言。

---

1. 在这个案例中，服务成本等于运营成本，包括商品销售成本，加上吸引并留住客户以及随着时间推移不断投资更新产品分摊的单位成本。

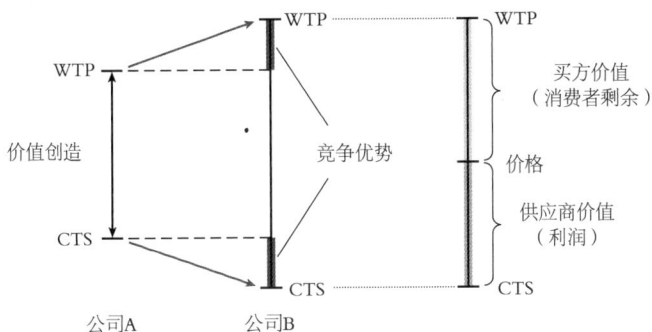

图5.2 价值、竞争优势和消费者剩余

外部一致性

有效战略的起点是开发有吸引力、有差异性的产品,并提出令人信服的价值主张,目标消费者愿意为之支付比产品单位成本高得多的价格。除非公司致力于成为市场中的低价产品提供商,否则,有意义的产品差异化会推动WTP升高,这是实现竞争优势的关键。当然,所要面临的挑战是,消费者偏好、产品技术和竞争环境都是高度动态的,需要持续创新来应对不断变化的市场环境。

让我们看看航空业中,实现和维持竞争优势所面临的挑战的例子吧。

多年来,美国捷蓝航空公司坚持提供独具特色的优质经济舱服务,但是,其票价适中(虽然不是最低),还附带了其他竞争对手没有的福利:更加宽大舒适的皮椅、卫星电视、精致小吃、免费的非酒精饮料和免费托运行李等。相反,捷蓝航空公司的许多竞争者选择以最低的基本票价争夺经济舱乘客,却牺牲了基本的舒适度(比如伸腿空间),而且,改签、托运行李、优先登机、宽敞座椅、饮品、小吃和毛毯等服务另行（通常是隐性的）收费。[1]

捷蓝航空公司友好型的消费者服务得到了乘客的认可和喜爱，连续11年在低成本航空公司中消费者满意度排名第一。[2]但是，消费者满意度未必能转化成所有乘客对更高票价的支付意愿，价格竞争压力抑制了捷蓝航空公司的定价能力，使其无法抵消成本的上升，更无力弥补自愿放弃的附加费的收入缺口。最终结果是，与其他走低成本路线的竞争对手相比，捷蓝的财务状况吃紧，并付出了惨重的代价。2014年，捷蓝的营业收入在总收入中比例约为精神航空的一半，忠实航空的三分之二，西南航空的四分之三。

为了应对危机，从2015年起，捷蓝调整了定价和产品战略，以创造并获取额外价值：给飞机增加更多座位、降低基准票价、收取附加服务费、增加新的经济舱票价等级。新的战略使捷蓝的产品线和价位更好地迎合了不同层次的消费者偏好。那些更偏爱并愿意为额外福利（例如快速登机、更加宽敞的伸腿空间和免费托运行李等）买单的消费者，可以选择高价服务；而精打细算的乘客则可以选择无附加服务的低价票。

市场反响相当不错。2015年，捷蓝航空的营业收入是2014年的两倍，其股价也上涨了43%，在美国航空业中增长率最高。捷蓝的例子说明了，企业需要不断创新，创造有意义的差异化产品和服务，不仅要得到消费者的认可和青睐，还要驱动更高的支付意愿。

内部一致性

有效战略的第二个要求是，公司要抓住其在市场中创造的价值，需要恰当地确定竞争方向和方式，协调统一各项能力——包括核心业务流程、运

---

1. 对航空公司收取的隐性费用，需要在航空公司网站的细则中挖掘，才能了解所有收费类型和级别。另一方面，当消费者使用客涯（KAYAK）或CheapTickets这类低票价网站购票时，竞争票价的依据就是基本价格，这个价格被明显地标示出来，并且不对免费和付费的福利项目做区分。

2. 小汤姆·赫德尔斯顿（Tom Huddleston, Jr.），《人们最爱这些航空公司》（*People Love These Airlines the Most*），《财富》，2016年5月11日，http://fortune.com/2016/05/11/alaska–airlines–jetblue–jd–power/。

营、管理系统和文化——来支持公司的价值主张。有效的内部一致性能确保公司以一定的成本结构呈现有差异性的产品，从而获取其所创造的价值中的大部分（表5.2）。

比如，在20世纪80年代的个人电脑（Personal Computer，PC）市场上，IBM享有市场主导权。IBM于1981年推出的个人电脑，一经问世立即大获成功——3年间获取的收入比另外四家最大的竞争对手加起来还要多。[1]但是，IBM犯了一个致命错误：将操作系统的开发外包给微软，并将微处理器的设计和制造外包给英特尔。

表5.2 战略目标

战略目标	战略聚焦	成功必备要素
1.创造价值	服务对象是谁? 什么产品? 什么价位? 传达令人信服的消费者价值主张 创造附加增值 相对于WTP的价格	外部一致性: 开发能满足消费者差异化需求的产品
2.获取价值	在哪里以及如何竞争? ——市场在哪里? ——价值链在哪里? ——获得竞争优势	内部一致性: 发展能支撑战略和预期价值主张的综合能力
3.持续创造价值	何时调整? ——如何建起准入壁垒? a.专利 b.客户锁定（例如，生态系统） c.规模/经验 d.高品牌资产 ——何时调整当前策略?	动态一致性: 修正战略以适应市场和竞争环境的变化

这个决策为低成本仿造者打开了大门，他们现在可以拿到与IBM同样的

---

1. 杰里米·赖默（Jeremy Reimer），《总份额：个人电脑市场30年以来的市场份额数据》（*Total Share: 30 Years of Personal Computer Market Share Figures*），美国科技博客（*Ars Technica*），2005年12月15日，http://arstechnica.com/features/2005/12/total-share/5/。

核心技术，克隆版个人电脑充斥了市场。IBM反而因为其电脑的设计和组装成本高、无专利权而失去了竞争力。最终，激烈的价格竞争使得IBM营业利润大跌，难以为继，只能在2004年将其个人电脑业务卖给了联想（Lenovo）。与此同时，"Wintel"供应商们——使用微软的Windows操作系统和英特尔的微处理器——成为在个人电脑价值链条中的最大获益者（图5.3）。[1]

在这个案例中，IBM未能协调统一它的各项能力来支撑可持续的产品优势，获取个人电脑产业中的巨大价值。相反，苹果公司对其操作系统、微处理器和移动端应用平台的设计一直保持着垂直一体化控制，保证了它在电脑和移动设备领域一贯优越的设计，最终获得业界领先的产品利润率。

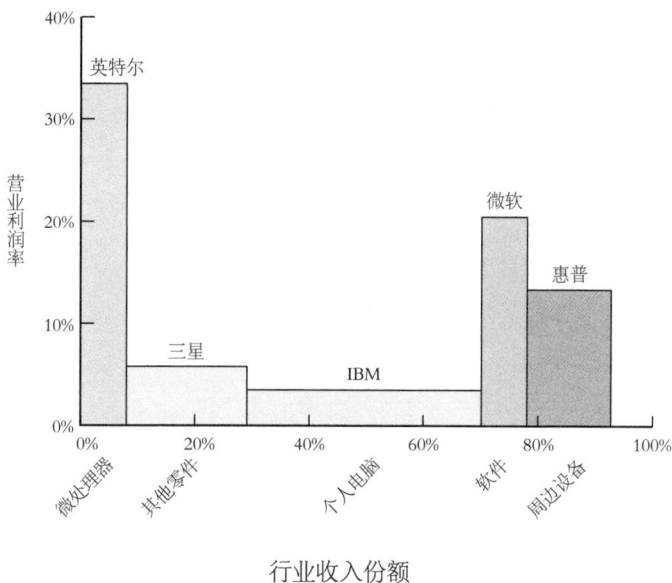

图5.3　个人电脑价值链——1998年

让我们对比一下两家公司：20世纪90年代末，IBM勉强将其停滞不前的个人电脑业务的营业利润率维持在5%左右，而苹果则在过去5年里保持着30%

1. 奥里特·加迪西（Orit Gadiesh）和詹姆斯·L. 吉尔伯特（James L. Gilbert），《利润池：战略新视角》（*Profit Pools: A Fresh Look at Strategy*），《哈佛商业评论》，1998年5月1日。

以上的利润率，复合年增长率更是高达近40%。

在所有产业中，成功公司都会确保它们的战略对外能与目标客户的需求协调一致，对内能培养并协调自身的综合能力，从而打造优质产品并获取价值。看看西南航空公司、德国宝马汽车公司（BMW）和财捷集团（Intuit）的例子，就不难明白其中道理了。

西南航空公司致力于为精打细算的休闲和商务旅客提供日常、友好和可靠的航空服务，价格亲民，其他公司无法匹敌。为此，西南航空秉承标准化和简化的运营模式（例如，一种机型、一种舱位服务类型、无餐饮），强有力的劳资关系（增强士气、培育以服务为导向的企业文化），严格控制增速（防止在周期性的航空产业竞争中过度扩张）。因此，西南航空公司几十年来一直保持着可观的股东价值增长，客户满意度高，而且员工忠诚又尽责。[1]

宝马汽车公司生产的高端"终极座驾"（Ultimate Driving Machine）受到汽车发烧友的追捧。为支持其战略使命，宝马专门成立了一个部门，强调研发、最尖端的工程技术和严谨的产品开发流程，从而培育了一种致力于打造一流汽车的企业文化。维持这些功能成本高昂，但宝马意识到了保持外部和内部一致性至关重要，因为，这样才能为能够并愿意为高端产品买单的高端用户服务。最终，宝马在过去的几十年里，作为全球豪车品牌，在与梅赛德斯-奔驰、奥迪（Audi）、雷克萨斯（Lexus）等品牌的激烈竞争中，销量始终名列前茅。[2]

1983年，财捷集团进入美国市场，成为第四十七家提供财务软件服务的公司，然而，凭借其擅长创造直观、易用产品的能力，它很快就脱颖而出。为保持市场领导者地位，财捷集团斥巨资向公司上下灌输设计理念，在过去的6年内，设计人员数量增加了近7倍，并且收购了为其核心产品组合带来全

1. 杰德·穆阿瓦德（Jad Mouawad），《风雨40载，西南航空仍然不走寻常路》（*Pushing 40, Southwest Is Still Playing the Rebel*），《纽约时报》，2010年11月20日。
2. 卢卡·西弗洛（Luca Ciferra），《宝马研发主管迪斯认为，内部协同是优秀战略的关键》（*BMW Development Chief Diess Says Internal Synergies Key to Premium Strategy*），《欧洲汽车新闻》（*Automotive News Europe*），2014年2月4日。

新的创新功能和途径的公司。财捷集团一直秉承"为快乐而设计"的理念，在过去5年中，在一个以激烈的价格竞争和极高的淘汰率（用来衡量市场领导者地位变化的指标）为行业标准的软件开发领域，财捷集团的市场份额、营业收入和利润率均保持增长势头。[1]

公司若将其内部和外部协调一致的战略紧密联系起来，那么竞争对手将无法复制它的成功。例如，西南航空的对手可以暂时把票价调低到西南航空的水平，或者砍掉各项服务推出更低的价格，这些并不难。但是，除非竞争对手具有旗鼓相当的运营焦点、企业文化和管理规范，否则，西南航空公司在其广阔的航线网络中，同时提供诱人服务和低廉票价的做法就不可能被复制。同理，多年来，在汽车行业中，许多公司声称它们的产品足以和宝马相媲美，价格还低得多。但是，当汽车爱好者面对宝马不菲的价格时，还是会不断鉴赏、认可其产品的卓越不凡。财捷集团也面临着激烈的竞争，有许多新入行的公司提供免费增值产品，向消费者承诺零元享受基本功能。但是，在过去的5年中，财捷集团仍然奉行"为快乐而设计"的理念，持续留住回头客，不断提升市场份额，增加利润。

动态一致性

企业绩效潜在驱动力的变化速度持续加快。全球即时通信、大爆炸式颠覆性技术、大数据分析法、云端软件服务、物联网、设计思维、精益商业模式、全球采购、众包产品审查和融资，以及其他技术驱动的力量，都在迫使各行各业的公司去重新审视它们传统的商业惯例。动态一致性是有效战略的第三大必备要素：必须不断修正公司竞争优势赖以存在的基础。战略更新需要时刻与影响企业的市场、技术和其他竞争力量保持动态一致性。

1. 布拉德·史密斯（Brad Smith），《财捷集团CEO论打造设计驱动型公司》（*Intuit's CEO on Building a Design-Driven Company*），《哈佛商业评论》，2015年1—2月。

为了从历史角度考虑这个问题，我饶有兴趣地回忆起了我最初的企业战略客户，这家公司聘请了我的咨询事务所帮助他们起草为期五年的战略规划，每年更新一次。但是，现在回过头来看，这种做法助长了一种渐进式思维和管理上的僵化。整个流程是一次自上而下、组织严密的"演练"，各业务部门需要填写一份非常详细的问卷，内容涉及市场、竞争趋势、投资需求和形式上的财务预测。每个部门都知道，其他业务部门会虚报他们的投资需求，因此，这个游戏最终只不过是给公司的实际需求增加了一个大大的屏障。

当所有调查问卷提交完毕后，公司的员工和顾问分析了数据、分配了有效的投资资本，然后为接下来的五年设定了最初的部门财务目标。又经过最后一轮部门之间的热议后，最终的五年规划就板上钉钉了，或者说是被钉在"皮革"里了——五年规划的最终版本用厚厚的纸打印出来，并配上了金色浮雕装饰的皮革封面。这就把这场"化装舞会"般全凭猜测的游戏包装成了可靠的商业预测，为这个相关性存在质疑的长期战略规划平添了庄严肃穆的仪式感。

尽管随后的市场动态和每个部门在耍的小技巧凸显了这种战略规划流程的缺陷，但定下的财务目标还是要完成。高管们奋力"达到他们预定的数字目标"，因为，如果业绩欠佳会导致他们的收入和职业生涯双双受挫，而业绩过好不免又给后面几年抬高了门槛，增加了未来出现下滑的风险。如此僵化的战略规划流程增强了可预见性，便于管理，却掩盖了市场巨大的不确定性和无情的变化。

人们有可能会得出这样的结论：这段逸事是一个古怪而极端的历史事例。诚然，没有任何一个现代企业会如此任性地无视不断变化的市场和竞争环境，忽略为抢占行业先机而日益频繁地重新分配公司资本的需求，或是不顾在战略上随机应变的需要。又或者，他们真的会这么做吗？

一些发人深省的观察表明，战略惯性，即囿于现状无法自拔或者抗拒现有的商业运营框架之外的战略更新，在公司战略流程中依然盛行。[1]

首先，大多数公司仍将他们的年度预算流程与高屋建瓴的战略规划混为一谈，这无形中带来了战略惯性。重大战略更新的时点未必与传统的年度预算周期或流程相吻合。传统的年度预算流程基本都是固定地对现有部门预算进行微调，而非有效地重新分配公司资本来支持重大、全新的战略举措。我有许多EMBA[2]和MBA的学生也承认，在他们供职的公司中，上文提到的预算规划流程（和随之产生的结果）仍在大行其道。正如丽塔·麦格拉思在她的《竞争优势的终结》一书中所说的："如果你碰巧参与了董事会讨论或者管理团队会议，你很可能会听到一堆战略思想，这些思想的立足点或者框架是为不同的时代设计的，而且也只能适用于那个特定时代。"[3]

结果可想而知，当前的市场领导者往往在其现有产品已经出现商品化迹象，或是更糟，几乎接近淘汰期的时候，还在大力支持这些老化的商品。百视达（Blockbuster）、西尔斯百货、柯达、诺基亚、边界书店（Borders）等公司显然意识到了正在威胁它们所处行业的颠覆性技术，并且拥有足够的资源重新定位各项业务。但是，每家公司在战略应对上都走了一条不温不火的路线，最终导致公司业绩急剧下滑甚至破产清算。

战略惯性并不完全等同于无所作为。这些公司全都还在积极规划和管理它们的业务以求遏制颓势，对产品改进持续投资，降低成本和价格，营销现有产品。这些都是衰退型公司领导人的共同回应，他们的当务之急通常是保护他们受到威胁的组织及其业务特许经营权，而不是重构公司在市场中的价值生成基础。

麦肯锡公司分析了公司战略惯性的盛行程度及其后果，衡量方式是通过

---

1. 威利·E. 霍普金斯（Willie E. Hopkins）、保罗·马利特（Paul Mallette）和雪莉·A. 霍普金斯（Shirley A. Hopkins），《组织中影响战略惯性或战略更新的因素》（*Proposed Factors Influencing Strategic Inertia/Strategic Renewal in Organizations*），《管理科学学报》（*Academy of Strategic Management Journal*），12，2，2013年，77页。
2. EMBA即高级管理人员工商管理硕士。——编者注
3. 丽塔·冈瑟·麦格拉思，《竞争优势的终结：如何让你的战略和业务并驾齐驱》，哈佛商业评论出版社，2013年。

长期对现有业务部门投入相同水平资本的趋势来衡量。对业务部门资本分配的分析涉及1,600家公司在15年间(1991—2005年)的总体情况。其结果十分令人惊讶。[1]

样本涵盖了各行各业,其中有三分之一的公司在给定年份中,尽管市场环境发生了广泛的变化,但是,其分配给业务部门的资本几乎与上一年完全相同。

在麦肯锡的调查样本中,排名前三分之一的公司对市场威胁和机遇的反应更为灵活敏捷,在这15年的观察期中,资本跨部门分配的调整率平均为56%左右,比样本中位列后三分之一的公司股东总回报平均高出30%。资本分配更为灵活的公司,破产或是被收购的概率要小得多,而CEO的任期则普遍更长。

为什么当人们日益意识到市场因素动态变化性越来越强,而公司加速并拓展战略以应对变化的意愿却并没有同步增强呢?

这是因为战略惯性有几个根深蒂固的来源:短期风险规避、认知偏差、企业文化、官僚作风制约和无效治理。

短期风险规避

在上一章中,我特别提到,在追求股东价值最大化的过程中,大多数公司目光过于短浅——总是倾向于削减成本和一些急功近利的做法,而不是为了创造价值而对战略性的重新定位进行长期投资。管理者很清楚,将资金重新分配给新的风险投资是要担风险的,因为这意味着要去经营一个从市场接受度到技术可行性乃至组织管理等各个方面都未知的领域。但是,一味坚持生产现有业务组合中陈旧老化的产品,而使得业绩不断下滑,这种风险是板上钉钉的。公司面临的最大风险在于不能及时回应市场中出现的机会或威胁。

---

1. 斯蒂芬·霍尔(Stephen Hall)、丹·洛瓦洛(Dan Lovallo)和赖尼尔·穆斯特斯(Reinier Musters),《如何把钱花在战略的"刀刃"上》(*How to Put Your Money Where Your Strategy Is*),《麦肯锡季刊》,2012年3月。

认知偏差

两种不可忽视的认知偏差无意中也加剧了战略惯性：损失规避和锚定效应。损失规避是指人们表现出的只求损失最小，而不考虑获得最多的一种心理倾向。因为厌恶损失，管理者并不热衷于投资那些通常会造成短期损失的新领域，他们忽略了这些新的风险投资正是长期价值创造的保证。[1]

例如，在麦肯锡的研究中，[2]与那些一成不变的同行相比，资源重新分配水平较高的公司，在短短3年内股东回报略低一些。然而，从长期来看，这些动态管理的公司明显优于那些表现出战略惯性的公司。[3]

锚定效应指的是人们在做决策时，经常表现出过度依赖——或者说仅仅凭借——几个突出的零碎信息，就做出决策的现象。比如，即使市场环境迫切需要公司彻底改变投资焦点，在决策和预算审议过程中，业务部门总经理所做的上一年的预算分配还是会成为"锚"，即一成不变的参照标准。[4]

企业文化

我们在本章前面提到过，在公司预算规划之下，各个业务部门都会耍小动作，而文化规范通常决定了部门经理要不遗余力地代表业务部门去"争抢"预算。没有哪个业务部门总经理愿意眼睁睁地看着自己比其他部门获得的预算资金少。而且，行政津贴、自尊心和未来职业发展前景都与短期业绩紧紧地联系在一起。业务部门总经理通常没有动机主动充当罗宾汉——把自己部门的预算拱手相让——去资助一个急需公司投入资金且前景看好的风险

---

1. 理查德·H. 塞勒（Richard H. Thaler）、阿莫斯·特沃斯基（Amos Tversky）、丹尼尔·卡内曼和艾伦·施瓦茨（Alan Schwartz），《短视和损失规避对风险承担的效应：一项实验验证》（The Effect of Myopia and Loss Aversion on Risk Taking: An Experimental Test），《经济学季刊》（Quarterly Journal of Economics），112，2，1997年5月，647—661页。

2. 洛瓦洛和穆斯特斯，《如何把钱花在战略的"刀刃"上》。

3. 动态资金分配不需要对短期财务绩效妥协。理想情况是，在一个拥有多个业务部门的企业里，企业可以对其新产品投资组合进行管理，使得在任何一个给定的年份中，处在生命周期不同阶段的产品组合能产生诱人的整体财务业绩。

4. 丹·洛瓦洛和奥利维尔·西博尼（Olivier Sibony），《行为策略案例》（The Case for Behariaral Strategy），《麦肯锡季刊》，2010年3月。

项目。

另一种短期思维模式也可能对公司发展产生同样的阻碍。如果一位主管预计自己领导任何一个业务部门都不会超过几年，那么他（或她）也就只能把心思花在将短期结果最大化上。如果这个业务部门不能长期保持成功，那么，后果就很可能会由他们不幸的继任者去承担了。

官僚作风制约

即使开明的公司高管寻求从根本上重新思考其业务部门战略，他（或她）也还是可能受到公司管理流程的限制，这一流程影响着公司的资源分配、员工评估、合同谈判以及与外部、内部利益相关者的交流。毕竟，公司战略家喜欢进行优雅的分析回顾，人力资源部喜欢标准化的业绩管理体系，律师喜欢无懈可击的合同，而公关部则想控制发布信息的内容。

而且，这些业务流程相互依存，就形成了交错缠绕的管理结构，密不可分（例如，律师需要审核人力资源流程和公关新闻发布内容）。假设一位精力充沛的企业领导试图打造一个新业务部门，这个部门需要完全不同的方法，需要全新的技能组合和薪酬方案，需要与社交媒体联系紧密的快捷营销沟通方式。他（或她）很可能会发现，在他们竭力完成一个流程的时候，其他两三个流程正在变得混乱不堪，不久后，这位勇气可嘉的企业家就会发现，他是在挑战整个公司的官僚机构。

无效治理

正如前文所述，董事会总是欠缺对公司战略重点和业务部门价值创造来源的了解，他们也搞不清市场和行业动态情况，因此无法进行恰当的监督。所以，在许多组织中，也就没有足够的制衡力量来抵消促进战略惯性的力量。

概念和执行中的战略瑕疵

本章开篇提出了一个问题：你知道你的战略是什么吗？遗憾的是，我们得到的答案往往是"不知道"。非常多的公司发展受挫皆因无效的战略构想和交流不畅，或者两者兼而有之。在这种情况下，问题通常始于公司未能清晰地阐述其真正的北极星式的目标，也就是具体的、可量化的、可实现的、相关的和有时限的目标。除此之外，我们还讲到，有效战略必须与变化的市场需求保持外部、内部和动态一致性。最后，我们总结出了导致战略惯性的许多因素，这些因素抑制了公司有效应对日益加速的市场变化的能力。下一章，我们将要寻找其矫正措施。

第六章

搞对战略

大约25年前，奥迪美国公司为了扭转其业绩下滑的趋势，聘请了一位新总裁马库斯·休伯（Markus Huber）（非真实姓名）[1]。对马库斯来说，这是他的事业巅峰期。在入主奥迪[2]之前，他从一个营销人员一步步爬上来，最后成了与奥迪竞争的另一家德国汽车制造商的副总裁。

这则逸事能说明搞对战略的挑战与回报。

尽管马库斯知道奥迪已深陷困境，但直到他走马上任以后，他才意识到奥迪的问题有多么严重。1986年，奥迪在美国市场上的销售量暴跌，因为当时一档名为《60分钟》的节目播出了一段报道，详细叙述了奥迪的旗舰车型有突然加速的问题。这个问题引发了一些可怕的，甚至是悲惨的结果，节目中一位濒临崩溃的母亲讲述了她驾驶着失控的汽车从自己6岁儿子身上碾过的惨剧。这个节目中还有一个片段，显示奥迪5000的油门踏板会在无人驾驶的情况下驱动汽车向前行驶，这个片段成了奥迪汽车的设计有致命缺陷的图像证据。

然而，美国高速公路安全管理局在随后对奥迪公司进行的彻底调查中发现，奥迪的"加速失控"是由驾驶者操作不当所致，并非设计缺陷。[3]在那些悲惨的事故中，是驾驶者停车时误把油门当成了刹车。最终，《60分钟》也被迫承认，为了吸引眼球，达到更好的拍摄效果，他们在测试车里偷藏了一

---

1. 这里叙述的事件基于我与奥迪之间进行的一项保密咨询业务。叙述本身是准确无误的，但出于保护企业和个人隐私的目的，我未泄露客户高管的真实姓名。
2. 若未另行指明，美国奥迪将简称为奥迪。
3. 较之典型的美国设计汽车，奥迪车上的油门和刹车踏板间距更近，这可能导致司机踩错了踏板。

个气泵来驱动油门。[1]

尽管奥迪"脱罪"了，但是它的形象已经受到了损害，销量依旧毫无起色。1993年，马库斯上任之际，奥迪在美国的年销售量约为1.2万辆，比给奥迪定罪的《60分钟》播出前低了近85%。公司每年损失6000多万美元，没有一丝能在近期翻身的苗头。

打好手中的牌

在马库斯早先的职业生涯中，我曾跟他共过事，因此我安排了一次会议，集思广益，共同探讨提升奥迪汽车经营业绩的对策。马库斯同意委托我们提供这次的咨询服务，让我的团队对奥迪的市场和竞争环境进行评估，并对其未来的发展路线提供建议。当我们专注于奥迪的战略对策时，马库斯则忙着制定战术和降低成本。

为便于读者理解我们的研究发现和建议，我有必要先简要回顾一下奥迪的背景。

奥迪，大众汽车集团（Volkswagen AG）子公司，与宝马、梅赛德斯-奔驰一起，合称为德国汽车"三巨头"，是世界上最畅销的豪华汽车的制造商之一。20世纪80年代，奥迪在声誉良好的宝马和梅赛德斯-奔驰的夹缝中求生存。奥迪在美国生产的是前轮驱动（FWD）的紧凑型和中型轿车，价格要低于宝马、奔驰的豪华后轮驱动（RWD）车型。那时人们普遍认为，与宝马和奔驰相比，奥迪多少显得有些平庸：质量参差不齐、外观保守、内饰简单，主要吸引的是精打细算的客户群，他们不舍得花大钱，却向往德国卓越的汽车工程技术。

1. 保罗·尼德迈耶（Paul Niedermeyer），《〈汽车真相〉佳作集锦：奥迪5000有意无意地加速失控》（*The Best of TTAC: The Audi 5000 Intended Unintended Acceleration Debacle*），《汽车真相》（*The Truth About Cars*），2010年3月7日。http://www.thetruthaboutcars.com/2010/03/the-best-of-ttac-the-audi-5000-intended-unintended-acceleration-debacle。

而奥迪产品中的一个例外就是夸特罗（Quattro）车型，自1980年面世以来，它依靠全轮驱动（AWD）设计，在欧洲赛车巡回赛中大获成功，一时名声大噪。夸特罗车型有一项独一无二的技术特点，那就是根据不同驾驶情况所需的不同动力，不断调整向前轮和后轮输送的功率。

奥迪于1983年在美国市场首次推出夸特罗车型，其标价远远高于同类大排量的前轮驱动车型，尽显奢华。夸特罗车型限量售卖，针对的是那些被其卓越的性能和道路处理能力所吸引的车迷。[1]在20世纪90年代初，夸特罗逐渐建立起一流的技术声誉，奥迪在美国市场上遭受的巨大形象损失也未能动摇它。而且，夸特罗车型在7年内都没有受到来自宝马和奔驰的挑战，因为它们都未能研发出能与夸特罗相媲美的技术（即使到了7年后，也只有极少数车型能做到全轮驱动）。因为夸特罗，奥迪在其中期的确经历了一段辉煌时期。

即使在1986年《60分钟》的报道播出后，奥迪在整个美国市场的销售量急剧下降之时，夸特罗的销量仍在不断攀升，1993年奥迪汽车的销售量为1.2万辆，其中夸特罗占了18%。然而，尽管奥迪拼命打折促销，甚至以低于成本的价格来促销，也无法遏制其前轮驱动车型销量一路下跌的趋势。实际上，在人们的认知中，奥迪传统的厢型轿车一向都比不上宝马和奔驰的，到20世纪90年代早期，其前轮驱动车型的销售几乎已经停滞了。

1993年秋天，我的咨询团队完成了对市场数据的广泛分析，再次确定奥迪正在失去美国市场。后来应马库斯的要求，我在他办公室的私人会议上阐述了我们的调查结果，并给出了建议。

这份报告简明扼要，重点突出。报告的开头部分——我已将其复制于下面的文本框中——一针见血地指出：若奥迪公司不在美国市场进行彻底的战略转变，那么它不会存活到第二年。在这个结论后面附有大量的市场分析，

---

1. 斯巴鲁（Subaru）当时是市场上唯一一采用全轮驱动的汽车，但被打造成了专门抵抗恶劣天气的功能型车，而非用于日常高性能驾驶的运动型车。

表明奥迪无法维持它的市场地位。每个衡量标准——品牌知名度、对价、购买意愿、消费者满意度、车主忠诚率、形象优势、产品质量、经销商赢利能力、广告力度、价格实现和财务状况等——都表明，当前奥迪的老顾客正在不断流失，并转向其竞争对手，而且，即使奥迪以自我毁灭式的折扣力度来定价，也无法吸引新客户以扭转销量下跌的颓势。

奥迪态势评估——1993年

不断恶化的美国市场和竞争环境将奥迪公司推至战略十字路口。

☆ 消费者对奥迪淡薄的品牌意识已让其深受其害，而"突然加速"危机事件的后续效应又使其品牌知名度日益弱化。

☆ 与奥迪同价位的新老竞争对手咄咄逼人，正在不断侵蚀着奥迪的市场份额。

☆ 结果，在过去5年内，尽管奥迪大幅降价，销售业绩依旧下降了80%，年销售量降至1.2万辆，低于国民品牌的临界值。

☆ 奥迪公司和其经销商都无利可图，在当前情况下，要达到盈亏平衡是遥不可及的。

☆ 若没有彻底的战略转变，奥迪公司几乎不可能在美国市场中活过下一年。

我在口头陈述中总结的建议是：奥迪应围绕夸特罗车型重建整个企业形象，同时终止其不断亏损的前轮驱动产品业务。我认为，只有把全部精力集中在夸特罗上，奥迪才能成功地在美国市场中找到一席之地，生产出独一无二、有吸引力的产品，为企业带来效益。我预测，假以时日，夸特罗的技术优势将成为其业绩增长的动力，使奥迪积累资本，恢复元气，再度成为美国豪华车市场三大竞争者之一。

在整个陈述过程中，马库斯听得安静又专注，只在要弄清几个观点时插了几句嘴。但是，我结束陈述之后，他立刻十分激动地说："你是在建议我停止售卖前轮驱动车型吗？我没弄错吧？你是疯了吗？奥迪公司在过去的5年间损失了80%的业绩，你现在要我放弃剩下的那一点点业绩中占据80%销售量的部分。这太荒唐了！"

"好吧。"我回答道，"你可以在几年内逐步淘汰前轮驱动产品，同时扩大夸特罗生产线。随着人们对夸特罗的重视程度不断提高，它的价格可以提升到比目前更有竞争力的位置，可以用夸特罗的快速增长来弥补前轮驱动车型销量下降造成的损失。应用这个战略，你可以重建奥迪的实力，这总比让这些致命的弱点毁掉奥迪这个品牌要强。这就是我的建议。"

久久的沉默过后，马库斯开始总结会议，言不由衷地承诺说会进一步考虑我们的建议。但他在会上没有对后续行动进行讨论或做出计划。

这几年来，我在哥伦比亚商学院授课时，常常会与MBA学生分享这则逸事，来激发他们围绕战略规划和咨询实践协议展开讨论。讲完这个故事，我通常会问我的学生，听取了我这份实质上已经判处了公司死刑的咨询报告后，马库斯会采取以下哪种行动？

管理层下一步行动

如果你是奥迪美国公司的总裁，面对着这样一份咨询报告，接下来你会采取哪些措施？

☆ 要求咨询公司提供更多数据支撑他们的总结和建议。

☆ 召开后续会议，对研究发现进行评估和质疑，并形成直接报告。

☆ 向德国总部的上级做简要汇报，并要求总部参与后续的行动计划。

☆ 以上所有。

☆ 以上所有均不采纳……好好地吃顿午饭，权当根本没有开过这个会议。

大部分学生都谨慎地选择了第四个选项。但是上个学期，一名MBA学生大胆地选择了第五个选项，认为马库斯会好好吃个午餐，然后彻底地忘掉那场会议！我让她在课堂上与同学们分享她的理由，她这样说道：

我的意思不是马库斯应该忘掉那场会议，而是说我认为他就是这么做的。您给的战略建议可能会遭到他的员工或许还有德国总部的上级的反对。我不清楚马库斯是否有信念、政治资本或勇气来实施这样大胆的计划。也许对他来说，最好的方式就是什么都不做，期盼着有奇迹发生吧。

这位学生的看法完全正确，马库斯的确选择了第五个选项，固执地忽视我如此直观的结论和转变战略的建议。在接下来的几周里，我试着安排后续会议，商议后续计划，但我发出的信息和电话都没有收到任何回复。最后一次与马库斯会面时，他没有反驳任何事实及我们给出的结论，也没有指出我们建议的战略哪里不正确或无法执行，但是，通过他最后的爆发和随后长长的沉默，我很清楚：就马库斯而言，我们的对话结束了。

这一形势变化通常会在我的课上衍生出另外一个激烈的争论："如果你是我，接下来你会怎么做？"许多学生计划从事咨询工作，所以这个问题与他们紧密相关。咨询顾问所做的结论会让客户觉得不舒服，这并不稀奇。稀奇的是，明知客户在近期内就会出现生存危机，却突然不再与他们就适当的战略对策进行任何有意义的对话。

每个学期都有一些不爱招惹是非的学生认为，我应该自我修整，安心接受失败的结局，然后继续潜心于下一个咨询工作。还有一些学生认为，我应该寻求马库斯手下一些思维活跃的员工的帮助，请他们支持我的工作，向他们的老板施压，为我们再安排一次会面。

结果是，我并没有做这两种选择，不做第一个选择是因为，我不能忽视我心中强烈的信念：奥迪能够获救；不做第二个选择是因为，我不想令员工处于尴尬境地，让他和顽固的老板对抗。因而，我选择写信给位于德国英戈尔施塔特（Ingolstadt）的奥迪总部的CEO，详述了我的调查结果、结论和建议，以及最终遭到美国分部总裁拒绝的情形。我承认我是单方面终止了那次咨询工作，但是事出有因，由于当时情况紧急，并且马库斯对此的回应缺乏职业素养。

令我吃惊的是，我立刻就被邀请飞往英戈尔施塔特，为奥迪总部管理委员会做咨询报告。有人领我进入会议室时，我看到了14位陌生的奥迪高管围坐在一个大会议桌旁，还有一张熟悉的面孔——马库斯·休伯——独自坐在靠墙的一把椅子上。

CEO把我介绍给大家之后，我马上开始了口头陈述。他们提出了一些有礼貌的问题，说了一些支持的话语，后来CEO总结会议时明确表示了他对我的建议的支持。这时，马库斯跳起来说："我个人要感谢董事会的支持，过去3个月，谢尔曼博士和我一直在密切关注这项提议，我会尽快跟进，提出更详细的方案，推动落实我们的建议！"

尾声和吸取的教训

奥迪案例代表了一种经典的"以退为进"战略。公司发现自己深陷困境时，通常最好的方式是去除已破损的核心，重建初期规模较小但更具防御性和盈利性的业务部门。打个比方，如果一座高大的老建筑地基不牢，再怎么坚持修理顶层也毫无意义。最好的办法是拆除旧建筑，重新打造一座根基坚实的新建筑。

多年来，许多公司成功实施了"以退为进"战略，例如：汤姆森公司（Thomson Corporation）、通用汽车公司和苹果公司。

汤姆森公司曾是世界上最大的报纸连锁企业之一，它预见到印刷新闻即将颓靡，而专业化信息服务前景大好。从20世纪70年代开始，汤姆森开始逐步停止包括《伦敦时报》和《苏格兰人日报》在内的50多家报纸产业，转而投资许多专业化（最终演变为数字化）信息服务领域，包括：先声（First Call）、万律（Westlaw）、医师案头参考（Physician's Desk Reference）等。在其30年"以退为进"的转变中，汤姆森的市值从最初的5亿美元升至

290亿美元。[1]

通用汽车公司多年来曾坚决抵制"以退为进"战略，2009年破产重组后，其旗下品牌与5年前相比减少了5个。尽管通用集团现在的规模比其宣告破产前要小，但它已恢复元气，凭借其更强大、更集中的品牌组合，恢复了盈利性增长。[2]

也许，将"以退为进"战略应用到极致的当数史蒂夫·乔布斯。1997年2月，他以CEO的身份重返苹果公司。那时，大多数业内观察人士都认为，苹果公司距离破产只有几个月了。苹果在个人电脑市场的份额降至4%以下，年损失金额超过10亿美元。10年内先后换了三任CEO，董事会成员曾试图卖掉公司，却发现公司早已无人问津。1997年10月，在一次高新技术产业研讨会上，迈克尔·戴尔（Michael Dell）说，如果是他在掌管苹果，他会"关掉公司，把钱退给股东"。[3]

但是，史蒂夫·乔布斯决心实现他创造变革性消费技术的愿景。回归之后，他的首要任务就是停掉表现不佳的产品线，它们削弱了苹果的品牌形象和管理重点。在1997年7月举行的年度苹果麦金塔世界博览会（Macworld Expo）上，乔布斯对苹果软件开发商和企业合作伙伴说："如果我们想前进，想看到苹果重新焕发生机和繁荣，就必须放弃一些东西。"[4]

那年年终，苹果的许多产品停止生产，包括苹果Newton掌上电脑、Pippin游戏机、QuickTake数码相机、Color LaserWriter打印机和eMate教学用笔记本等。然后乔布斯把解放出来的工程资源集中于发展一系列变革性产品上。从1999年开始，苹果推出一系列新产品——iMac、iPod、

1. 伊恩·奥斯汀（Ian Austen），《在加拿大，火炬传递着安静又有利可图的商机》（*In Canada, the Torch Is Passed on a Quiet but Profitable Legacy*），《纽约时报》，2006年7月3日。
2. 米歇尔·克雷布斯（Michelle Krebs），《再见了，庞蒂亚克、土星、萨博、悍马》（*Good-Bye Pontiac, Saturn, Saab, Hummer*），《埃德蒙兹汽车观察》（*Edmunds Auto Observer*），2009年4月27日。
3. 贾伊·辛格（Jai Singh），《戴尔：苹果该及早关门》（*Dell: Apple Should Close Shop*），科技资讯网，1997年10月6日。http://www.cnet.com/news/dell-apple-should-close-shop。
4. 布拉德·斯通（Brad Stone），《史蒂夫·乔布斯：回归，1997—2011》（*Steve Jobs: The Return, 1997-2011*），《彭博商业周刊》，2011年10月6日。乔布斯不仅提到了需要精简苹果生产线，还说需要与微软建立合作伙伴关系，而非竞争关系。

MacBook、iPhone和iPad，扭转了公司的命运。股东们应该庆幸苹果的掌舵者是乔布斯，而不是迈克尔·戴尔。1997年苹果的市值是30亿美元，而截至2015年底，它的市值超过了7000亿美元。

在奥迪的案例中，那场总部会议过后的3年内，奥迪已将其在美国市场投入的全部产品转变为夸特罗车型。有了新的营销重点后，为提高价格竞争力，奥迪重新设置了标准和可选择的功能组合；为了强调夸特罗在竞争中的独特性能优势，奥迪彻底调整了它的营销和分销战略。奥迪的形象、销售、价格实现和赢利能力迅速提高，使其又能从夸特罗系列产品中拓展出新的车型，包括：跑车、越野车、轿车和敞篷车。2015年，奥迪在美国的销量已增长到20万辆，具有很高的盈利性、客户满意度和豪车声望。

从奥迪战略调整的案例中，我们学到了以下六点，可以普遍应用于制定有效战略规划中：

☆ 战略是环境敏感型的。

☆ CEO必须掌握战略。

☆ 有意义的产品差异化是战略成功的核心。

☆ 引领战略转变需要勇气。

☆ 公司必须全力以赴，完全支持战略推行。

☆ 持续创新是支撑出色业绩的根本。

战略是环境敏感型的

制定怎样的战略才是正确的，取决于你手里有什么牌。例如，盈利性高的市场领导者应该关注的焦点，和一个岌岌可危的弱小竞争对手的战略重点，必然有所不同。

快速构建公司当前的商业环境，从而确定公司战略重点的有效方法是评估竞争对手的业绩特征。图6.1描绘了一个简单的框架来展示这一点。[1]在这个框架中，横轴代表的是相对于市场领导者的市场份额。

纵轴代表的是相对于投入的总资源而言所获得的回报利润，总资源可能是总资产或投入资本，也可能是资产净值。的确，很难获取私有企业的这些信息，但是，粗略估计也能说明问题。

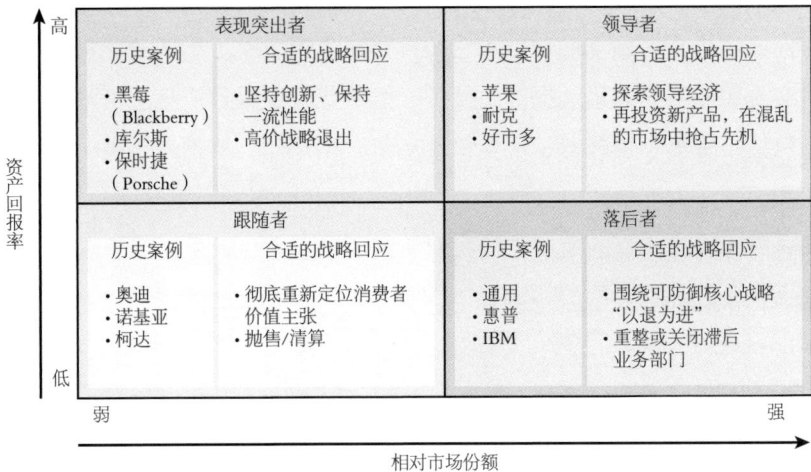

	表现突出者		领导者	
高	历史案例	合适的战略回应	历史案例	合适的战略回应
	• 黑莓（Blackberry） • 库尔斯 • 保时捷（Porsche）	• 坚持创新、保持一流性能 • 高价战略退出	• 苹果 • 耐克 • 好市多	• 探索领导经济 • 再投资新产品，在混乱的市场中抢占先机
	跟随者		落后者	
	历史案例	合适的战略回应	历史案例	合适的战略回应
低	• 奥迪 • 诺基亚 • 柯达	• 彻底重新定位消费者价值主张 • 抛售/清算	• 通用 • 惠普 • IBM	• 围绕可防御核心战略"以退为进" • 重整或关闭滞后业务部门

纵轴标签：资产回报率
横轴标签：弱 — 强　相对市场份额

图6.1　商业环境和战略重点

将特定产业的竞争者放入这个经营业绩图中，每个公司都能在这四个象限中找到自己的位置，并在其中看到对恰当的战略重点所做的详细说明。

行业领导者被置于右上角象限。这些商家享有最大的市场份额和利润率，在品牌形象、覆盖面和规模经济上有明显优势。当前的例子有：苹果公司、耐克公司和好市多公司等。行业领导者的战略重点是利用其现有的市场优势继续赢利，并再投资新产品和新技术，以取得先机，进行颠覆性竞争。

位于左下角象限的则是行业跟随者，它们的市场份额和回报利润都比较

1. 马克·戈特弗雷德松（Mark Gottfredson）、史蒂夫·绍贝特（Steve Schaubert）和埃尔南·萨恩斯（Hernan Saenz），《新领导者业务判断指南》（*The New Leader's Guide to Diagnosing the Business*），《哈佛商业评论》，2008年2月。

低。通常这样不利的境地意味着它们的产品竞争力较低、企业形象不佳或成本较高。我头一次与马库斯·休伯会谈时，奥迪显然就处于这样的境地，被微软收购前的诺基亚和破产前的柯达公司也是如此。对这样的公司来说，唯一合乎逻辑的战略对策是彻底重新定位，去寻求一个明显不同的消费者价值主张。若是只对当前战略进行小修小补，这些追随者不可能消除与行业领导者之间的差距，反而会进一步消耗掉它们所剩无几的生存时间。

位于左上角象限的这部分竞争者属于表现突出者，它们的市场份额相对较低，却有较高水平的利润率。这是服务于小众市场的专业公司所具有的特点，它们设计精良的产品吸引了具有特定需求的消费群体。例如：保时捷、苹果手机上市前的黑莓和20世纪80年代的库尔斯公司。由于它们的回报率相当可观，因此这些市场表现突出者需要预先考虑到来自新老竞争者的攻击。表现突出的公司应致力于不断创新产品来保持一流的业绩，或用心寻找战略撤退的机会以维护股东利益。例如，保时捷公司在汽车产业中一直保持着表现突出者的位置，然而，黑莓公司却未能保持创新，最终遭受致命打击。一些在产业中表现突出的公司可能会抢在市场之前认识到，它们的产品类别将不可避免地遭受商品化，于是选择为了维护股东利益，以高价被收购，退出市场。

处于右下角象限的公司是落后者，它们的利润较低，却有着较高的市场份额。造成这种情形的根本原因通常是成本太高，产品竞争力较弱以至于只有靠打折才能卖出去，产品结构不佳且集中在无利可图的细分市场中，或上述所有因素的综合。最近落后者的例子有：通用汽车公司、IBM公司、惠普公司和雅虎公司。它们恰当的战略对策通常是"以退为进"，把重点聚焦在可防御的和能赢利的产品类别周围。比如，IBM公司卖掉高成本的个人笔记本、服务器和打印机等业务，把力量集中在软件、数据分析、业务咨询和云端服务的未来发展机会上。

落后者和跟随者通常会更换CEO，以寻求新的制胜战略。虽然任命新的CEO代表着公司有机会重新评估其基本战略方向，但所有公司都应该持续监测它们的竞争环境的改变，以判断是否有必要重新考虑其战略重点。在奥迪的案例中，马库斯最终别无选择，只能通过彻底改变业务定位来拯救公司。现在，奥迪可以将其美国市场的战略集中在维持奢华品牌领导地位、不断投资创新技术、持续主动提高客户和经销商满意度上。

CEO必须掌握战略

马库斯就任美国奥迪的新总裁后不久，征求了各业务部门负责人对于各自战略重点的想法。不难预料，每个负责人都想将战略重点聚焦在自己的部门，因此马库斯收集到的想法是互相冲突的。他的销售总监和经销商想通过一轮新的价格折扣，来刺激客户需求；但这遭到了财务总监的反对，他声称自己已经在努力应对低于成本的定价了；市场营销部门要求增加他们的广告预算，展开新一季度的活动；而生产部门联络人则希望通过降低产品复杂性来提高生产效率。这些都是高管们尽职尽责做好本职工作的合理要求。马库斯该怎么做呢？

彼得·德鲁克反思了CEO的角色，总结出了只有CEO才能做到的四大要点：[1]

☆ 定义有意义的外部环境，即用现实、精准和不断发展的眼光看待市场和竞争环境。

☆ 果断地决定做（或不做）什么业务。

☆ 平衡当前和未来的人力和金融资本。

☆ 塑造企业价值观和标准，以建立和培育与战略重点协调一致的企业文化。

---

1. A. G. 雷富礼（A. G. Lafley），《只有CEO能做的事》（*What Only the CEO Can Do*），《哈佛商业评论》，2009年5月。

在咨询顾问的不断推动及其母公司的强力支持下，马库斯最终成了一位卓有成效的领导者，并成功带领美国奥迪扭亏为盈。

CEO可以选择或多或少地参与公司活动，不管是亲自监督工程、设计、营销或者发展合作伙伴，都反映了他们的个人兴趣。有些CEO事必躬亲；而有些则喜欢激励员工去做事。但归根结底，执行好上述四项任务中的每一项，以确立和指导制胜战略才是CEO的职责。

有意义的产品差异化是战略成功的核心

在第一章中，我提到有两种思想正在进行辩论，一方倡导以客户为核心，主张由外而内推动有效商业战略的确立；而另一方则主张有效的商业战略应建立在公司得天独厚的内部优势之上。哪一种方式（或者更有可能是两者的结合）都能成为制胜战略的基础，只要它们最终能够达到同一个目的：持续提供受消费者认可和看重的、有意义的差异化产品。

有意义的产品差异化应成为公司追求的最高战略目标。若非始终维持令人信服的消费者价值主张，没有一家公司能在市场中做常胜将军。在奥迪的案例中，找到有意义的产品差异化——全轮驱动技术——对奥迪公司来说易如反掌。所有公司都需要在它们的产品组合中发现自己皇冠上的那颗宝石。

引领战略转变需要勇气

回想起来，推动奥迪在美国市场上扭亏为盈的关键决策——专注于全轮驱动车型——似乎是势在必行的。是什么让马库斯犹豫不决呢？

答案很简单，是恐惧。引领战略转变意味着与公司传统和行业惯例背道而驰，这有可能失败，甚至可能会惨败。一旦CEO主动发起战略转变，他（或她）就只能靠自己了。从定义上来讲，将有意义的产品差异化当作公司的战略核心，就意味着你要走前人未曾走过的路。

这并不是说，不存在帮助公司减缓商业风险的商业工具或策略。在设计、Beta测试和试推新品时，公司能够也确实在依赖大量的市场调研和消费者反馈。新业务通常在可管理阶段实施。软件和基于网络的产品具备得天独厚的优势，能够借助A/B测试来缩短构建、试点和细化设计所需的时间。[1]但事实是，致力于持续产品创新和明确的市场差异性的战略，本身就有内在的风险，需要一种经常稀缺的资源——CEO的勇气来支持。

公司必须全力以赴，完全支持战略推行

只阐述清楚能实现市场差异化的战略并不足以获得成功，公司还必须全力以赴，确保其各项能力协调统一。在奥迪的案例中，公司不仅改变了其产品阵容来实现市场差异化，还彻底改变其配套运营业务的各个方面：市场、价格、营销和客户支持等。

关于CEO的远见和勇气，不妨参考一下斯沃琪这个例子。20世纪80年代，SMH集团[2]是瑞士最大的手表制造商，但廉价的亚洲进口手表和新兴数字技术威胁到了它的生存，因此它的CEO尼古拉斯·海克（Nicolas Hayek）决心创立一个新品牌——斯沃琪——它不仅可以与低成本的对手竞争，还将从根本上改变市场对手表的认知。实现斯沃琪的经营战略需要鼓足勇气、不按套路出牌，重新定位产品范围，使之成为一种时尚饰品，而不仅仅是手表：

☆ 大胆、色彩鲜艳的设计和塑料外壳——这在保守的瑞士手表产业里还是头一次。

☆ 不断向市场上投放由著名设计师设计的新产品，引发市场热议，刺激有时尚意识的消费者购买各种款式的斯沃琪来搭配不同服装。

---

1. 布赖恩·克里斯蒂安（Brain Christian），《A/B测试：在改变商业规则的技术之中》（*The A/B Test: Inside the Technology That's Changing the Rules of Business*），《连线》（*Wired*），2012年4月25日。
2. 瑞士微电子和制表公司（SMH）于1998年更名为斯沃琪集团。

☆ 定价简单。最初定价为每块手表40美元，保持10年未变，即使最受欢迎的表型也是如此。如此诱人的价格，成为许多消费者购买斯沃琪的动力。

☆ 开办专营、独家零售店，将斯沃琪与其他品牌明确区分开来。

☆ 推出新产品时高调张扬，场面宏大，经常使用游击式营销来引起消费者的兴趣。例如，为了宣布打入德国市场，斯沃琪在法兰克福最高的建筑上竖起了一个高达500英尺[1]的斯沃琪手表的模型。

☆ 即使在市场接受度不确定的情况下，依旧雄心勃勃地进行全球扩张。比如，在欧洲市场获得成功后，海克不顾表现不佳的试点结果，准备将斯沃琪投入美国市场，他认为，有限的市场试验无法对公司制定的大胆发布战术做出正确评估。海克的想法是正确的，因为，美国市场后来成了斯沃琪最大的国际市场。

最重要的一点是，成功的战略要求在设想和执行上都十分果断。CEO必须确保整个组织动力十足、倍受激励，以支持公司的战略方向。

持续创新是支撑出色业绩的根本

如果能成功定义和实施有市场差异化的商业战略，那么公司就可以暂时取得在应对不可避免的市场变化的同时获得经济回报的权利。

我在哥伦比亚商学院的战略课上使用了许多商业案例，其中涉及的所有公司都经历了近些年来市场和竞争环境的巨大改变。例如，斯沃琪的母公司，当初曾凭借其出色的战略在紧要关头存活下来，而现在由于智能手机的普及和智能手表的冲击，斯沃琪的需求将会下降，这些可能再次深刻地重新定义市场。达美航空公司，最初是一个高成本、管理不善的公司典型，在低成本航空公司的围攻中求生存。在破产重组之后，通过一次重大收购和采用

---

1. 1英尺=0.3048米。——编者注

新的管理模式，达美航空成了航空业的强者。2005年左右，星巴克展开扩张热潮，这个决策有欠考虑，破坏了公司品牌特征，损害了其赢利能力，使星巴克迷失了方向。后来，星巴克创始人回归公司继续担任CEO，重建品牌威望，恢复了它的赢利能力。每一年每个商业案例似乎都会有新篇章，所有的公司都必须不断书写它们自己的下一章。

如果你的公司的战略出了问题，你能做些什么？

在本章里，我重点强调了搞对战略的挑战和回报。我的大多数评论都是针对CEO而发，因为他（或她）在定义和指导商业战略并确保其顺利实施方面处于不可替代的位置。

以上引用的许多案例都很鼓舞人心，表明了充满创造性和勇气的领导是多么重要，这样的领导是由CEO推动的，他们的信条是"不入虎穴，焉得虎子"，亲力亲为地推行制胜商业战略。但是，这些案例对MBA毕业生、处于职业生涯中期的员工以及中层管理人员来说，又有什么启示呢？他们一般无法发挥充满勇气的领导作用。又或者，他们做得到？

最近我课堂上的一位特邀讲师——企业家、作家和博客作者塞思·戈丁（Seth Godin）先生——劝告学生们要用"弄出动静"和"不怕被解雇"的心态去对待他们的第一份（以及每一份）工作。[1]戈丁用极具个人风格的说法将我的课程主题贯穿了起来。以客户为中心和志在必胜（而不是确保不输），不仅应该是公司领导者的座右铭，还应该是每一位管理者安身立命的准则。

当然，对戈丁或者像我这样衣食无忧的老人来说，大肆鼓吹可能会惹是生非的个人领导力并不为难。但是，如果你只是刚刚在一家公司找到了工

---

1. 塞思·戈丁，《在你的行业弄出动静来》（*On Making a Ruckus in Your Industry*），塞思的博客，2012年4月7日。http://sethgodin.typepad.com/seths_blog/2012/04/on-making-a-ruckus-in-your-industry.html。

作，它给你的薪水对你这个刚毕业的MBA来说至关重要，或者你正手头吃紧地养活着不断添丁进口的家庭，那你该怎么办呢？是要推动建设性战略转变，还是坚决支持公司当前的业务方向？

对于这个问题，我的答案很简单，两者并不是泾渭分明的，一个员工要在多大程度上对管理政策主动提供反馈完全取决于他自己。但是，我建议学生们，无论他们怎么选择，以及为什么这样选，都不能自欺欺人。

对MBA毕业生来说，初入职场，他们自然是满怀乐观与兴奋。但是入职之后，如果发现公司的战略方向有误，你会怎么做？可以说，你有三个选择：

☆ （以你感觉舒服的程度）坚持不懈地推动公司进行建设性转变。
☆ 离开这家公司，另外找家更开明的公司，或自己创建一家公司。
☆ 忽视你的担忧，接受公司的信条，期盼着荣誉、奖金和晋升的机会。

如果你倾向于选择第三个选项，那么你可能需要再想想，在一个不会尊重也不能满足你个人诉求的环境中，或者不管从哪个方面看上去公司都是在误入歧途，那么这里是你想长期工作的地方吗？忽视你的直觉或者自欺欺人都是一种浮士德式交易（Faustian bargain），有百害而无一利。

假设这样一种情况：你相信应该以"由外及内"的视角来规划战略，也就是说，首要任务是创造并始终如一地提供引人注目的消费者价值。逻辑上来说，你也相信，公司为了实现这个目的，而对内部能力、激励机制和公司政策进行整合和管理。

这些听起来合情合理，但是事实是，公司所做的和所说的大相径庭。关键不是看他们怎么说，而是看他们怎么做。每个公司都说他们重视客户，但事实并非如此，各行各业的客户满意度差异很大。

例如，图6.2显示的是密歇根大学的衍生机构——美国客户满意度指数

2015年的调查结果，以数值介于0—100的指数衡量各行业的消费者满意度。[1]

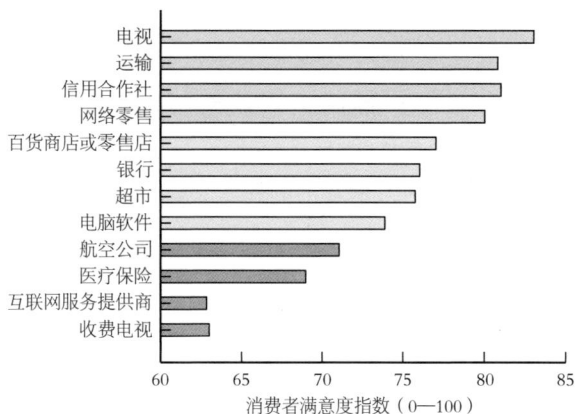

图6.2 各行业的消费者满意度指数

我们看到一些公司位列图表底部——互联网服务提供商（例如康卡斯特）、收费电视（例如时代华纳）、医疗保险[例如信诺保险集团（Cigna）]和航空公司（例如联合航空），它们在提供有吸引力的客户体验上得分很低。这些行业中有一些亮点（例如捷蓝航空），但是总的来说，这些行业中的公司都会有意地采取一些商业行为来谋取收益，而这些行为往往会惹恼客户。

现在假设你是一名刚毕业的MBA，受雇于上述这些行业当中某家业绩不佳的公司，工作内容是为客户服务部门管理战略和评估政策。工作了几个月后，你尽职尽责地完成了公司调研，审核了客服电话，并且与你的同事进行了沟通，接下来你要向老板报告你的初步发现。

首先，你满怀信心地总结了你所认为的公司长期以来消费者满意度不佳的根本原因：

---

1. "行业基准"，美国客户满意度指数，http://www.theacsi.org/customer-satisfaction-benchmarks/ benchmarks-by-industry。

☆ 多重隐藏费用和罚款。

☆ 有意令人迷惑的价格、费率计划和不断变化的促销活动。

☆ 旨在用长期合同锁定客户的死板服务计划。

☆ 捆绑销售，迫使客户购买不想要或不看重的服务。

☆ 工作人员的客户服务反应迟钝、不灵活，他们权力有限，无法打破现有的规定限制，也没有激励手段来缩短与客户联系的时间，这样就无法提供有效的问题解决方案。

你还没讲完，老板就打断了你，让你精简发言，直接进行总结。"我们控制不了公司的业务政策。"他说，"所以，我们只关注我们可以控制的客户服务中心就行了。"

在MBA案例研究课程中，你见识过许多真正以客户为中心的公司的业务实践，你对此记忆犹新，所以你对老板的话表示反对，并指出仅关注售后客户投诉本质上等于自我限制，最终会降低顾客价值。但是老板有他的立场，他指出："公司管理层很清楚客户投诉的频率和原因，他们已经尽力确保我们的商业模式能够赚取最大利润。"

你想进一步追问——质疑公司分析的时间框架，以及是否考虑了客户流失的影响，但是，老板严肃的表情告诉你，这场对话已经结束了，至少现在是这样。

现在怎么办呢？你认识到，本质上你的工作就是给这家任何行为都不受你控制的公司装装门面。

也许在你有更多时间收集证据、更加了解公司内部政策后，你会有机会重新探讨公司更广泛的商业战略。但鉴于你当前在公司的地位，可能性更大的是，你不会有机会根据个人意愿来调整战略路线。假设你已经在这个问题上花费了16个月时间，现在是时候重新考虑图6.3所描绘的选项了。

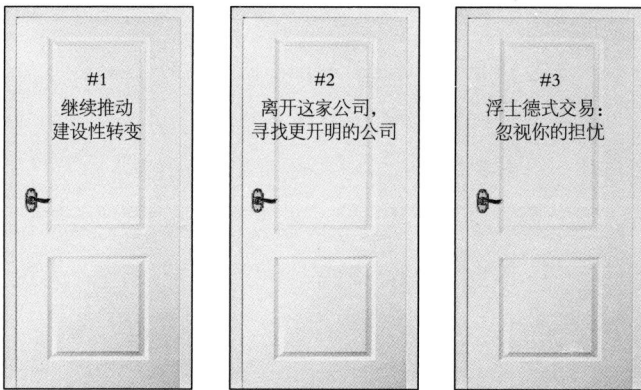

图6.3 个人的选择

你会选择哪一扇门？

第七章

打造强势品牌

在前几章中，我重点介绍了实施有效商业战略的必要条件，其中的一个关键因素是，有意义的产品差异化。然而，考虑产品在市场中的定位时，无论如何都要把品牌对消费者选择的影响考虑在内。在接下来的两章中，我将探讨品牌在商业战略中扮演的角色。

强势品牌是成功商业战略的物质和情感体现。顾客用长期的忠诚回报强势品牌，通常愿意高价购买商品，并且乐意充当品牌的推广传播者，这可以支撑一家公司多年来的财务业绩。强势品牌不仅可以提供卓越的产品性能或价值，还能唤起消费者更深层次的情感反应，凸显他们对品牌体验的感受。

相反，若你询问一群消费者他们最不喜欢的品牌，那么对话可能会变得生动又尖刻。品牌是市场上的一股强大的力量。

为了引出这个话题，我通常会在每学期的第一堂课上，让MBA学生列举他们最喜欢的品牌，并解释这些品牌对他们产生吸引力的原因。这些品牌从日常消费品到人人梦寐以求的奢侈品，产品类型跨度很大。图7.1展示了最近课堂上按品牌类别总结的样本。

各式各样受青睐的品牌有一个共同之处，那就是它们都与消费者有着深厚的联系，本章第173页将这些联系分别概括了出来。想要受到我的学生钟爱不是件简单的事，他们最喜欢的品牌要么可以唤起他们童年的美好回忆[能多益（Nutella）]，要么能提供表达个人情感的渠道[纸莎草公司（Papyrus）]，又或者能超越实用功能，满足欲望[路易威登（Louis Vuitton）]。这样的消费者情感是卓越强势品牌的重要标志。

1. 看起来和体验起来都很好 EQUINOX Dove C CLINIQUE SOULCYCLE	4. 平价奢侈品 Veuve Clicquot REIMS FRANCE RENTTHERUNWAY love. wear. return.
2. 为待办事项提供渠道 freshdirect. PAPYRUS KAYAK	5. 梦寐以求的奢侈品 LV LOUIS VUITTON BMW
3. 价值领导品牌 TRADER JOE'S ZARA IKEA	6. 卓越产品 NIKE Apple Emirates TOYOTA

图7.1 MBA学生最喜爱的品牌

品牌的意义

探索品牌动力学的逻辑出发点是，确定与消费者建立和维持紧密联系所需的关键特征。强势品牌传递承诺，传达互信，强化消费者的象征身份。

品牌承诺

品牌承诺清楚地传达了公司产品所代表的东西。图7.1中列出的每个品牌都传达着强有力的品牌承诺，比如"终极座驾"之于宝马，大胆新奇又美味的平价美食之于乔氏超市连锁店（Trader Joe's），或是精心设计提高生活品质的科技之于苹果公司。品牌承诺不仅仅是由产品的预期效果来决定的，还取决于用户的感受。

品牌具有亲和力的典型原因

能多益

"我还很小的时候就开始吃能多益了。对我来说，它不仅是我童年的回忆，还是我运动前早餐的主要食物。尽管我试过许多其他的巧克力酱，有的是买的，有的是别人或自己做的，但我认为它们都无法取代能多益。"

SoulCycle

"周一中午登录它的网站已成为我的习惯，这个时候可以开始预约一周的课程安排，我想成为第一批预约者。即使一到那个时间网站就会瘫痪，这让我很沮丧，但我还是会继续登录、坚持上课，因为我认为没有别的锻炼方式或是其他的自行车课程，能够带来同样的挑战和乐趣。"

Rogue Fitness

"Rogue的设备非常适合我的锻炼方式，这一品牌有冲劲儿、特立独行，和我的个性相符。其器材颜色（红与黑）、网站和营销适合追求刺激的人，能增强品牌的冲劲儿。Rogue一直坚持这个品牌定位，不断提供更多更好的器械，使我对它保持新鲜感和兴奋感。"

阿联酋航空（Emirates）

"阿联酋航空提供的飞行体验与其他航空公司截然不同。食物美味、机舱崭新洁净、工作人员细心周到。我愿意一直花高价钱来享受这样的服务。我对阿联酋航空的感受总是与开心的假日旅行和令人兴奋的冒险联系在一起，这增加了该品牌的吸引力。"

纸莎草

"我要买贺卡的时候最喜欢去纸莎草。它的店铺都开在市里交通方便的地方，我总是能找到适合特殊场合的完美卡片。尽管这里的贺卡比一般的贵些，通常贵一倍，但是，我认为送贺卡是表达感情和增进接触、增加回忆的最佳方式。用最合适的卡片传递的体贴是值得多花点钱的。"

路易威登

"我最喜欢的品牌就是路易威登。我真的喜欢能讲述故事并向听众传递感情体验的品牌。路易威登巧妙地在它的网站上，在它的'maisons'店里，还有通过时装秀、博物馆展览以及创造性地与歌颂旅行和生活的艺术合作做到了这一点，引导着消费者的需求超越单纯的实用性，跨向欲望的领域。"

从消费者的角度来看，强大的品牌承诺，降低了理解复杂产品的详细属性，或从竞争激烈、混乱不清的广告词中分析出所需产品的认知难度。例如，宝马的拥趸不需要关心（除非他们想）宝马全彩平视显示系统、电子气门发动机或铝曲轴设计等技术魔法，只要他们从总体上认为宝马这个品牌还在继续提供一种"终极驾驶体验"就行了。从公司的角度来说，强大的品牌承诺是一种非常重要的资产，能超越任何特定产品的寿命，持续提供价值。一些有威望的独立评估机构对全球顶级品牌的价值进行了评估，估计它们的价值超过1000亿美元。[1]强势品牌把服务于客户和公司做到了极致。

维持强大的品牌承诺需要创造力和规范的产品开发流程，还有能增强消费者价值主张清晰度的有效市场沟通。在这方面，拿苹果公司和其主要对手三星在电子产品领域的做法来进行对比，可以把问题说得更清楚。

苹果和三星都未使用像宝马的"终极座驾"之类的宣传语来定义它们的品牌承诺。因此，消费者需要从产品发布的时间和类型，以及公司传达其品牌故事的方式中形成自己对品牌的印象。

苹果公司被视为全球最有价值的品牌之一。[2]你是怎样描述苹果公司的承诺的呢？我也向MBA学生们提出了这个问题，他们的答案总结如下：

苹果创造了外形美观、技术先进和使用方便的产品，丰富了我的生活，帮助我更好地表达自己。

---

1. "2014年全球最佳品牌排行榜"（2014 Ranking of Best Global Brands），国际品牌集团（Interbrand），http://interbrand.com/best-brands/best-global-brands/previous-years/，和"BrandZ Top 100"，米尔沃德·布朗（Millward Brown），http://www.millwardbrown.com/docs/default-source/global-brandz-downloads/global/2014_BrandZ_Top100_Report.pdf。
2. 同上。

　　而对于三星的品牌特性，学生们则有些不太确定。从课堂讨论中浮现出来的印象，既来自对三星品牌本身具有的正面特性的认可，也来自一些学生对于苹果公司的负面情绪，这两者所起的作用差不多。下面的陈述最好地表达了学生对三星品牌承诺的描述：

　　三星创造了最先推向市场的、最前沿的产品，价格有竞争力，使我可以围绕谷歌应用软件来规划我的生活。

　　苹果公司与其品牌爱好者之间的情感纽带显然更加牢固，而三星的消费者则倾向于尊重其技术而非热爱这个品牌。哈里斯互动调查公司（Harris Interactive）进行了更广泛的市场调查，结果显示苹果公司在形象方面比三星公司有明显的优势（如图7.2）。[1]

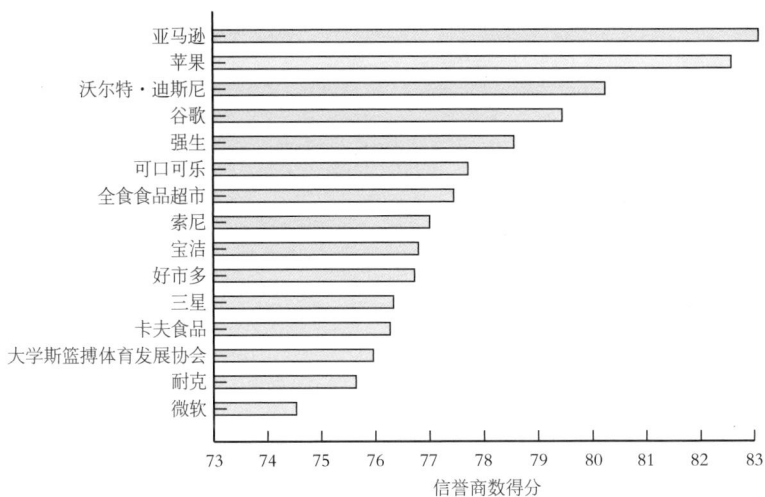

图7.2　品牌形象力度

---

1. "2013年哈里斯民调声誉指数"（The Harris Poll 2013 Reputation Quotient），哈里斯互动调查公司，http://www.rankingthebrands.com/PDF/The%20Reputations%20of%20the%20Most%20Visible%20Companies%202013,%20Harris%20Interactive.pdf。

　　若要证明强大的品牌承诺能在市场中得到清楚的理解，可以看一下图7.3所展示的印刷广告，它可以在没有任何文字说明的情况下，强化凌仕身体喷雾（Axe）和联邦快递的价值主张。[1]你可能不是一位荷尔蒙泛滥的青少年，也不需要从伦敦向巴塞罗那寄包裹，但是你对这两家公司的品牌承诺并不会有任何疑问。长期看来，清晰、始终如一、明确的价值主张是公司的核心，成功地为公司提供了强大的品牌承诺。

图7.3a　凌仕的无字平面广告

---

1. 关于凌仕广告的背景图片，见http://theinspirationroom.com/daily/2012/axe-anarchy-for-him-and-for-her。关于联邦快递广告的背景图片，见 http://www.creativebloq.com/inspiration/print-ads-1233780。

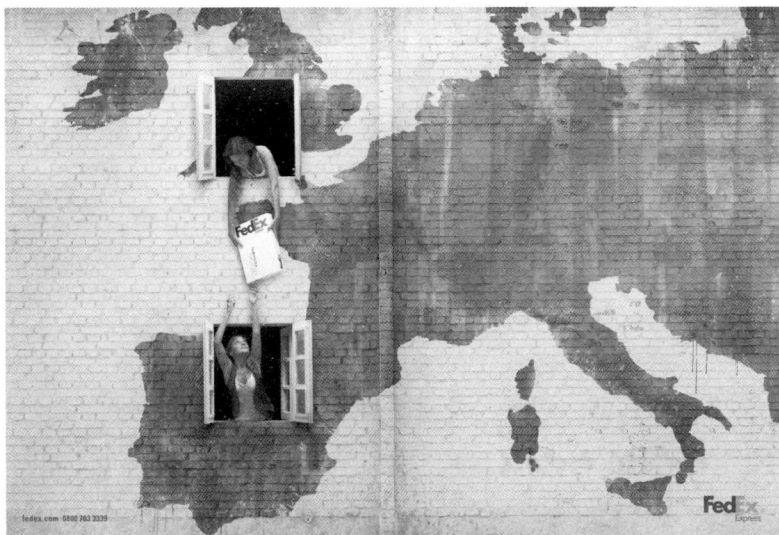

图7.3b 联邦快递的无字平面广告

相互信任

与消费者建立了紧密联系的品牌，可以享有相互信任的共生关系。消费者相信他们所青睐的品牌会持续提供有吸引力的产品，他们会保持忠诚——只要能满足他们的期盼。另一方面，公司也要相信，只要坚持自己的品牌承诺，它们的目标客户就会保持忠诚。这意味着，公司需要强大的品牌规范，避免用不成熟、无价值的产品去抢占市场，在超出市场真实需求的情况下与竞争品牌进行特性–功能的"军备竞赛"，或进行不和谐的产品线扩张，稀释品牌资产。

在破坏与消费者之间的互信方面，最有名的案例可能是可口可乐公司1985年推出"新可乐"（New Coke）的举措。[1]长期以来，可口可乐这一标志性品牌一直主宰着美国碳酸软饮料的市场，二战结束后不久，它的市场份

---

1. 托马斯·奥利弗（Thomas Oliver），《真正的可乐，真实的故事》（*The Real Coke, the Real Story*），纽约：兰登书屋，1986年。

额就超过了60%。然而，它的竞争对手百事可乐（PepsiCo）长期实施"百事一代"广告活动，以年轻消费者为重点促销对象，逐渐以受欢迎的甜味可乐抢走了市场份额。[1]到了20世纪80年代初，可口可乐的市场份额降至24%，其在连锁超市中的销量被百事可乐反超了过去。[2]

百事在市场中所获得的收益令可口可乐的CEO罗伯托·戈伊苏埃塔（Roberto Goizueta）感到惊恐，而且，在蒙眼品尝测试中，大多数消费者倾向于百事的口味，为此，他命令一个产品研发小组对可口可乐的百年秘方进行改良。这个小组最终推出一款更甜的可乐，接连在蒙眼品尝测试中战胜普通可乐和百事可乐。广泛的市场调查证实，消费者更偏好这种新可乐，尽管公司发现焦点小组成员中有少数人（10%—15%）强烈反对改变可口可乐的受信赖的原有口味。

1985年4月19日，可口可乐大张旗鼓地推出新口味可乐，并在同一周停止生产原口味产品。尽管刚开始新产品的销量令人振奋，但位于亚特兰大的可口可乐总部收到了几十万名消费者表达愤怒的信件和电话，新闻大肆报道美国南部公众的抗议活动，愤怒的消费者将听装的新可乐倒在街上。公司高管对于新可乐销售放缓感到担忧，美国灌瓶商和海外分部对市场的不良反应越来越焦虑。

仅仅79天后，可口可乐公司便更改了制作工序，重新引进了现在被称为"经典可乐"的原味产品，与新可乐一起售卖。为了给经典可乐的回归造势，公司投放了宣扬品牌传承和传统价值的广告，并给这些广告配上了会让人回想起诺曼·洛克威尔（Norman Rockwell）[3]画作的怀旧图像。消费者的感谢信和电话淹没了公司总部，一位主管感慨说："就好像我们治愈了癌症

---

1. 罗伯特·克拉拉（Robert Klara），《视角：一代人的选择》（*Perspective: Generation Appreciation*），《广告周刊》（*Adweek*），2011年10月13日。
2. 若不是在与主要餐饮连锁店（如麦当劳）和自动售货机的独家销售合同中占据主导地位，可口可乐的市场份额还会更低。
3. 诺曼·洛克威尔，是美国20世纪早期重要的画家及插画家，他的作品深受美国人喜爱。1928—1935年，可口可乐公司委托他画了6幅油画，这些画作被广泛地用在可口可乐的广告宣传之中。——译注

一样。"[1]

可口可乐的销量立刻飙升，到了1985年底，经典可乐的销量实际上超过了新可乐和百事可乐。第二年春天，尽管自面市以来新可乐的广告费用超过了经典可乐，但它的市场份额却下跌至3%。[2]经典可乐持续建立起市场领导地位，到2002年，可口可乐悄悄地停止了新可乐（此时叫作可乐II）的生产，并把"经典"二字从其标志性碳酸饮料的名字中去掉了。

回想起来，可口可乐总结道：产品的新老交替破坏了一部分消费者对公司的信任，公司严重地低估了这件事引起的激烈反应。具有讽刺意味的是，在新可乐发售失败之后几年再进行的蒙眼测试中，它仍然比百事可乐和经典可乐更受人欢迎。但是，正如可口可乐所发现的，公司已经与消费者建立起了异常坚固的关系，这种关系植根于无形品牌的传统、传承和信任中。

当可口可乐打破与消费者之间的相互信任，抛弃了曾引以为傲的传统以寻求新客户时，它引发了一场反抗，这场反抗在大部分市场中引起了共鸣。结果表明，通过迅速地从错误中学习经验并对消费者的情绪做出反应，可口可乐在与百事可乐的竞争中变得比以往更加强大。这个反面案例清楚地说明了，相互信任对于建立和培育强势品牌的重要性。

为了更好地说明相互信任可以增强消费者与品牌的亲密度，我们举个更近的例子，比如苹果公司和三星的竞争。以最客观的标准来衡量，三星在消费电子市场领域应该表现得更好。毕竟，三星忠于品牌承诺，以更大的智能手机、更高分辨率的摄像头和屏幕、高科技功能（如轻触一下分享文件）以及更优惠的价格，打败了苹果。三星推出第一代盖乐世智能手表的时间比苹果最初进入这个领域的时间早了18个月。为了维持这些成就，三星大力发展技术实力，加快科技发展速度，在全球广告和宣传上大大超过了苹果。例如，图7.4显示，2012年三星盖乐世S III智能手机的平面广告推广较之苹果同

1. 奥利弗，《真正的可乐，真实的故事》，181页。
2. 马克·彭德格拉斯特（Mark Pendergrast），《为了上帝、国家和可口可乐》（*For God, Country, and Coca-Cola*），纽约：基础读物出版社（Basic Books），第二版，2000年，360页。

类产品iphone 5（当时还未上市）而言，展现了更多的技术特点。[1]

图7.4 三星平面广告：It Doesn't Take a Genius

然而，三星在过去3年中（以笔者写作时间为准）不断丢失全球市场份额，2015年第一季度，苹果公司在两大主要市场——美国和中国——的销量超过了三星。[2]而且，2015年，苹果移动设备的营业收入是三星的7倍以上，占整个行业利润的91%。[3]

原因在于，苹果的品牌承诺向庞大的消费群体传递了一种更加有意义的

1. 艾纳特·阿尔吉雷（Ionut Arghire），《三星说，不需要成为天才就可以在三星盖乐世S III和苹果5之间选择前者》（*It Doesn't Take a Genius to Choose Galaxy S III over iPhone 5, Says Samsung*），软体百科网（Softpedia），2012年9月17日，http://news.softpedia.com/news/It-Doesn-t-Take-a-Genius-to-Choose-Galaxy-S-III-over-iPhone-5-Says-Samsung-292580.shtml。

2. 尤安·斯彭斯（Ewan Spence），《苹果iPhone在2015年第一季度以7450万的惊人销量征服中国市场》（*Apple's Amazing iPhone Conquers China with Spectacular Q1 2015 Results and 74.5 Million Sales*），《福布斯》，2015年1月27日。

3. 菲利普·埃尔默-德威特（Philip Elmer-DeWitt），《苹果公司如何从手机市场中赚取利润》（*How Apple Sucks the Profit Out of Mobile Phones*），《福布斯》，2016年2月14日，http://fortune.com/2016/02/14/apple-mobile-profit-2015。

差异价值。这些消费者愿意等待——并且有着强烈的购买愿望——这种被认为是市场上设计最优雅、最精致的产品。苹果的营销始终在强调苹果手机如何丰富了消费者的生活，而非列出一长串产品技术特点。

诚然，总有一些消费者想要在第一时间拥有最新的高科技产品。但是，苹果没有兴趣为这些人以及精打细算的消费者服务，它关注的是更有利可图的那一部分消费者，这些消费者有耐心和意愿为非常优雅精致的产品设计买单。

尽管苹果在创新上颇负盛名，但事实上，过去20年来，在它所进入和主导的市场中，苹果都不是先行者（见图4.7）。因此，苹果作为品牌领导者，展现了令人钦佩的纪律性，在两个重要的方面与消费者建立了相互信任。

第一，强势品牌在自我定位时，不仅会考虑要做什么，还会考虑不做什么。苹果拒绝了快速推出新产品、用新技术特征与竞争对手抗衡的诱惑。相反，公司愿意在推出新产品前花费时间来优化整体用户体验和认知价值。

第二，强势品牌在自我定位时，不仅考虑目标客户，还考虑非目标客户。苹果无视那些强烈敦促其推出廉价型号以快速打入亚洲市场的呼声。相反，苹果忠于历史惯例，专注服务于高端电子消费市场。

因此，苹果和消费者培养出了强烈的互信，这对双方都非常有利。

象征身份

对许多消费者来说，追求或购买某个品牌，意味着成为一个理想的社会族群的一员。在有形的产品差异很难被人觉察到的那些产业类别中，这一点尤其明显，但是，消费者仍然对能够提高他们价值或社会地位的品牌表现出强烈的忠诚。简单来说，许多消费者强烈倾向于会吸引"同类人"的产品。

品牌经理认识到象征身份的重要性，通常将广告主题的重点聚焦于生活方式的印象上，而非具体的产品性能上。不论何时，大获成功的标志性广告中，都有一部分是源自对象征身份的开发，其中包括"万宝路男士""百事一代"和欧莱雅（L'Oréal）的"你值得拥有"。

为了说明象征身份在品牌发展当中的重要性，我们来看一下蓝带啤酒（Pabst Blue Ribbon）这个特殊的案例。啤酒类商品对营销人员而言是个有趣的挑战，因为大多数消费者在蒙眼品尝测试中是分辨不出他们所喜爱的啤酒品牌的。因此，与啤酒品牌相关的象征身份对消费者的选择起到了至关重要的作用。[1]

蓝带啤酒这个品牌有150多年历史，20世纪70年代，其以2000多万桶的销量成为美国第三畅销的啤酒，达到公司的发展巅峰。但是，美国啤酒消费趋势的不断下降和混乱的内部管理拖垮了蓝带啤酒，它的销量连续23年持续下滑，至2001年，其销量已跌至100万桶以下。[2]

蓝带啤酒的消费者逐渐偏向低收入、坚持购买廉价老品牌啤酒的老年人。公司试图通过节约成本、外包生产和取消品牌广告等方式，从不断萎缩的市场中把所剩无几的价值提取出来。

但随后发生了一件奇怪的事情。蓝带啤酒在美国西北部的销量开始上升，原因不明。因此，公司派出了一个市场调查小组进行调查，结果发现蓝带啤酒成了诸如波特兰（Portland）的自行车信使和爱达荷州（Idaho）的滑雪者这一类的年轻嬉皮士喜爱的品牌。这些反主流文化的消费者喜欢最不知名、最平常的啤酒，以此来表达他们叛逆的象征身份。事实上，蓝带公司不打广告是因为支付不起广告费用，结果却因祸得福，得到了这些预料之外的新粉丝。

值得注意的是，蓝带啤酒的新品牌形象和流行程度是由消费者打造的，而非公司市场营销人员。反主流消费者用明显的非主流品牌来进行自我定位。

蓝带公司搞清楚了其吸引力持续增长的原因之后，便开始进行幕后活动，以给这种象征身份推波助澜，它赞助当地可能会在年轻嬉皮士中间流行的小型比赛（例如滑板和自行车马球），但是决不跟电视商业广告"联手"

---

1. 凯文·莱恩·凯勒（Kevin Lane Keller），《战略品牌管理：建立、测量和管理品牌资产》（*Strategic Brand Management: Building, Measuring, and Managing Brand Equity*），第四版，新泽西，上鞍河（Upper Saddle River）：普伦蒂斯·霍尔出版社，2012年。
2. 特德·赖特（Ted Wright），《嘶嘶冒泡：利用口碑营销力量推动品牌增长》（*Fizz: Harness the Power of Word of Mouth Marketing to Drive Brand Growth*），纽约：麦格劳-希尔教育集团，2014年。

或赞助像极限运动这一类的主流活动。蓝带还出钱搞植入式广告，将它的品牌与反传统的硬汉子形象联系起来，例如《老爷车》（*Gran Torino*）中的克林特·伊斯特伍德（Clint Eastwood）和《蓝丝绒》（*Blue Velvet*）中的丹尼斯·霍珀（Dennis Hopper）。

随着口碑的迅速传播，蓝带啤酒的销量在21世纪初达到了两位数的百分比增长，在2008年超过了600万桶。也许蓝带啤酒仅是象征身份对于品牌形象重要性的极端个例，但所有公司都应抓住与核心消费者建立感情纽带的机会。

最近通过象征身份建立强大公司品牌的案例是多芬（Dove）——联合利华（Unilever）旗下的个人护理产品公司。长期以来，多芬公司一直在块状香皂市场中居于领导地位，这是1957年与多芬品牌一同面世的招牌产品，通过努力，多芬后来推出的其他个人护理产品也取得了类似的成功，包括香体剂、护肤乳和护发产品。

多芬没有试图通过以产品属性为宣传重点的昂贵营销活动来与产业领导品牌宝洁公司或其他个人护理品牌较量，它发现，可以通过开展关于更健康、更全面的女性审美观的全球性对话活动，创造与消费者建立强大联系的机会。

2004年，市场调查显示，只有4%的女性认同自己的美丽，正是在此之后，多芬推出了"真美运动"，这一运动的使命是"创造一个世界，在那里，美丽产生自信，而非焦虑。"[1]

为开展这项运动，多芬通过广告牌、平面广告、社会媒体、YouTube视频和电视广告等渠道宣传造势，这些活动的主题全都是颂扬不同年龄段、不同体形和不同身高的女性之美（图7.5）。[2]

2013年，多芬制作了一个6分钟的视频，发送到YouTube上，以推广真美运动。[3]视频中，几位女性向隐藏起来的法医艺术家描述自己的特征，法医

---

1. 谈日娜·维加（Tanzina Vega），《一则关于女人自我形象的广告引起轰动》（*Ad About Women's Self-Image Creates a Sensation*），《纽约时报》，2013年4月18日。
2. 肯德拉·麦高恩（Kendra McGowan），《多芬真美运动：公关实践》（*Dove Real Beauty: PR In Practice*），俄勒冈大学博客（University of Oregon Blogs），2013年6月10日，http://blogs.uoregon.edu/j350doverealbeauty。
3. http://realbeautysketches.dove.us。

艺术家则根据其描述画出她们脑海中自己的形象。接下来，这位艺术家又根据前一天见过这些女性的陌生人对她们的描述，画出她们的形象（见图7.6）。

图7.5 多芬真美运动平面广告

　　然后将这两幅素描进行对比，结果发现陌生人描述出的形象更讨人喜欢、更准确。当把两幅画展示给实验对象看时，她们会有明显的情绪变化。"素描活动"创造了热潮，成为YouTube历史上收看次数最多的广告，吸引了超过2亿的全球观众。[1]

　　多芬真美运动成功地深入探讨了关注女性这个普遍的问题。活动成功的原因是，不同年龄和文化背景的女性，都可以在多芬宣扬的信息中找到象征

1. http://www.eonline.com/news/409073/dove-real-beauty-sketches-campaign-gets-women-to-rethink-their-looks。

身份。因此，多芬的产品就与一种积极的品牌形象联系起来了，这帮助公司提升了全球市场份额。[1]例如，2008—2014年，宝洁的个人护理产品销售平平，而联合利华同期销售额增长了56%。[2]

图7.6 多芬素描视频画面

连线游戏：以商业战略驱动品牌战略

正如本章所有案例所示，强势品牌依赖于清晰的品牌承诺、互信和使消费者产生强烈共鸣的象征身份。长期培育和强化品牌形象的公司，可以在这种有价值的资产上赚取可观的回报，并获得持久的竞争弹性。公司应该专注于建立和培育强势品牌，将其视为公司生存的需要，因为情况通常的确如此。

在第一章中，我提出，能驱动公司长期盈利性增长的三个战略准则是：

---

1. 彼得·埃文斯（Peter Evans），《宝洁和联合利华头发之争升级》（*P & G and Unilever Escalate Big-Hair War*），《华尔街日报》，2014年2月24日。

2. 《联合利华产品部门：集团2005—2015的全球收益》（*Global Revenue Of The Unilever Group From 2005 To 2015,By Product Segment*），斯达特思达网站（Statista），2016年，http://www.statista.com/statistics/269200/revenue-of-the-unilever-group-worldwide-by-product-segment；《宝洁公司业务部门：2013—2015年的全球净销售额》（*Procter & Gamble's Net Sales Worldwide From 2013 To 2015, By Business Segment*），斯达特思达网站，2016年，http://www.statista.com/statistics/238771/sales-of-procter-und-gamble-by-sector-in-2009/。

☆ 持续创新——不是为了创新而创新，而是为了实现……

☆ 有意义的产品差异化——为消费者所认同并珍视，由……促成。

☆ 业务整合——把公司所有的能力、资源、激励机制、企业文化和流程整合起来，以支持公司的战略设想。

我们现在可以在对有效商业战略的需求和对品牌战略的需求之间建立合乎逻辑的联系。

正如图7.7所示，能够持续进行创新，以推出有意义的差异化产品和服务的公司，可以增强它们的品牌承诺、维持互信、增强将消费者与品牌联系起来的象征身份。有效商业战略和品牌战略中这些相互促进的元素提供了吸引和维持消费者的基础，并创造了竞争弹性。如果所有的这些战略元素都到位，那么，公司将有能力获得商业界的圣杯——长期盈利性增长。

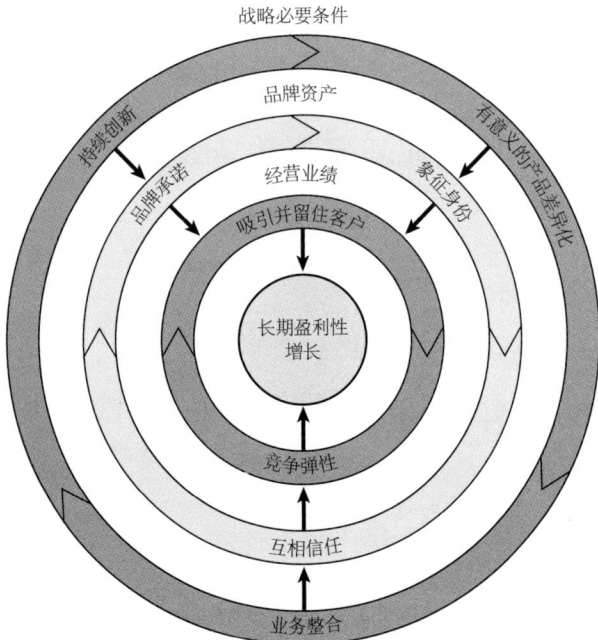

图7.7 商业战略与品牌战略之间的联系

第八章

品牌神器和品牌杀手

　　近几十年来，产品生命周期日益缩短，新技术带来了产品个性化，社交媒体平台正不断改变着消费者同品牌互动的方式。在这种环境里，品牌管理者意识到，自己必须同消费者建立更深层次、更有意义的联系。爱德曼国际公关公司（Edelman）最近发布的报告也进一步证实，各公司现在有很大的需求和机遇，来缩小自己目前所提供的服务与消费者对喜爱品牌的期待之间的差距。[1]

品牌神器

　　正如图8.1所显示的，虽然有87%的消费者希望同自己喜爱的品牌建立更深层次的关系，但仅有17%的消费者认为自己所喜爱的品牌现在已经满足了自己的需求。[2]有三个可以提升品牌实力和企业绩效的机会，值得我们去做进一步的探索，它们分别是：个性化、基于社群的营销、与消费者对话。

---

1. 《品牌共享2014》（*Brandshare 2014*），爱德曼，http://www.edelman.com/insights/intellectual-property/brandshare-2014。
2. 同上。

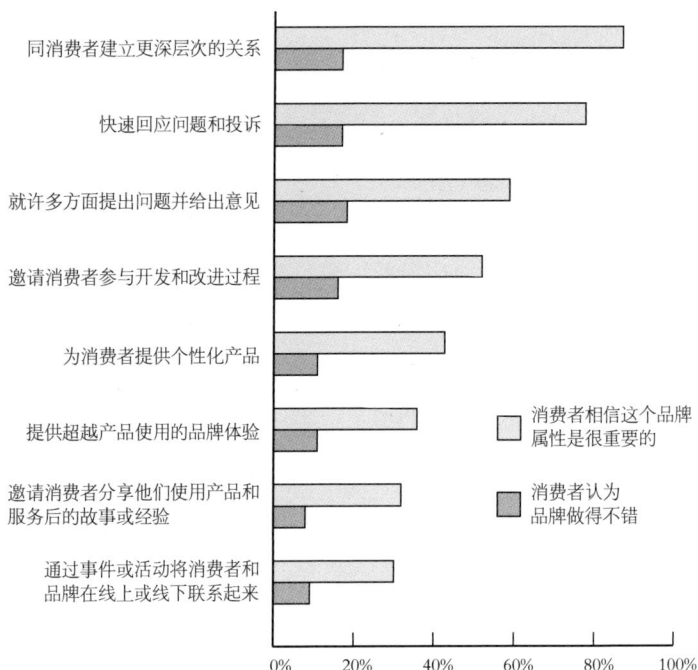

图8.1 消费者的预期和品牌所提供的服务之间的差距

个性化

很久以前，亨利·福特（Henry Ford）的T型车（Model T）成了世界上最畅销的车型——这个纪录保持了将近50年。严格标准化的产品设计提升了装配线效率，因此使福特汽车公司（Ford Motor Company）拥有相当大的成本优势。那个时候，公司的创始人曾打趣地说，客户可以把它涂成任何颜色的T型车——只要它是黑色的。

T型车是"一对多"生产策略的典型例子。也就是说，这种单一产品是服务于多个消费者细分市场，或者说是服务于整个市场的。这种策略当然有缺点，因为不同的细分市场之间，消费者的喜好差异很大。事实上，通用汽车公司早在20世纪30年代就因其CEO艾尔弗雷德·斯隆（Alfred Sloan）的策略——"为各种用途都准备一辆汽车"而取代了福特成为世界上最大的汽车公司。斯隆创建了多种汽车品牌——比如雪佛兰（Chevrolet）、奥兹莫比尔（Oldsmobile）、别克（Buick）、凯迪拉克（Cadillac）等——它们的设计各有特色，价位也各自不同，能够吸引更广泛的消费者。[1]

在斯隆时代，通用汽车公司的成功要归功于"多对多"策略，这指的是一家公司打造多个产品以吸引多个细分市场，这是最常见的产品策略的早期案例。

我们从工业时代发展到信息时代，在许多产品类别中，竞争优势的基础通过数码定制早已从标准化大规模生产转换为个性化产品设计。新生产技术能提供"一对一"的产品策略，可以为了个别消费者对产品进行独特的配置。

个性化的产品可以从以下三方面强化品牌：

☆ 个性化生产线的扩展可以扩大市场覆盖面，提升利润。

☆ 个性化服务能巩固消费者价值，增强对品牌的归属感。

☆ 个性化的产品配置能扩展品牌的价值主张。

个性化生产线的扩展

个性化生产线的扩展能够让公司超越多对多策略，吸引新的消费者。举个例子来说，全球畅销的糖果M&M巧克力豆。传统上，玛氏公司（Mars）销售的糖果有几百种，有不同口味的（如牛奶和黑巧克力味、花生味、杏仁味、花生酱味等），不同包装规格的（小至2盎司[2]，大至52盎司），不同类型的（糖果、烘焙类、冰激凌）。玛氏公司的多对多生产策略能够满足不同

1.《大师：艾尔弗雷德·斯隆》（*Guru: Alfred Sloan*），《经济学人》，2009年1月30日。
2. 1盎司=28.3495克。——编者注

类型的消费者对产品的偏好、使用和需求，倚仗这一策略，其产品在全球销售额超过了30亿美元。

在其传统的产品系列之外，玛氏抓住机遇，通过将个性化设计赋予其招牌产品，进一步提升其品牌效力，并获取额外的利润。在"个性化的M&M"网站里，顾客可以选择自己想印刻的信息、图片和颜色，以使他们在M&M所订购的糖果变得独一无二。个性化服务使玛氏能够以适用于婚礼、生日、迎婴派对[1]、公司庆典活动以及其他特殊场合的别致包装来开拓新的消费者市场。个性化M&M的价格是传统产品的10倍（以每磅的美元价格计算），说明只有高价值消费者才更倾向于定制。

在许多产品类别中都可以找到开发个性化产品以打入高利润新市场的机会。比如，孩之宝（Hasbro）使用三维立体打印技术，让消费者可以将自己的头像经过真实渲染后置于自己最喜欢的活动人偶身上。个性化的人偶价格高昂，是标准产品的3倍，但是，其市场反响非常热烈。[2]

同样，耐克公司也为消费者提供机会，量身定制属于自己的运动鞋。耐克官网的访问者可以从超过20亿种组合中选择自己喜欢的颜色，还可使用浮雕效果把自己姓名的缩写加到鞋子上，以此来进行专属于自己的个性化设计。定制的运动鞋，其价格要比基本款贵45美元。

个性化服务

客户信息可以用来为其量身定制产品和服务，提高客户的价值、购买频率和对品牌的忠诚度。例如，亚马逊根据消费者过去的购买历史、人口统计信息和存储支付信息等，生成个性化产品推荐和精简的一键式结算流程，从而提升消费者的价值。这些个性化的增强服务使得亚马逊在与其他以相同或者更低的价格在线销售类似产品的零售商竞争时能享有巨大的优势。

---

1. 为了迎接即将诞生的宝宝而为准妈妈送去祝福的派对。——译注
2. 罗伯特·哈钦斯（Robert Hutchins），《新维度：3D印刷玩具零售准备好了吗？》（*New Dimensions: Is Toy Retail Ready for 3D Printing?*），《玩具新闻》（*Toy News*），2015年2月3日。

同样，在29个国家拥有近2000家门店的全渠道化妆品零售商丝芙兰（Sephora），也为选择个性化美容服务的消费者提供了多种多样的福利。消费者可以先到当地的丝芙兰门店进行免费的色彩咨询，使用其专利设备来确定与自己皮肤颜色和生理状况相匹配的"色彩商数"，再根据这一数值，从110种独特的化妆品色调中找到最适合自己的颜色。这种个性化的颜色评级，可以用来确定最适合个人皮肤的是丝芙兰的哪些产品，若是有这种需要，可以到任何一家门店，或者在公司网站上咨询。丝芙兰还提供一系列额外服务来提升其忠实客户的价值，包括在线美容诊所、优先获得新产品、生日礼物、忠诚奖励、网上购物免邮费等。[1]

这些个性化服务的案例都为显著提升消费者价值创造了潜力，并把竞争的基础从对产品特性和价格的一般比较，转变为每个消费者个体对什么是最好的和最方便的所做的评估。

个性化的产品配置

许多本土数码产品都旨在促进其个性化产品配置，并以此作为它们商业价值主张的基础。例如，潘多拉、声田允许消费者对主流媒体音乐进行个性化设置，从而满足个人的品味和偏好。用他们自己的话说，潘多拉的"唯一任务就是：仅播放你喜欢的音乐"，[2]声田则称："适合的音乐总是在你的指尖；选择你想听的，或者让声田给你惊喜。"[3]

类似的例子比比皆是，个性化服务包罗万象，涉及医疗保健、新闻放送以及各种形式的社交媒体，定制的产品类型从眼镜到照明系统，处处表明了个性化产品和服务对提升品牌价值日益增长的重要性。[4]

---

1. 莉萨·科伊武（Lisa Koivu），《前五位最优美容奖励计划》（ *5 Best Beauty Reward Programs* ），节俭的购物者（The Frugal Shopper）博客，《美国新闻与世界报道》（ *US News & World Report* ），2014年8月13日。参见 http://money.usnews.com/money/the-frugal-shopper/2014/08/13/5-best-beauty-rewards-programs。
2. 潘多拉公司官网，详情请关注链接http://www.pandora.com/about。
3. 声田公司官网，详情请关注链接https://www.spotify.com/us/about-us。
4. 詹姆斯·H.吉尔摩（James H. Gilmore）和B. 约瑟夫·派因二世（B. Joseph Pine II），《大规模定制的四张面孔》（ *The Four Faces of Mass Customization* ），《哈佛商业评论》，1997年1月。

基于社群的营销

尽管个性化提供了一个强大的机制，可以提升特定产品和服务对于个体消费者的价值，但公司也有机会发展强大的客户社群，通过强化消费者的象征身份来加强品牌的吸引力。以社群为基础的营销策略是为了吸引公司的目标客户参与互动对话，以促进和扩大品牌的影响力、吸引力，彰显真实性，并且依据持续的反馈来调整和改进产品和服务。

公司可以使用多种不同的工具来执行基于社群的营销战略，包括企业网站、社交平台、兴趣社群的博客和赞助商社群等。

比如，宝洁就曾面临挑战——如何让购物者相信其旗下的帮宝适纸尿裤品牌在下列严格的传统产品性能特征方面优于金佰利（Kimberly-Clark）旗下的好奇：比如吸收能力、易用性、舒适度和价格等。两家公司都以极为相似和令人困惑的方式声称自己的产品更好，结果陷入了僵局。因此，宝洁和金佰利都积极寻求在传统的以产品为基础的营销策略外有所突破，它们着手主动构建由品牌赞助的客户社群。

例如，孕妇和妈妈们如果去浏览帮宝适网站，会发现一个精心设计的双向交流窗口，里面有资料丰富的视频剪辑，即时更新的实用育儿技巧，与婴儿的发育阶段相匹配的成长状态，客户忠实度奖励，以及登录推特账号和脸书（Facebook）论坛。

这些资源旨在将目标客户和公司紧密联系起来，从而建立强有力的纽带，这样便提升了帮宝适在人们眼中的感知形象，使人们将其视为值得信任且很有价值的合作伙伴。虽说客户可以在帮宝适网站上订购纸尿裤，但这个网站以及相关的公司社交媒体的主要作用还是增强品牌的吸引力，理想情况下，当消费者要在特征相似的竞争产品中做选择时，这些可以成为决定性的影响因素。

在某些情况下，产品的感知价值主要是靠它在一个趣味相投的消费者群体中所传达的会员资格来推动的。哈雷戴维森公司（Harley-Davidson）是个特别好的例子，他们利用社群营销以加强其品牌吸引力。[1]

哈雷戴维森目前是世界上最大且最赚钱的摩托车公司，但在20世纪80年代早期，公司的处境岌岌可危。日本的竞争对手向美国摩托车市场发动全面攻击，哈雷公司损失了大量的市场份额，这主要是因为其产品质量差，外观落伍，而且价格昂贵。当时的老板失去了耐心，把公司卖给了一个投资者团体。哈雷被收购后扭亏为盈，这在很大程度上应该归功于它改进了生产质量和产品设计。[2]但或许更重要的是，新公司的拥有者实施了社群营销策略，第一招就是创建哈雷车主俱乐部（H.O.G.），并在全国设立分会。

哈雷戴维森从来不缺忠心耿耿的追随者，这些人大多是自由奔放的"坏男孩"车手，我们从1969年的电影《逍遥骑士》（*Easy Rider*）中就能看出这一事实（图 8.2）。正如指导哈雷进行策略转变的CEO理查德·蒂林克（Richard Teerlink）所指出的："很少有产品能这样扣人心弦，有的人甚至会将（公司的）标识文在身上。"

但是，新的管理团队意识到，一旦公司解决了烦人的质量问题和产品设计缺陷，这个品牌本身的特质可以吸引更广泛的受众。为了能超越其"坏男孩"的定位，吸引新的客户，蒂林克改写了公司的品牌承诺，以使它重新焕发活力（图8.3）。

1. 理查德·蒂林克（Richard Teerlink）和李·欧泽雷（Lee Ozley），《不只是一辆摩托车：哈雷戴维森的领导之旅》（*More Than a Motorcycle: The Leadership Journey at Harley-Davidson*），马萨诸塞，波士顿：哈佛商业评论出版社，2000年。
2. 詹姆斯·R. 哈格蒂（James R. Hagerty），《哈雷朝建设车主俱乐部前进》（*Harley Goes Lean to Build Hogs*），《华尔街日报》，2012年9月21日。

图8.2 1969年电影《逍遥骑士》
主演彼得·方达（Peter Fonda）、丹尼斯·霍珀
这部电影捕捉到了哈雷摩托车及其骑手的追求

哈雷戴维森的品牌承诺

你不仅仅是购买摩托车，你将成为社群的一员，我们共享对自由的追求，不墨守成规，拥有无尽可能。

让我们互相陪伴，释放自我。

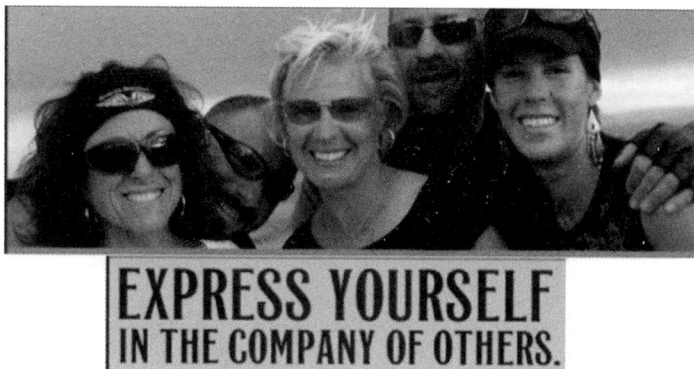

图8.3 哈雷戴维森更为广泛的品牌承诺

企业信息交流有力地提升了车主体验，不只针对产品来说，公司还通过赞助哈雷车主俱乐部分会，使其成为向各行各业的新客户传播哈雷车主神秘感受的当地论坛。

哈雷为建设社群所做的努力包括下列一系列主动举措：

☆ 升级改造哈雷商店，使其成为客户分享故事和经验的聚会场所。

☆ 组织新人训练营，训练新车手。

☆ 为女性组织车库派对，让她们了解与哈雷戴维森机车为伴的生活是怎样的。

☆ 每隔5年，公司会组织一次全国性集会来庆祝公司成立。在创立100周年之际，超过10万的车手齐聚密尔沃基（Milwaukee），出席盛会。

☆ 公司赞助参观工厂的设施。

☆ 将H.O.G.网站建设为信息源和社区论坛，以便让地方活动传播至全国。

哈雷戴维森的聪明之处在于，当面对多家摩托车技术更先进、速度更快、燃油效率更高的日本竞争对手时，将重点放在努力构建社群上。由于哈雷独特的美国式爱国主义营销主题，对它的目标受众而言，那些基于产品的对比就变得微不足道了。哈雷所传递的信息与车辆无关，它关乎的是在热爱自由的哈雷车主所组成的社群中，人们所能获得的个人和共享的体验。

最后两个例子——联合服务汽车协会［United Services Automobile Association（USAA）］和GoPro公司——提供了另一种视角，让我们能透彻了解基于社群的营销策略是如何提升公司品牌的。USAA提供会员制的保险服务，有超过1000万的客户，但是，其服务仅限于军人和他们的家庭成员，可以明确看出，其公司使命是与其军人客户社群的价值观紧密相连的。该公司在企业网站上注明："USAA始于1922年，当时25名军官承诺在没有其他人愿意的情况下，互相为对方的车辆提供担保。今天，我们仍遵循创始人所珍视的那种军人价值观：服务、忠诚、诚实和正直。当您加入USAA时，您将成为大家庭中的一分子，我们将陪伴您度过人生的每一个阶段。"[1]

这家在《财富》全球500强名单榜上有名的保险公司，同它自己选择的消费者群体之间建立了异常强大的纽带关系。作为其品牌实力的证明，2009—2014年间，在Satmetrix公司[2]对跨22个行业的220家公司所做的调查中，USAA连续赢得客户满意度（净推荐值）最高的荣耀，[3]并在2015年的《财富》杂志中跻身全球最受尊敬的公司之列。[4]

GoPro公司制造小型且坚固耐用的相机，用来给体育运动和其他冒险活动拍摄精彩的视频，它尝试着通过社群建设媒体的努力，将自身从日益激烈的竞争中区别开来。为了提升品牌知名度和对用户的吸引力，GoPro把它们自己拍摄的和用户提交的内容展示在各种平台上，比如公司官网、社交媒体渠道、YouTube、维珍美国航空公司机舱内的电视频道、Roku公司[5]的流媒体

1. USAA网址：https://www.usaa.com/inet/pages/why_choose_usaa_main。
2. Satmetrix是一家专门向企业提供客户体验管理软件和服务的公司。——译注
3. 《USAA、凯撒医疗机构、亚马逊、潘多拉、好市多、韦格曼斯、苹果、TracFone、西南航空和威斯汀在2014年客户忠诚度最高》（*USAA, Kaiser Permanente, Amazon.com, Pandora, Costco, Wegmans, Apple, TracFone, Southwest and Westin Among the Highest in Customer Loyalty in the 2014*），美通社（PR Newswire），2014年3月5日。
4. 《2015年全球最受尊重的公司》，《财富》，访问于2016年6月7日，http://www.rankingthebrands.com/The-Brand-Rankings.aspx?rankingID=118&year=908。
5. Roku是美国一家流媒体设备生产商，主要生产机顶盒、网络收音机等与网络相关的多媒体设备。——译注

服务等。GoPro所展示的那些充满动感和夸张的视频常常唤起传染式的观众反应，形成了一个人数超过400万的YouTube用户观众群，视频播放量超过10亿。[1]

经常会有专业制作的极限运动视频出现，这些视频展现了令人惊叹的山地自行车、滑雪、滑翔等场景。但在GoPro的发布频道上，最热门的一些视频是由独立的GoPro用户拍摄的。点击量最高（近3000万播放量）的视频之一是加州一名消防队员从烧毁的房子里救出昏迷不醒的小猫后，用氧气面罩和泼洒冷水来救醒它的场景，真是催人泪下。在对这段视频进行专业编辑并把它发布在公司的YouTube频道上之前，GoPro得到了这名消防队员的许可。[2]

为了进一步同其现有的和潜在的客户群体建立友好关系，GoPro一直在其社交媒体和YouTube上同粉丝保持积极的互动，经常直接回答用户有关相机技术或相关设备的问题。截至2015年底，GoPro在其脸书、推特、YouTube、Instagram的官方账号上吸引了超过1600万关注者。这些以社群建设为基础的努力帮助GoPro建立了极高的消费者知名度、行业领先的市场份额和等同于产品本身的品牌名。[3]

与消费者对话

GoPro并不是唯一一个与消费者保持持续对话以提高品牌忠诚度和强化其品牌形象的公司。如图8.1所示，消费者看重那些能认识到并回应他们的个人

1. GoPro运动相机在YouTube的频道页面，https://www.youtube.com/user/GoProCamera/about。
2. 尼克·温菲尔德（Nick Wingfield），《GoPro在其业余特技表演中看到了机会的存在》（*GoPro Sees Opportunity in Its Amateur Daredevils*），《纽约时报》，2014年1月30日。GoPro在YouTube频道上的所有剪辑片段都清楚注明了是用GoPro相机拍摄的。若要观看此处提到的消防员视频可以点击以下链接：https://www.youtube.com/watch?v=CjB_oVeq8Lo。
3. 虽然GoPro在品牌建设上大获好评，但是，它一直无法克服其竞争范畴内的结构性弱点。动作视频摄像机是一种小众消费者随性决定购买与否的产品。到2015年，尽管出现了几个低价格竞争对手，但这个产品类别的销售增长呈现放缓迹象。因此，GoPro最近的财务收入非常疲软，2014年底，其股票价格与峰值相比下跌了90%。详情请看蒂姆·布拉德肖（Tim Bradshaw），《发布营收预警后GoPro股价暴跌27%》（*GoPro Shares Dive 27 Percent on Revenue Warning*），《金融时报》，2016年1月16日。

问题和顾虑的公司，他们往往都会因为企业的不闻不问而大感失望。社交媒体为公司提供了一个机会，让它们能够在一个公共讨论平台中与其消费者建立密切的关系，而且这个平台还能影响到更为广泛的受众群。在这方面，捷蓝航空公司提供了一个最佳实践的典范。

捷蓝航空的社交媒体之旅始于一场意外，是一次企业危机的副产品。2007年的情人节，天气极差，狂风冰雹肆虐，捷蓝航空公司经历了一次灾难性的运营故障，造成1000名乘客被困在飞机上，在肯尼迪机场停机坪上滞留了9个小时。毫无疑问，乘客们情绪激动并感到愤怒，捷蓝航空一直以客户友好型服务而著称，在这次事件中，它的信誉在媒体的大肆报道中受到了严重打击。

尽管捷蓝航空的高管立即在电视采访中道了歉，可新闻媒体仍紧抓着那场暴风雪中的人间戏剧不放，这进一步损害了公司形象。

事情发生5天后，捷蓝航空的CEO戴维·尼尔曼（David Neeleman）在YouTube上真诚地表达了歉意，[1]当时YouTube还是一个刚成立不久、相对不知名的网站，被谷歌收购也才3个月。结果，尼尔曼这段时长达3分钟的道歉视频（和行动号召），从40万观众那里收获了许多支持性和建设性的客户反馈，人数之多是捷蓝航空未曾料想到的。

走出逆境之后，捷蓝航空意识到用社交媒体同客户和公众进行有效沟通的力量不可小觑。该航空公司注册推特账号几个月后，已有超过200万的粉丝。捷蓝航空目前雇用了20多位全职和非全职的员工来负责社交媒体的互动，为用户个人旅行解决问题，找出需要马上加以注意的政策问题，并与捷蓝航空在社交媒体上的粉丝保持良性沟通。

比如，在一次典型的交流中，捷蓝航空官推同两名乘客的沟通如下：

---

1. 捷蓝航空YouTube主页。CEO戴维·尼尔曼的评论，2007年2月19日。参见https://www.youtube.com/watch?v=-r_PIg7EAUw。

乘客1：@捷蓝 我在丹佛（Denver），想检查一下我的包，但柜台没有人。这到底是怎么了？

乘客2：@乘客1 捷蓝在丹佛的工作人员通常要到起飞前两小时才会在那儿。你可能要等30—45分钟。

捷蓝：@乘客2 回得比我还快呢，不管怎样先给我们的总经理和主管发条消息提个醒吧。有很多人在等吗？

乘客1：大概五六个人，还不算多。

捷蓝：给特雷莎（Theresa）发个消息，我们总经理在那边。

捷蓝：部分工作人员马上就到，我们在丹佛的办事处离票务处很远。

乘客1：@捷蓝 @乘客2 谢谢你们组队帮忙。

整个沟通过程只花了几分钟，让乘客不仅可以与捷蓝航空进行有效的沟通，还能与捷蓝航空客户社群的其他成员一起解决问题，这展示了社交媒体的力量。

在另一个例子中，一位捷蓝航空乘客在俄勒冈州波特兰市被要求花100美元来托运要带上飞机的折叠便携式自行车，尽管它是装在旅行箱内，且尺寸和重量也在捷蓝航空免费托运行李的规定范围之内。票务员解释说，捷蓝航空公司政策规定，所有托运的自行车，无论型号，都要估价并支付特殊的行李费。在登机前不久，这位乘客发推文、写博客表达他沮丧的情绪，他认为这项政策是不合理的。捷蓝社交媒体的一位代表迅速联系票务员进行核实，并把情况报告给捷蓝航空总部的一位高级主管。这名乘客还未落地时，捷蓝便已迅速做出改变其政策的决定，允许免费托运符合条件的便携式自行车。之后，捷蓝航空安排了一名票务员在航班抵达后亲自向这位乘客道歉并退款给他，令他惊讶不已。捷蓝航空还公布了其在这位乘客的推特账户和博客上所做的快速应答，这在该乘客的自行车爱好者圈子里迅速传播开来。

2007年，捷蓝航空从冰雹危机中了解了社交媒体的力量，5年后，这使它在另一次危机公关中表现亮眼。当时，在一次穿越全国的飞行中，捷蓝航空的一名飞行员精神崩溃，咆哮着跑向客舱，令乘客大受惊吓。捷蓝航空立即对推特账号进行实时更新，还创建了一个直播博客，以让乘客和利益相关者了解情况并安慰他们。

这些事例表明，可以把社交媒体当作一个同消费者沟通和建设品牌的强大工具，但前提是，公司已经做好了与消费者进行实时且有意义的对话并帮助他们解决问题的准备。捷蓝航空在使用社交媒体方面一直是行业领先者，尽管按照乘客人数算，捷蓝在美国的航空承运商中只能排到第五位，但相比其他航空公司，捷蓝吸引着更多的追随者。

有趣的是，我们注意到，虽然美国航空公司在美国航空业界算是最活跃的推特用户（如图8.4所示），但使用社交媒体并未有效地提高它的消费者满意度。[1]根据最近公布的消费者对美国各航空公司满意度的调查显示，美国航空排名第六，而捷蓝航空名列第一。[2]

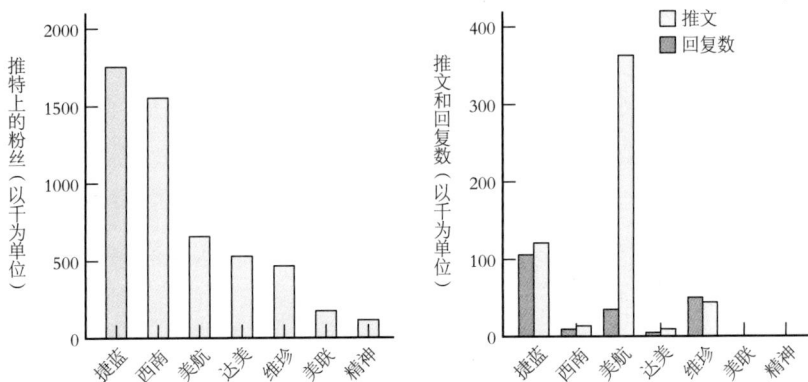

图8.4 航空公司在推特上的活跃度。
a.推特粉丝数量；b.推文与回复的数量

1. 图8.4中的数据截至2014年2月20日，由推特提供。
2. 格雷戈里·卡普（Gregory Karp），《捷蓝航空、西南航空——消费者体验的顶级运营商》（*JetBlue, Southwest Top-Rated Carriers for Customer Experience*），《芝加哥论坛报》（*Chicago Tribune*），2015年3月19日。

对美航使用推特的方式进行研究后，我们发现了妨碍其达到预期目的的两个缺陷。首先，未持续跟进或以有意义的方式回应客户的投诉和咨询。与捷蓝航空不同的是，美航往往未能跟进客户的问询，而是进行一些无诚意的道歉或毫无帮助的回应，这只会让人更加恼火。比如，在最近的一次交流中，一名乘客发推文给航空公司表示对票价的担忧。美航对此的回应是需要提供更多的信息。乘客回复说她买票之后，美航就降低了票价，但拒绝让她享受新票价，除非她缴纳200美元的变更费。美航迟迟未回应她的抱怨，于是她结束了这次交流，并发推文告知其关注者："早知道这样，我就乘西南航空了。"

甚至在美国航空公司做出了回应的时候，其推文也往往不能解决客户的问题。例如，最近有一位用户发推文抱怨说，因两位票务员中有一位离开了，他在美航商务舱机票柜台办理登机时等待了40分钟以上。对此，公司回应说："很抱歉，我们尽了最大的努力。"还有另外一件事，一位用户发推文抱怨说自己被困在飞机上等待起飞有两个多小时，美航官推则回复说："很抱歉，再坚持一下。"

美航在运用社交媒体上的第二个缺陷是，不经意间把它变成了客户批评公司的公共讨论平台。不用说，当本就感到不满的乘客因为无用的回复而变得更加愤怒时，推特和脸书就会成为广大用户发泄情绪的论坛。例如，美航最近引发了一场批评风暴。一对夫妇之前预定了美航的航班，但因其年仅9岁的儿子去世，所以他们选择了退款，而美航却拒绝了这项要求。[1]这位悲痛的母亲把美航不近人情的拒绝信贴在她的脸书主页上，内容很快就传开了。社交媒体是一把双刃剑，它可以增强也可以削弱公司的品牌形象，这取决于公司如何有效地利用它。

1.《美国方式》（*The American Way*），《格列佛商界游记》（Gulliver Business Travel），《经济学人》，2015年3月16日。

品牌杀手

鉴于品牌资产对公司绩效的重大贡献，能认识到并避免以下三种无心但又常见的管理错误非常重要，因为它们会削弱公司的品牌形象：

☆ 打破品牌承诺。
☆ 因不和谐地扩展产品线而冲淡品牌意义。
☆ 因产品过于复杂而淡化了品牌价值。

打破品牌承诺

大品牌会明确传达出一家公司及其产品所代表的承诺，这个承诺往往建立在几十年不变的品牌定位和营销传播基础上。因此，如果一家公司突然转换路线，并推出打破其品牌承诺的产品，它可能会疏远客户，并为品牌招致反感，损害品牌的声誉，就算这种影响不是永久性的，也将持续好几年。

打破品牌承诺最著名的案例之一是通用汽车公司，该公司用几十年时间在美国汽车市场上打造出了极为强势的品牌。通用通过创造出一个品牌组合来实现"为各种用途都准备一辆汽车"[1]的承诺，从而在20世纪的大部分时间里，一直在美国汽车市场中占据最大的份额。

在通用汽车的品牌层次结构中[2]，雪佛兰是入门级的品牌，与通用的其他品牌相比，它的功耗较低，豪华功能较少。庞蒂亚克被视为通用汽车的性能品牌的代表，其标志性的GTO跑车和特兰斯艾姆（Trans Am）豪华型轿车配备了强大的V8引擎，优化后功率高达350马力[3]。

---

1. 此处名言出自艾尔弗雷德·斯隆，1923—1956年，他曾担任通用汽车公司的总裁、CEO和董事长。
2. 本节中描述的是20世纪70年代通用汽车的品牌战略。正如文中所指出的，通用汽车在20世纪80年代从根本上改变了其产品定位的方法，并于2004年和2009年分别停止了销售庞蒂亚克和奥兹莫比尔品牌。
3. 1马力=735.499瓦。——编者注

通用汽车公司为追求彰显身份（并且能够负担得起）的买家提供了两个高档品牌。别克的主要销售目标是那些对豪华车驾驶舒适性有兴趣的保守买家，而奥兹莫比尔则具有复杂的工程特性，是通用汽车公司第一个引入涡轮增压发动机和前轮驱动的品牌。

凯迪拉克站在品牌层次结构的最高点，是通用汽车公司的顶级豪车品牌。凯迪拉克以其独特的舒适性和强大的性能特点使得通用公司的其他品牌难以望其项背，它在汽车领域所取得的技术成就经常会成为世界标准。在其辉煌的历史中，凯迪拉克是全世界第一家引进电机启动器、电控燃油喷射、电动天窗、自动前照灯调光器、电动记忆式座椅、自动温度控制、自动负载平衡、电动座椅加热和防盗系统等重大技术成果的汽车制造商。

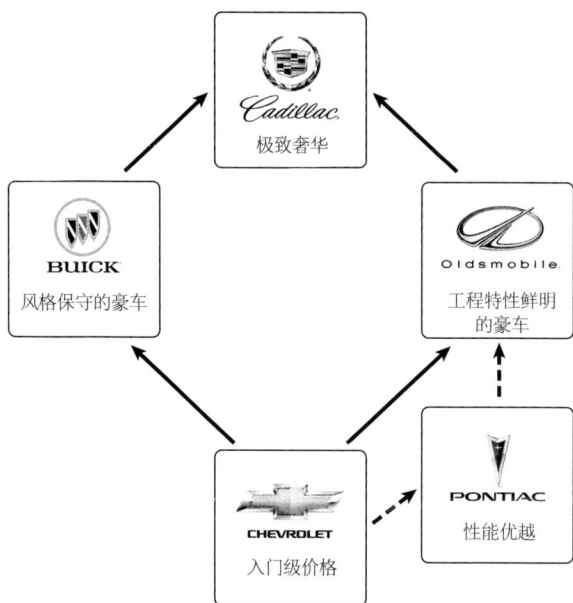

图8.5 通用汽车品牌层次结构

通用汽车公司的品牌战略实施得很好，实现了其吸引大量入门级购车者的目标，并铺设了合理的愿望路径，可以在连续的购买周期内保持客户对品牌的忠诚。20世纪60年代，通用汽车公司在美国的市场份额超过了50%，其看似所向无敌的发展态势激起了反垄断者的担忧。但通用汽车公司的成功和管理层的思想僵化助长了企业对待员工、供应商和客户的傲慢态度。公司的商业模式使其产品复杂性、成本以及公司内部对客户和投资的争夺都达到了很高的程度，它的竞争力显然比管理层所意识到的要脆弱得多。

之后，美国在20世纪70年代早期经历了汽油危机，致使丰田、本田（Honda）和日产（Nissan）的高质量、更便宜且更节能的汽车开始蚕食通用汽车的市场份额。作为回击，通用汽车公司开始开发小型座驾，以雪佛兰Vega为始。《人车志》（*Car and Driver*）评论说："如果要评选汽车史上最糟糕的汽车，那雪佛兰Vega会登上所有人的候选名单。它是如此不可靠，似乎只有在它被拖走的时候，人们才能看到一辆Vega上了路却又不喷油烟。"[1]

由于提高质量和降低成本的需求变得更加紧迫，通用汽车随后在CEO罗杰·史密斯（Roger Smith）的牵头下实行了"平台工程"战略，这个战略有着严重纰漏。要知道，罗杰·史密斯的长项是在金融领域，而不是在营销或技术领域。

平台工程背后的逻辑是，在不同品牌类别里，对规格相近的汽车实行标准化的主要零部件设计，如底盘和引擎，以此来降低成本，从而提高规模效益。因此，通用汽车能够显著减少所需组件的总数以支持它的众多车型。不同型号之间的差异主要是在外观设计上使用品牌特定的外饰件（如前格栅、前灯和附加饰品）。

这种方法的问题是，通用汽车虽然获得了更大的规模效益，看起来得到的比失去的多，但是要知道，通用汽车打破了它强有力的品牌承诺——有意义的差异化，而这种承诺才是几十年来帮助它吸引和留住客户的原因所在。在通用汽车平台工程战略下生产出来的汽车，模糊了它家喻户晓的各种品牌

1.《人车志》编辑，《不光彩的事：汽车史上十大最尴尬的获奖者》（*Dishonorable Mention: The 10 Most Embarrassing Award Winners in Automotive History*），《人车志》，2009年1月。

之间的差异，就像1983年《财富》杂志封面上所描绘的那样。[1]图8.6显示的是通用汽车公司生产的中型车的各种变体，分别由它旗下的雪佛兰、庞蒂亚克、别克和奥兹莫比尔品牌所销售。这些汽车不仅外表相似，性能特征也是相同的，从而破坏了分层品牌定价的历史依据。

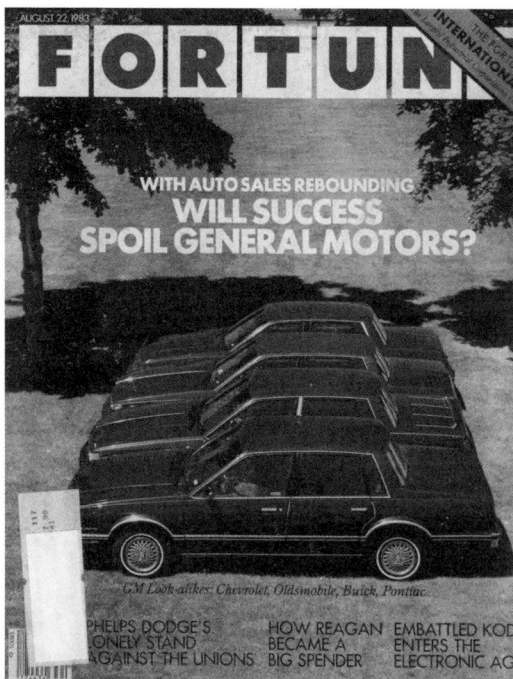

图8.6　通用汽车旗下的四种品牌的中型车

1982年，通用推出了J型（J-body）紧凑型轿车，其品牌杀手平台战略使通用汽车跌到了谷底，通用的五个汽车品牌，包括凯迪拉克在内，全都生产了J型车的变种，这些车看上去简直一模一样。在损害凯迪拉克的品牌形象长达6年，并经受了惨淡的销售业绩（尽管折扣很大）之后，通用汽车公司于

---

1. 保罗·尼德迈耶（Paul Niedermeyer），《成功会毁掉通用汽车》（*Will Success Spoil General Motors*），《财富》，1983年8月22日。

1988年停止了凯迪拉克品牌旗下J型车西马龙（Cimarron）的生产。虽然通用汽车在随后的几年中试图重建更有意义的品牌差异化，但打破品牌承诺让它付出了惨重的代价。2009年，通用汽车被迫停止旗下的两个品牌（奥兹莫比尔[1]和庞蒂亚克）的生产，宣布破产。尽管从停产西马龙起已经过去了近30年，但凯迪拉克仍在为恢复其顶级汽车的品牌名望而奋斗。

打破品牌承诺并不是造成通用汽车在2009年陷入破产困境的唯一原因，但其品牌杀手，也就是平台战略无疑是其犯下的最严重且持续时间最长的错误。

最近的两个例子是奈飞和杰西潘尼，它们打破了自己的品牌承诺，面临着严重的后果。

2011年夏天，奈飞的发展势头高涨。其集DVD租赁服务和流媒体视频为一体的业务增长强劲，它的股价比前两年增加了500%还多。该公司的主要竞争对手百视达公司最近已宣布破产。奈飞的高管里德·黑斯廷斯也因其最善于领导公司为消费者服务，被《财富》杂志评为2010年度CEO。[2]

因此，当2011年7月12日黑斯廷斯宣布公司很快就会拆分成两个独立实体时，舆论一片哗然。也就是说，想要继续使用DVD租赁和流媒体视频服务的顾客必须分别注册两个账户，每个月要支付16美元——订阅费用上涨了60%。

黑斯廷斯公开解释说，这种变化对公司来说是最好的事情，并忽视用户的投诉，这让客户更为恼火。黑斯廷斯指出，DVD租赁和流媒体视频企业的核心竞争力有很大不同，公司将两种服务分开才能起到最好的管理效果。但是，客户关心的并不是奈飞公司的核心竞争力，他们感到被出卖了，认为奈飞打破了它长期以来所坚持的品牌承诺：便捷、可选择性和物有所值。

在宣布这项计划后的第一个季度，80万奈飞用户取消了他们的订阅。到

---

1. 奥兹莫比尔于2004年停产。——编者注
2. 詹姆斯·B.斯图尔特（James B. Stewart），《奈飞回首其濒临死亡之螺旋》（*Netflix Looks Back on Its Near-Death Spiral*），《纽约时报》，2013年4月26日。

黑斯廷斯宣布将于10月10日放弃他这个考虑不周的计划时，奈飞的股价已经跌了近60%。

通常情况下，若一个公司犯下这样一个严重违反其品牌承诺的错误，要么CEO的工作不保，要么对品牌造成永久的伤害，或两者兼而有之。但黑斯廷斯执行了一项非同寻常的转变，马上为之前的订阅客户以折扣价格恢复原始服务，并为公司犯下的错误负全责，削减自己当年股票期权奖励的50%。

黑斯廷斯诚恳的认错态度使消费者产生了共鸣，公司不断改进的价值主张重建了订阅者的信心。奈飞已经成为标准普尔500指数上表现最好的股票之一，2011—2015年，其股价上涨了近5倍。

但罗恩·约翰逊在打破杰西潘尼的品牌承诺后就没有那么幸运了。约翰逊负责运营的苹果零售网店取得了令人瞩目的成绩，也因此于2011年11月被聘为杰西潘尼的CEO。上任不到两个月，约翰逊就提出了一个雄心勃勃的企业改造构想，其中最引人注目的是取消杰西潘尼每周一次的促销活动，这是100多年来其品牌承诺的代表性元素。

约翰逊制订了一项"公平合理"的定价计划来取而代之。即所有商品的定价都比现在的标价低40%；每个月都会推出一个新的销售主题，与节日相关的商品或是当季商品都会享有比公平合理价格更低的"月度价格"；没卖出去的月度商品会在每月的第一个周五或第三个周五进行清仓甩卖。消费者发现，这项新计划把人弄得晕头转向，毫无吸引力。

约翰逊这样做，是因为他认为杰西潘尼长期以来固守的每周折扣福利政策，本质上是在培养消费者只在折扣的时候消费的坏习惯。因此，公司的财务业绩才会落后于梅西百货（Macy's）、塔吉特百货和其他主要竞争对手。

但约翰逊与黑斯廷斯犯了同样的错误，虽然他们都试图努力去解决公司的问题，但并没有充分地考虑客户意见，而是以惊人的速度来实现政策的转变。在上任之后的6个月里，约翰逊重新给杰西潘尼商店的所有商品定了价，更换了广告代理商，几乎解雇了所有高管和许多中层管理人员，不仅如此，他还更改了公司的商标。

约翰逊这样解读他的战略：

　　若是客户认为价格超出商品真正价值，他们不会多支付一分钱。正因为我们现在是全美最受欢迎的商店，所以我们要重新考虑公司业务的方方面面，大胆寻求改变，为股东创造长期利益。我们的每一个计划都将遵循我们的核心价值，我们设身处地地为客户着想——做到公平合理。[1]

　　但是消费者并不买约翰逊的账，认为他所设想的消费者想被怎样对待或想要怎样购物都只是他自己的想法而已，他们开始成群结队地到杰西潘尼的竞争对手，也就是那些仍旧提供传统促销和折扣的店里消费。2012年第一季度，梅西的报告显示，其利润暴涨了38%，而杰西潘尼则披露，公司蒙受了巨大损失，致使其股票在一天内暴跌17%。

　　在2012年余下的时间里，约翰逊继续捍卫和执行他的计划，而消费者依旧持抵抗态度。杰西潘尼2012年第四季度的收益可能是有史以来大型零售商最糟糕的季度业绩：同店销售下降32%，达38亿美元[2]。到2013年4月，杰西潘尼的股票在约翰逊任职期间下跌了60%，董事会忍无可忍，在其上任才17个月就找人取代了他的位置。约翰逊任职期间给杰西潘尼造成的损失至今还未恢复，其市场价值在接下来的30个月下降了40%。

　　现在回想起来，里德·黑斯廷斯和罗恩·约翰逊有合理的商业理由来改变公司的策略。若是消费者接纳他们的计划，奈飞和杰西潘尼会因此提高效益和利润。但是这两位CEO都没预料到，一旦打破了公司的品牌承诺，那些曾经忠实的顾客会有被出卖的感觉，他们会把生意带走。为公司打造出一个

1.《杰西潘尼将在纽约发布会上透露其转型计划》（*JCPenney's Transformation Plans Revealed at Launch Event in New York City*），美通社，2012年1月25日。参见http://www.prnewswire.com/news-releases/jcpenneys-transformation-plans-revealed-at-launch-event-in-new-york-city-138045223.html。
2. 吉姆·爱德华兹（Jim Edwards）和查利·米纳托（Charlie Minato），《前CEO罗恩·约翰逊是怎样使杰西潘尼变得更糟的》（*How Ex-CEO Ron Johnson Made JCPenney Even Worse*），商业内幕（Business Insider），2013年4月8日。

有价值的品牌承诺需要很长一段时间，而背叛客户信任所需的时间却短得令人唏嘘。

因不和谐地扩展产品线而冲淡品牌意义

强势品牌有强烈的动机去推出那些能够利用其广泛的消费者认知度和良好声誉的新产品。有许多成功的产品线扩展的例子，帮助那些有强势品牌的公司，创造了新的利润增长机会。

☆ 在为价格低廉的一次性圆珠笔开拓了全球市场之后，比克公司（BIC）成功将业务扩展到一次性打火机和剃须刀上。

☆ 绅士（Planters）靠着花生打造出了强势品牌，又利用其品牌声誉将产品线扩展到花生酱、花生棒和其他各式各样的坚果制品上。

☆ 宝洁旗下的品牌汰渍（Tide），因不断推出新的洗衣清洁产品——包括液体洗涤剂、个性洗涤剂和增强版洗衣添加剂（例如漂白剂、织物软化剂、气味去除剂等）一直保持着洗涤剂市场的领导地位。为进一步利用其品牌声誉，宝洁公司还以汰渍为名号设立了干洗连锁店。[1]

消费性包装品为扩展其产品线会定期增添新口味、新包装品种，或改进性能。比如，达能（Dannon）通过不断向其传统酸奶、希腊式酸奶和食品生产线中添加各种口味，一直在美国酸奶市场中保持强势地位。

如果一家公司冒险推出与其公司宗旨相差甚远的产品，那么就无法实现有意义的产品差异化，还会造成消费者的困惑，它们会因自身的因素而失败，在某些情况下，还会削弱母品牌的形象。每一个成功扩展生产线的故

1.安德鲁·马丁（Andrew Martin），《嗅到商机》（*Smelling an Opportunity*），《纽约时报》，2010年12月9日。

事背后，都有无数失败的例子，[1] 其中一些还给那些等着看笑话的人提供了笑柄。

哈雷戴维森以其越野摩托车和相关饰品品牌（如皮带扣、皮夹克）闻名于世，却莫名其妙地涉足香水领域，推出了名为"热路"（Hot Road）的淡香水，结果遭遇失败。除了哈雷以外，还有其他公司也进行了这种扩展生产线到香水领域的不明智行为。芝宝（Zippo）公司曾尝试着推出了一系列Zippo品牌香水，不过它的打火机液比它的香水更有名些。甚至连汉堡王（Burger King）也加入了战局，它推出过一款身体喷雾，并形容其气味是"带有一点烤肉味道的诱人香气"。[2]

库尔斯在20世纪80年代末期一直在同比它更强大的竞争对手争夺美国啤酒市场，它利用落基山脉的自然馈赠，生产了库尔斯牌苏打水，但并没能取得成功。在这个本就热门的品类中，它不幸地成为没有竞争力的"货架上的第101号产品"，很快就被撤回了。

吉尼斯（Guinness）因其醇香的烈性啤酒而闻名，却抵挡不住20世纪70年代末清淡啤酒日益增长的需求的诱惑。1979年吉尼斯公司推出了吉尼斯淡啤酒（Guinness Light），这是两百年来它首次推出新产品，宣传方面主要靠印刷广告，广告上印有一条标语："他们说这不可能被酿出来。"但消费者没有太关注这个新产品，这表明，根本就不该酿造吉尼斯淡啤酒，因此，在新产品上市后不到两年，就被公司悄悄地撤回了。[3]

因为生产线扩展到打火机和剃须刀取得了成功，比克又进一步将业务扩展到连裤袜领域。比克连裤袜没有与消费者产生共鸣，很快就被放弃了。

1. 据估计，产品线扩展失败的比例为60%—90%。例子请参见，戴维·阿克（David Aaker）的《品牌扩展：好的、坏的、丑陋不堪的》（*Brand Extensions: The Good, the Bad, and the Ugly*），《麻省理工斯隆管理评论》（*MIT Sloan Management Review*），1990年7月15日；以及劳拉·里斯（Laura Ries）的《卡骆驰是怎样毁灭的》（*How Crocs Crashed*），2009年10月，《里斯的报道》（*Ries' Pieces*），http://ries.typepad.com/ries_blog/crazy_lineextensions。
2. 哈德利·弗里曼（Hadley Freeman），《为男士准备的小礼物——汉堡王身体喷雾》（*A Tasty Little Present for Men—Burger King Body Spray*），《卫报》（*Guardian*），2008年12月16日。
3. 戴维·休斯（David Hughes），《请给我一瓶吉尼斯啤酒：五彩斑斓的吉尼斯历史》（*A Bottle of Guinness Please": The Colourful History of Guinness*），沃金厄姆（Wokingham），英国：Phimboy出版社，2006年。

是不是一条错误扩展的生产线不仅会导致它自身的失败，同时还会损害其母品牌的声誉？最近的研究表明，消费者往往会对强势品牌相对宽容一些，即使在它们误入歧途的产品线扩展没能获得市场青睐时也是如此。[1]然而，也会有因不适宜商品的发布而损害母品牌形象的时候，尤其是当推出的新产品属于公司的核心业务范围时，对其长久以来建立起来的品牌价值造成的破坏最为明显。

例如，当通用汽车公司与赛格威（Segway）合作，短暂地涉足个人移动设备产品线而未能取得成功时，很少有客户关心这次失败。消费者显然对这次产品失败毫不在意，只把它当成两家公司之间一段无关紧要的露水姻缘。然而，如上文所述，凯迪拉克却因为小型豪华轿车西马龙这一灾难性的产品线扩展，严重地破坏了自身的品牌形象，这个形象是靠着它多年以来在自我宣传时打出"创造更高标准"和"世界标准"等傲慢的标语才得以建立的。

同样，有许多市场营销专家质疑星巴克推出VIA速溶咖啡是否明智，在推出这款产品时，星巴克发起了一场广告活动，向顾客发出挑战，要求他们将VIA和现调咖啡进行比较。[2]即使两者品尝起来口味相差不大（这一点在许多公开评论中受到了质疑），但更大的问题还是VIA能否与星巴克在奢华的氛围中带给顾客独特的体验这一声誉相称。

这些例子对成功扩展产品线的必要条件提出了更大的疑问，只顾着让扩展本身获得成功是不够的，还要利用并强化其母品牌。

成功的产品线扩展表现出了两个基本特性：品牌影响力和类别匹配。品牌影响力指的是品牌自有的特定属性的影响力，利用它能够成功地将品牌扩展到新类别中去。比如，各品牌可以利用其在功能优势[如吉普（Jeep）]、品

---

1. 凯文·莱恩·凯勒和桑贾伊·苏德（Sanjay Sood），《稀释品牌资产》（*Brand Equity Dilution*），《麻省理工斯隆管理评论》，2003年秋季。
2. 有关详例，请见詹姆斯·波尼沃泽克（James Poniewozik）的《VIA速溶咖啡尝鲜测试：评定星巴克的新速溶咖啡》（*VIA Taste Test: Grading Starbucks' New Instant Coffee*），《时代》，2009年10月2日；巴里·西尔弗斯坦（Barry Silverstein），《星巴克口味，速溶咖啡的味道》（*Starbucks Favors, Flavors Instant Coffee*），品牌频道网站，2010年5月17日。http://content.time.com/time/arts/article/0,8599,1927544,00.html。

类领导力（如绅士花生），或是无形的信誉（如路易威登）方面的声望来为新产品铸造光环。

然而，一个品牌要想在新的类别领域被接受，是必须要得到消费者的认可的。这里我们将引入类别匹配的概念。所谓类别匹配，指的是品牌属性在新产品类别中对消费者的吸引程度和消费者对它的重视程度，即扩展的品牌与消费者期望的匹配程度。

品牌影响力和类别匹配概念有助于解释本章前面所引用的例子中产品线扩展所带来的不同市场反应。例如，没人质疑哈雷戴维森在性能强劲的摩托车领域所享有的声望，大家也都知道它的消费者的顽强的自由精神。公司利用其标志性品牌推出各种各样的饰品，这进一步增强了它那充满男子汉气概的品牌形象——如其推出的皮带扣、皮夹克和男士珠宝等。但是，当消费者要挑选、购买淡香水时，哈雷品牌的影响力就没什么价值了——实际上，它与消费者的意向还会有直接的冲突。芝宝和汉堡王也一样。

强势的品牌可以创造品牌影响力，但前提是，新产品类别的消费者也重视该公司最出名的品牌特性。比如，消费者认可了吉普涉足一个明显不同的产品类别。因为做到了无论任何地形都能确保乘客的安全，吉普的越野车名声大振。这些品牌属性也受到了婴儿推车买主的重视，所以，吉普才能成功扩展其产品线。

因产品过于复杂而淡化了品牌价值

第三种能让公司在不知不觉中淡化其品牌价值的方式就是，随着时间的推移，产品组合变得太过复杂。过度的产品复杂性不仅增加成本，降低质量，损害收益，同时也会削弱公司的品牌形象。[1]

---

1. 马克·戈特弗雷德松和达雷尔·里格比（Darrell Rigby），《管理复杂性的能力》（*The Power of Managing Complexity*），《哈佛商业评论》，2009年1月12日。

有一个因其产品线过于复杂而损害公司品牌形象的极端事例，就是乐柏美（Rubbermaid）公司，它是美国领先的家用塑料容器制造商。20世纪90年代早期，乐柏美凭借其在产品设计方面的创新能力，一直享受着两位数的年增长率，并于1993年被《财富》杂志评为最受尊敬的公司。

但是，低成本的外国竞争商开始涌现，它们在那些看重价格最低、质量"过得去"的产品的消费者和大型零售商中找到了受众。乐柏美CEO沃尔夫冈·施米特（Wolfgang Schmitt）的回应是在产品创新上加倍努力，宣称"我们的目标是以大量别人无法复制的商品干掉竞争者"。[1]

施米特恪守誓言，领导着乐柏美疯狂地进行新产品的开发工作，开发出了5000种商品，包括426种特别的颜色（其中黑色就有18种深浅不一的色调），分散在数千名供应商手中。这种高复杂性增加了公司的成本，致使供应链遇到瓶颈，给质量和效率都在稳步提高的竞争者创造了机会。因为有许多其他有竞争性的替代品，沃尔玛对高价且很少能按时交付（交付准时率为75%）的乐柏美说了不，下架了许多乐柏美的产品。在其他零售商那里，对乐柏美的需求也在持续下降，因为许多客户不再认为该公司的产品种类与其较高的定价相符。到1998年，因为损失不断加剧，乐柏美决定将公司卖给纽威尔（Newell）——一个扭转局势的专家——卖出的价格远低于其股票价格的峰值。[2]

最近一个因为产品线过于复杂而削弱其品牌形象和价值主张的例子是印象笔记（Evernote）。印象笔记创建于2008年，是一个跨平台、免费增值的应用程序，可以用来记录、编辑和存储个人信息。换句话说，印象笔记旨在让个人和团队工作的时候可以在任何设备上以任何格式存储和检索他们所需的信息。

到了2013年，公司看起来运营强劲，顺风顺水；有8000万注册用户，吸

---

1. 悉尼·芬克尔斯坦（Sydney Finkelstein），《聪明的高管失败的原因》（*Why Smart Executives Fail*），纽约：Portfolio出版社，2004年。
2. 同上。

引了超过3亿美元的风投，公司市值达到了10亿美元。[1]但接下来的两年，公司的发展陷入了泥沼。2015年，印象笔记解雇了近20%的员工，10个全球办公室关闭了3个，并更换了CEO。[2]

事实证明，绝大多数用户只注册了免费的应用程序，印象笔记没有足够的价值来吸引他们升级到付费版。因为执着于增加收入，印象笔记失去了重点，不断发布新产品，增加了产品复杂性，且往往表现不佳。公司开发了很多特性和功能，但越来越难以向新用户甚至资深用户解释这到底是什么产品。

印象笔记的前CEO菲尔·利宾（Phil Libin）解释说："用户走了，他们说'哦，我爱印象笔记。我用了它好几年，现在才知道我只用了它所能做到的5%'。问题是，每个人的5%都是不一样的。如果每个人所发现的5%都是相同的，那么我们就把其他95%的功能砍掉，这样会节省我们很多钱。印象笔记是一个用途非常广泛的平台，我们应该花更多力气来把它整合好。"[3]印象笔记铆足劲把自己铺得太开，忽略了其核心定位和主要的消费者价值主张。

为什么公司会允许出现产品线过度复杂的情况来破坏其品牌价值和业务生存能力？不断增加产品种类以致达到经济上不合理的水平，这种趋势实际上相当普遍。为了弄清楚为什么，不妨想象一下，如果你是某种消费性包装品的品牌经理，正拼命要从咄咄逼人的国民品牌和自营品牌竞争对手那里夺回哪怕百分之一的市场份额。

如果你的竞争对手最近在增加宣传成本的支持下，推出新口味、新包装设计和物有所值的变形产品，那么迫于压力而扩展产品线似乎就是难以抗拒

1. 斯科特·奥斯汀（Scott Austin）、克里斯·凯尼伯（Chris Canipe）和萨拉·斯洛宾（Sarah Slobin），《10亿美元的创业俱乐部》（*The Billion Dollar Startup Club*），《华尔街日报》，2015年2月18日。
2. 尤金·金（Eugene Kim），《价值10亿美元的印象笔记如何从硅谷宠儿跌落到无底深渊》（*The Inside Story of how $1 Billion Evernote Went from Silicon Valley Darling to Deep Trouble*），商业内幕，2015年10月3日。
3. 克里斯·奥布赖恩（Chris O'Brien），《印象笔记5%的困扰给科技公司的警示》（*Evernote's 5 Percent Problem Offers a Cautionary Lesson to Tech Companies*），VentureBeat科技博客，2016年1月5日。

的了。你的产品线可能已变得陈旧，有一段时间没有新的"故事"去讲述给零售商或消费者听了。也许你公司的大数据分析师在某些种族、性别和地理细分市场中发现了尚未开发的需求，可以更有针对性地提供新产品。

这些市场信号表明你的产品线迫切需要新的产品阵容，而且，作为市场营销专家，应如期盼般那样，发挥你的创造性思维，释放创意去推出新产品以刺激需求。

面对类似的情况，各行各业的营销高管都在不断扩展产品线：

☆ 典型的例子是，美国超市所具有的库存量从20年前的1.5万库存单位增加至现在的3—5万库存单位。[1]

☆ 最近美国四家主要的无线服务供应商总计提供了近700份定价方案。[2]

☆ 过去15年来，在汽车、化工、机械、医药和快速消费品行业中，产品的复杂性增加了220%，而产品的生命周期则缩短了30%。[3]

☆ 亚马逊陈列的商品琳琅满目，但消费者只需点击一下鼠标就能触及它们，这带给生产商和实体零售商不少压力。举个例子吧，如果你想为爱犬购买小饼干，亚马逊将为你（和你的爱犬）提供100多种独特的选择。

但在增加产品种类以寻求提高销售额的同时，产品规划者和品牌经理往往忽略许多不利影响，其中包括成本的增加、质量的下降、品牌的印象淡化和客户的困惑。

事实上，过多的产品增殖之所以会减少公司的销量，有如下两个原因：

1. 约翰·斯约特洛姆·拜尔（Johan Sjöström Bayer）、米卡埃尔·希尔丁（Mikael Hilding）、安塔尔·坎普斯（Antal Kamps）、古斯塔夫·萨伦（Gustaf Sahlén）和罗宾·斯拜瑞夫斯（Robin Sparrefors），《当产品复杂性伤害了赢利能力》（*When Product Complexity Hurts True Profitability*），《埃森哲展望》（*Accenture Outlook*），2013年2月。

2. 托马斯·格里塔（Thomas Gryta），《手机套餐的定价难题》（*Inside the Phone-Plan Pricing Puzzle*），《华尔街日报》，2013年7月31日。

3. 《掌握产品的复杂性》（*Mastering Product Complexity*），罗兰贝格国际管理咨询公司（*Roland Berger Strategy Consultants*），2012年11月。http://www.rolandberger.us/media/pdf/Roland_Berger_Mastering-Product-Complexity_20121107.pdf。

首先，研究发现，当面对过多的选择时，消费者可能会放弃购买。比如，在哥伦比亚商学院教授希娜·延加（Sheena Iyengar）的一次实验中，她在超市的食品桌上摆放果酱的样品，分为每6个一组和每24个一组。延加发现，当提供给消费者6项选择时，会有大约30%的人选择购买一些果酱；但是，当面对24项选择时，只有3%的人会购买。[1]正如心理学家巴里·施瓦茨（Barry schwartz）在其著作《选择的悖论》（The Paradox of Choice）中解释的那样，给消费者提供过多的选择，会导致他们出现焦虑、犹豫不决、遗憾等情绪，最终，他们对购买过程以及商品本身的满意度都不高。[2]选择太多或太多的信息会麻痹消费者。[3]

复杂性的提高导致销量下降的第二个原因，与其对零售业务的不利影响有关。产品增殖不仅会使预测出错和缺货等现象增多，也会使库存清理折扣和报废资产减值相应增加。

隔离和衡量这些影响非常困难，这往往会使公司为了控制过度的复杂性而做的努力更加复杂化。因为不断增加产品线复杂性的实际成本广泛分散在整个组织之中，品牌经理基本上看不到，所以攻击、防守、适应或回应市场等看似自由的选择，往往为推出新产品提供令人信服的理由。

按此推理，可以料想，In-N-Out汉堡连锁快餐店会通过增加各种各样的鸡肉、鱼肉、鸡蛋和香肠等制品来吸引新顾客，以与不断扩充菜单的麦当劳竞争。然而，In-N-Out汉堡店并没有选择以这样的方式去应对竞争环境。这究竟是为什么？

根据In-N-Out汉堡所做出的统一的管理决策，限制投入市场的产品范围，专注于提供优质食品，菜品有限，只卖汉堡（根据顾客喜好决定有无奶

---

1. 希娜·延加，《选择的艺术》（The Art of Choosing），纽约：十二出版社（Twelve），2010年。

2. 巴里·施瓦茨，《选择的悖论》，纽约：哈珀·柯林斯出版集团，2004年第一版。

3. 随后的研究提出了一个问题，即选择的悖论是否总是正确的。本杰明·谢伯翰（Benjamin Scheibehenne）和他的同事核查了多个复杂性影响消费者选择的研究，发现净影响为零，需求有时会增加，有时不会。详情见本杰明·谢伯翰、雷纳·格雷芬尼德（Rainer Greifeneder）和彼得·M. 托德（Peter M. Todd），《选择会太多吗？对选择超载的元分析》（Can There Ever Be Too Many Options? A Meta-Analytic Review of Choice Overload），《消费者研究杂志》（Journal of Consumer Research），2010年10月。

酪），单一分量的炸薯条，以及各式冷饮和热饮，他们故意将菜单设计成这样。[1]限制产品复杂性是In-N-Out汉堡商业战略的核心。它在行业竞争中完胜对手的能力不是来自它想要追求什么，而是来自有所不为。

In-N-Out汉堡吸引着忠实的顾客群，他们疯狂地爱着芝士汉堡，他们用在芝士汉堡上的赞美之词通常不会用在麦当劳的食物上。表面上看，这两个快餐连锁店销售着类似的产品，而且价位也相差无几。但In-N-Out汉堡的味道更好，因为它的汉堡由新鲜的肉饼制成，当日供货，制作之前没有经过冷冻；面包都是新鲜烘焙，一天要烤好多炉；新鲜蔬菜都是当天从当地农场运来的，并严格控制其产品质量；汉堡按照严格的工序制作，上餐前不会用微波炉或加热灯加热。

如果这些商业实践能持续生产出味道更好的产品，为什么麦当劳不简单地复制In-N-Out汉堡的做法呢？原因是，麦当劳所选择的战略是提高产品线的复杂性，在全球各地开店，以及延长服务时间。这一战略使其物流和服务运营变得复杂，需要整批装运冷冻食品，再存放在店里的冰柜中，每家分店按照预先工序做好，再通过加热灯保温。因为这种基础产品线策略上的结构性差异，使得麦当劳不得不在质量上做出妥协。

雪上加霜的是，麦当劳日益增长的产品线复杂性也削弱了它迅速完成客户订单的能力，这损害了公司品牌承诺的一大支柱：快餐。《华尔街日报》的一篇文章称："2013年3—7月间，麦当劳推出了麦卷饼、蓝莓红石榴冰沙和足尊牛肉堡等。新产品推出的节奏很快，这给（该公司的）特许经营商带来了挑战，使其业务变得更加复杂，从而减缓了服务的速度。"[2]

确定最优的产品线策略并不是严格的分析性活动，不用交给技术专家用

---

1. In-N-Out汉堡店确实提供了许多未在菜单上列出的调味品，以增加其汉堡的口味。这是"版本控制"的一个很好的例子，也就是一家公司严格限制其核心产品线（控制成本并提高质量），但是又用低成本、可添加的配料来迎合不同消费者的口味，这些配料提供起来相对简单和便宜。小辣椒餐厅（Chipotle）已经采用了类似的"版本控制"的策略。
2. 朱莉·嘉根（Julie Jargon），《麦当劳承认其服务遭遇困境》（*McDonald's Acknowledges Service Has Suffered*），《华尔街日报》，2013年11月14日。

讲究的分析模型去分析。公司当然要随着时间的推移，有选择性地剔除不良产品线，但更为重要的战略措施是，选择公司有希望竞争的产品线：是广阔的市场覆盖面，还是有针对性的产品优势。

对In-N-Out汉堡、苹果公司以及其他一些公司来说，提高产品线复杂性可不是什么免费的午餐。若是没有明确地选择限制它们的产品范围，这些公司不可能始终如一地为顾客提供优质的产品。对它们来说，少就是多。

总的来说，行之有效的产品线策略和品牌策略是相辅相成的。通过不断创新，创造出差异化的产品和服务，可以加强公司的品牌承诺，建立互信，深化其客户在品牌中的身份象征——打上好品牌的印记。

公司可以通过有效利用产品个性化，打造品牌社群，并通过维持与客户的对话来进一步加强品牌价值，同时，还要避免打破其品牌承诺，不和谐地扩展产品线，或拥有过高的产品线复杂性。

第九章

是什么让产品具有
有意义的差异

到目前为止，我已经强调过，在市场上通过不断创新以实现有意义的差异的重要性了。但我还没有对如何衡量产品的差异化进行过剖析，也没有确定有效的策略来帮助公司打造出可以摆脱竞争对手的产品及服务。在本章以及下一章中，我的任务是，阐明当公司陷入狗咬狗的激战中时，怎样做一只猫。

我的逻辑出发点是本章的标题所提出的问题：是什么让产品具有有意义的差异？营销人员和战略家们被教导说，一个公司如何看待其产品和服务并不重要。相反，了解消费者的认知，是解锁顾客未满足的需求及产品差异的关键。

产品定位

能用来帮助我们了解消费者认知的理论是产品定位。[1]这一理论所描述的是，公司的产品和品牌在消费者心目中逐渐占据独特和有价值的地位的过程。定位理论基于以下三个原则：

☆ 市场调研可以衡量消费者如何根据有形的和主观的产品属性来看待竞争产品。（有形属性的例子很多，比如通过像素看数码相机的质量，通过每加仑[2]能走多少英里看汽车燃油经济性，还可以根据产品价格来判断。主观属

---

1. 阿尔·里斯（Al Ries）和杰克·特劳特（Jack Trout），《定位：思想之战》（*Positioning: The Battle for Your Mind*），纽约：麦格劳–希尔教育集团，2001年。
2. 1加仑=4.54609升。——编者注

性包括有趣、使用方便、最好看、味道最好或最值钱等，所有这些都是通过主观评价量表所衡量出来的。[1]）

☆ 通过改变"4Ps"[2]，公司可以影响消费者对产品的认识，明确产品在市场上的表现方式。[3]

· 产品（Product）——产品或服务的设计与特点。

· 渠道（Place）——产品或服务分销的实体或网络渠道。

· 价格（Price）——与采购产品相关的成本与条款，其中包括预付价格、付款条件及经常性费用。

· 促销（Promotion）——在市场中用来促进产品销售的机制，其中包括所有形式的大众和直接营销、销售点展示、促销、公关等。

☆ 公司可以（或者说应该）以消费者认可并看重的方式，打造区别于竞争对手的产品和服务，即创造一个独特的产品定位。

用于分析差异化和产品定位的基本技术是感知图（Perceptual Mapping），它根据一系列相关的性能属性，评估消费者对竞争产品的感觉。例如，图9.1所显示的是消费者是如何从性价比（从最低到最高）和时髦度（从保守到时下流行）的角度来看待华盛顿地区的女装零售商的。[4]通过解读这幅感知图，我们可以从消费者对处于竞争关系的零售商的看法中获得很多启发。

· 首先，基于某些特定的属性，我们可以判断出消费者认为哪些公司是竞争最激烈的对手。例如，尼曼·马库斯（Neiman Marcus）可能被认为它与萨克斯（Saks）之间的竞争要比它与杰西潘尼的更激烈。根据消费者的感知，杰西潘尼的商业特性与尼曼·马库斯截然不同，因此它对消费者的吸引力也

---

1. 阿尼尔·考尔（Anil Kaul）和维瑟拉·R. 拉奥（Vithala R. Rao），《产品定位和设计决断的研究：综述》（*Research for Product Positioning and Design Decisions: An Integrative Review*），《国际市场营销研究杂志》（*International Journal of Research in Marketing*），12，4，1995年11月，293—320页。
2. 4Ps指的是产品和服务是如何引进市场的，包括产品、价格、促销和渠道。——译注
3. 约拉姆·温德（Yoram Wind），《超越4Ps：一种新的营销模式的出现》（*Beyond the 4Ps: A New Marketing Paradigm Emerges*），《哈佛商业评论》，2014年4月1日。
4. 奥维尔·C. 沃克（Orville C. Walker）和约翰·W. 马林斯（John W. Mullins），《营销策略：以决策为重点的方法》（*Marketing Strategy: A Decision-Focused Approach*）第六版，纽约：麦格劳-希尔教育集团，2008年，159页。

与尼曼·马库斯完全不同。

·第二，可以确定一家零售商是否存在形象缺陷。在此研究中，以杰西潘尼为例，人们认为它既不如赫克特（Hecht）时尚，也没有赫克特性价比高。

·第三，可以看出是否还有没被任何竞争者填补的"空白"机会。例如，梅西既时尚又物有所值，还没有零售商的定位能够超过梅西。

接下来的几页会探索各种不同产品定位技术的基本理论。读者如果想直接跳到对运用这些技术的常见陷阱和战略意义的讨论，可以直接跳到下一节"常见的产品策略陷阱"去。

市场研究人员是如何获得生成感知图的数据的？其实，就是简单地向消费者询问他们对竞争品牌的看法。

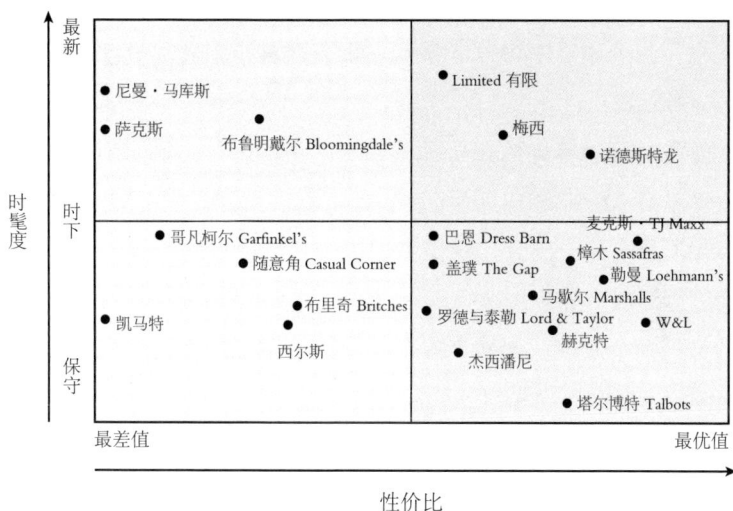

图9.1 针对女装零售商的两种属性感知图

表9.1所示为创建图9.1时所使用的数据类型。要求作为样本的消费者基于15种基本属性，按照从1到7的级别（从最差到最好）对20多家女装零售商进

行评估，其中包括性价比和时髦度。

表9.1 感知图的数据收集

	萨克斯	诺德斯特龙	杰西潘尼	西尔斯	盖璞
性价比	2	3	1	5	4
时髦度	6	7	4	1	6
消费者服务	5	7*	3	4	6
购物体验	5	6	4	2	4
位置便利	3	1	4	4	5
10种其他属性	……	……	……	……	……
整体偏好等级	2	1	4	5	3

*按照从1到7的等级，你如何评价诺德斯特龙的购物体验？

如表所示，一位问卷参与者在"消费者服务"这一项调查中给诺德斯特龙打了7分，而杰西潘尼在这项属性中只得到3分。另一方面，诺德斯特龙在"位置便利"这个属性中得分非常低，相对来讲，到处都有零售店的杰西潘尼在这项中得分较高。

通过计算20多家零售商在15项属性中的平均评分，就能创建任何一对性能特征的感知图，正如图9.1所示。

作为此项分析的一部分，受访者也被要求按照自己的整体偏好对这20多个零售商进行评级，如表9.1的最后一行所示。这使研究人员获得了关于消费者行为的另外两个发现：消费者对每个属性的重视程度，以及在这些方面各有不同的细分市场的规模和组成。[1]

对女性服装零售商的研究数据进行分析后，可以发现有五个不同的消费

---

1. 还有几项分析技术可用于提供一些额外的见解。每个属性的相对重要性，都可以通过显示偏好分析来确定。例如，通过对偏好排名的回归，无论是相关变量和属性等级还是独立变量，研究人员可以分析确定每个属性在解释所观察到的总体零售商排名中的相对重要性。另外，可以直接要求受访者对每个属性的重要性进行排名。最后，研究人员可以选择使用组合分析，从数量上去测量每个零售商属性的价值。在研究中，无论应用以上哪个方法，都可以识别不同的细分市场，在这些细分市场中，消费者在感知产品属性的相对重要性时往往表现出共同的行为特征。

群体。在图9.2中用带有编号的圆圈表示。圆圈的大小与每个消费群体的消费者数量是成比例的，每个圆圈的中心位置，是对这个特定消费群体来说性价比与时髦度的最佳平衡点。

图9.2表明，尼曼·马库斯和萨克斯所吸引的是一个很小的消费群体，他们愿意花高价（低性价比）购买最时尚的女装。在图表的另一端，最大的群体是由对价格敏感的消费者组成，有许多竞争对手在竭诚为他们服务，以有吸引力的价格向他们提供风格不怎么入时的衣服。

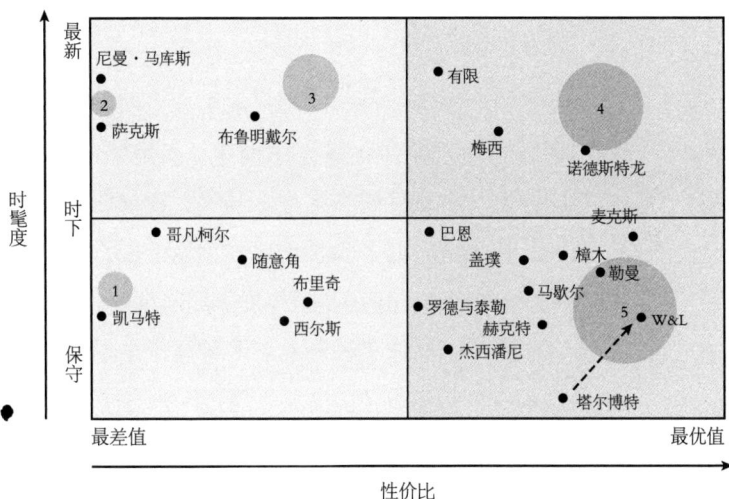

图9.2 通过市场细分后理想化定位的女装零售商

根据这种分析结果，所有企业都可以评估其战略并做出定位其产品的明智选择。如图9.2中的箭头所示，塔尔博特应该意识到，有必要重新定位其产品，用更亲民的价格提供更时尚的衣服，以便让消费者认识到，塔尔博特的产品距离他们所认为的既时髦又具有高性价比的产品并不远。西尔斯、布里奇和随意角处于特别危险的位置，它们似乎和任何一个群体中的消费者都脱节了，这表明，它们需要彻底地反思其产品和市场策略。

这些都是战略上强有力的洞察。即使是基本感知图也可以告知公司其产品与竞争者相比是否具有足够的差异，还可以告知公司其定位是否准确，在其瞄准的细分市场上有没有吸引力。借助这种分析，产品规划者能够做出精明的决策，用高价值、差异化的产品赢得市场的青睐。

然而，接下来我要说的是，产品定位分析可能会在无意中诱导公司的战略走向缩小市场差异性的方向。在探索这些隐藏的陷阱之前，我将回顾一些其他的感知图技术，让大家对常见的产品定位理论的种类及应用有一个全面的认识。

更多感知图技术

到目前为止，我描述的产品定位每一次都只限于两个属性。比如，虽然消费者对其他属性的评分也可以从数据收集中得知，但是如图9.2所示，不同的零售商权衡的是性价比与时髦度两个属性。当然，我可以构建一个新的2×2的定位图表，例如，将消费者服务和性价比作为两个轴。然而，就相对于所有属性来定位诸多竞争者而言，这仍是只能提供局部情况。

但是，通过多元感知图可以描述多种产品在多种属性中的定位。例如，如图9.3所示，以这种技术分析啤酒行业的结果。[1]不用说，当多个产品通过多种属性来定位的时候，所生成的图形是复杂的。然而，通过合理的解释，多元感知图可以对产品定位提供相当重要的帮助。

在图9.3中，来自图表中心的每个向量，表示一种啤酒产品的属性（或是将一组相关的属性合并为一个单一的计量指标）。[2]例如，在本研究中所测量的属性包括每一种啤酒的浓郁度、清淡度、受女性欢迎度、受蓝领阶层欢迎度、溢价程度等。下面对单个向量的方向和长度所表达的意思做个说明。

---

1. 改编自威廉·L. 穆尔（William L. Moore）和埃德加·A. 佩西米尔（Edgar A. Pessemier），《产品规划和管理：设计并提供价值》（*Product Planning and Management: Designing and Delivering Value*），纽约：麦格劳–希尔教育集团，1993年，145页。
2. 用来减少感知图中用到的因子数来结合高度相关的属性的技术，我们称之为因子分析。有关因子分析的描述，请参阅约翰·R. 豪泽（John R. Hauser）和弗兰克·S. 科佩尔曼（Frank S. Koppelman），《替代感知图技术：相对精度和实用性》（*Alternative Perceptual Mapping Techniques: Relative Accuracy and Usefulness*），《市场营销研究杂志》（*Journal of Marketing Research*）第16期，1979年11月，495—506页。

向量越长，表明该属性在解释产品间的感知差异上的意义越大。[1]举个例子，在图9.3中，"受男性欢迎"因素和"特殊场合"因素在辨别哪些啤酒在互相竞争上能起到很大的作用，而"浓郁"和"性价比高"在这方面的作用就比较弱。[2]

极性对立的向量是负相关的。也就是说，一种属性得分较高的啤酒在对立属性方面则得分较低。比如代表"浓郁"属性的向量，其极性相反的向量毫无疑问是代表清淡和添加少的啤酒。

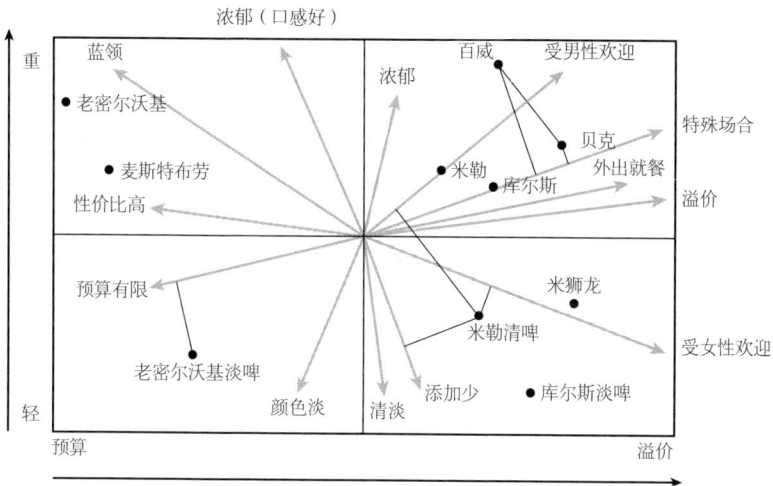

图9.3 多元感知图：啤酒行业

成直角的向量是不相关的。也就是说，一种啤酒在某一项属性上的得分高，那么与该项属性成直角的属性并没有得分高或低的特别趋势。在图9.3中，成直角的属性的例子包括"性价比高"和"浓郁"。

方便起见，通常会添加一组纵轴和横轴到多元感知图中，用来强调区分

---

1. 在给定因素下，向量的长度与基础感知等级差异的大小有关。差异越大，在解释对不同啤酒所感知到的差异时就越有意义。因此，向量的长度给出了一个视觉线索，也就是在区别处于竞争关系的啤酒时，哪些因素最重要。
2. 在这种情况下，消费者对处于竞争关系的啤酒的评级与在男性那里受欢迎（或不受欢迎）的评价非常不同，这样的话，所有啤酒的评级都很相似，都是很有价值的。

产品的特别重要的属性。在图9.3中，属性向量环绕排列在一个表示重/轻的纵轴和表示预算/溢价的横轴上。[1]

问题还是在于，如何解释多元感知图所描述的个别啤酒的产品定位。要了解消费者对任何给定啤酒的特定属性的看法，只需要在图上画一条线，从啤酒的位置画到与特定的向量相交成直角的那一点即可。从原点到相交之处的向量长度越长，说明啤酒这一特定属性的得分越高。这里有一些例子，有助于揭开这复杂的几何图形的神秘面纱。

在图9.3的第一象限中，百威和贝克（Beck's）两个牌子几乎同样受男性欢迎，因为从它们的位置出发，分别朝该向量画垂直线，交点大致相同。但贝克啤酒会更多地被认为是特殊场合用酒，因为它比百威啤酒的位置更靠近这个向量。

在第三象限，不论与本研究中其他哪种啤酒相比，人们都会认为老密尔沃基淡啤（Old Milwaukee Light）更适合想节省花费的消费者。

在第四象限中，米勒清啤（Miller Lite）通常与"添加少"和"受女性欢迎"的特质紧密相连。那么男性饮酒者是怎么看待它的呢？如果从米勒清啤到"受男性欢迎"向量画一条垂直线，会出现交点在原点另一侧的现象（见图9.3所画的黑线）。[2]这也就意味着，在进行此项产品定位研究时，人们会认为米勒清啤明显不受男性欢迎。

假设你是米勒清啤的品牌经理，看到这个描述你家啤酒在市场上被怎样看待的感知图时，会很容易得知，理智的反应是试着去重新定位米勒清啤，让其更吸引男性消费群体，但同时并不削弱对女性的强大品牌亲和力。毕竟，在美国市场中，男性占啤酒消费者的大部分。

该公司长期投放"口感好/添加少"的广告，正是试图达到这一效果，广告中魁梧的男性体育明星诙谐地颂扬着米勒清啤的优点。这一广告的目的

---

1. 向量的方向和产品位置可以作为一组同时进行旋转，这不会改变对感知图的解读。在图9.3中，感知图可以旋转，所以重/轻向量是围绕着纵轴定位的，而预算/溢价向量是与横轴保持一致的。
2. 从米勒清啤向"受男性欢迎"画垂直线，交点不会落在原点的另一侧，此处可能有误。——译注

是在一个极重要的属性——浓郁——上改变男性对米勒清啤的看法，同时仍保留受女性青睐的添加少的特点（具有更低的卡路里）。例如，图9.4所示的是具有代表性的米勒清啤平面广告，广告代言人是前美国国家橄榄球联盟（National Football League，NFL）前锋布巴·史密斯（Bubba Smith）。这则广告的潜台词是，如果米勒清啤浓烈到能够吸引像布巴·史密斯这样优秀的运动员，那么对男性啤酒消费者来说，它的男人味肯定是十足的。

米勒清啤的营销策略大获成功。在近20年的时间里，米勒清啤在美国被评为最畅销的淡啤酒，同时，其"口感好/添加少"的营销方案被《广告时代》（*Advertising Age*）杂志选入了20世纪八大最佳广告策划。[1]

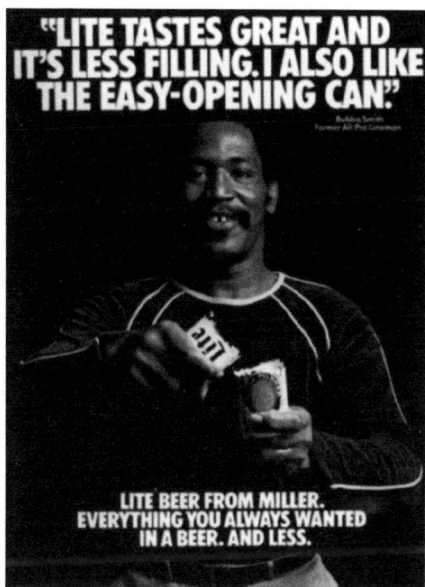

图9.4 布巴·史密斯代言的米勒清啤"口感好"的广告

就感知图而言，米勒清啤的广告活动试图重新定位其啤酒在市场中的感

---

1. 《广告时代的广告世纪：百强评选》（*Ad Age Advertising Century: Top 100 Campaigns*），《广告时代》，1999年3月29日。

知印象，如图9.5中所示的假设情况那样。在其期望的新定位中，米勒清啤将继续发扬其"添加少"的特点，现在人们认为，它同时受到男性与女性的欢迎。

品牌期望的新定位也会传达一些其他积极的品牌联想，包括高端定位，在外出就餐时或特殊场合中成为必备良品。这个例子阐释了，感知图随着时间的推移是如何帮助品牌管理者制定市场营销战略，并帮助其监测消费者的看法的。

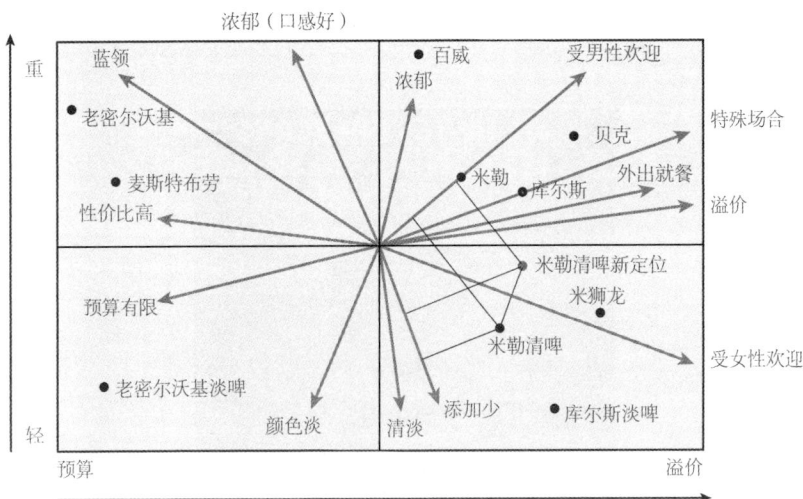

图9.5 米勒清啤新定位的说明

多维尺度分析

感知图也可以用来评估竞争对手的产品，即便对消费者用来评估产品的确切属性尚不清楚也没关系。根据多维尺度分析（Multidimensional Scaling，MDS）技术，消费者需根据他们认为与自己的评估相关的任何标准，对竞争产品之间的相似度进行排名。[1]这种方法允许消费者用自己的表达方式说明其偏好，避免由于研究者对市场行为先入为主的观念而带来缺陷。分析完成之后，可以通过阐释MDS的结果，来揭示那些实际起作用的潜在属性，这些属性可以很好地解释消费者的选择。

例如，表9.2所描绘的是一项调查的反馈，基于受访者感受到的相似性，对美国主题公园的15种不同组合按照从1（最相似）到15（最不相似）进行排名。图9.6所示的是，运用MDS对所出现的几百种反馈分析后的结果，它将每个主题公园都置于严格地复现了相似性评级的位置之上，这是通过2×2网格上的数据点之间的距离来衡量的。在MDS图上，定位非常接近的主题公园，在基础数据中得到了相似的评价，而那些定位相距甚远的，被消费者认为彼此有明显不同。

表9.2 主题公园相似度排名

	环球影城（Universal）	米高梅影城（MGM）	海洋世界（Sea World）	神奇王国（Magic Kingdom）	未来世界（Epcot）
布希公园（Bush Gardens）	11	12	10	6	13
环球影城		1	14	2	5
米高梅影城			15	3	6
海洋世界				8	9
神奇王国					4

1. 英沃·博格（Ingwer Borg）和帕特里克·J. F. 乔治恩（Patrick J. F. Groenen），《现代多维尺度：理论和应用》（*Modern Multidimensional Scaling: Theory and Applications*），纽约：施普林格出版社（Springer），2005年，37—41页。

2X2 多维尺度产品定位

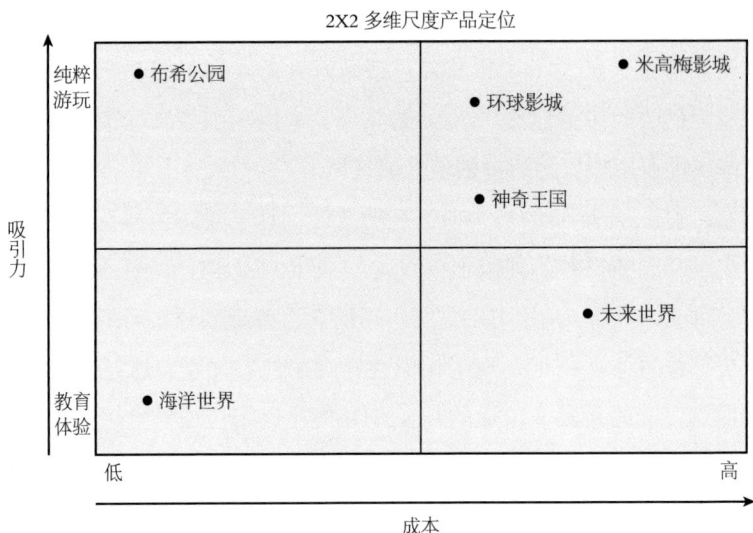

图9.6 主题公园的多维尺度分析

比如说，消费者认为环球影城与米高梅影城相似，但明显不同于海洋世界。在纵轴上，布希公园也与海洋世界不相似，与未来世界则是极性相反。

在MDS中，我们不知道哪种公园属性会被绘制在图表的两条轴线上。然而，在对产品定位模式进行了检验之后，研究人员可以推断，横轴可能与费用有关，而纵轴则是根据这些公园所强调的重点是惊险的游玩还是教育体验来对它们进行区分。这些假设的属性可以通过之后访谈调查受访者来进行验证。

再来看最后一个产品定位分析的例子，图 9.7 中所显示的是相互竞争的啤酒的二维尺度分析结果。[1]在左边的面板中，味道测试受访者要对各式各样的啤酒进行相似度排名，他们事先知道每个取样杯里装的是哪个品牌的啤酒。从最后的啤酒品牌定位结果中能够看出，感知图的水平轴与啤酒味道的

---

1. 凯文·莱恩·凯勒，《战略品牌管理》第三版，新泽西，上鞍河：普伦蒂斯·霍尔出版社，2007年，49—51页。

浓烈度有关（味道最弱的在左边），而垂直轴反映的是受访者所感知到的价格差异（价格最低的在最上方）。这些结果反映了当消费者知道自己喝的是什么的时候，他们如何看待一款啤酒。

在后续的MDS中，研究者使用的是相同的产品，但这次他们隐藏了啤酒品牌标识。本次结果显示在图9.7右边的面板中。只有吉尼斯证明了它具有独特的、不同于其他品牌的味道。由于只能靠味道来判断，消费者无法区分同类竞争产品——尽管广告宣传与此相反。这些结果表明，即使消费者难以区分基本的产品属性，市场营销也可以创造出独特的品牌形象。

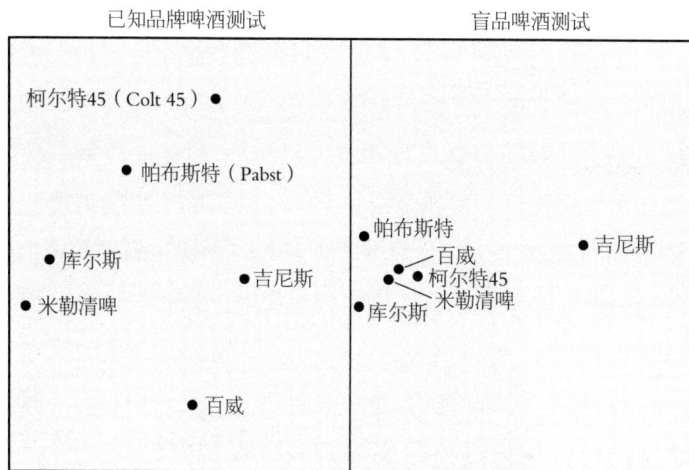

图9.7　啤酒品牌定位

常见的产品策略陷阱

这些例子说明，产品定位分析可以提供关于消费者如何根据多个属性感知竞争产品的见解。因此，在制定市场营销战略时，感知图是一种有价值的工具。[1]但产品定位技术有一些隐藏的陷阱，了解这些陷阱是很重要的。首先，感知图并没什么专利权。因此，慎重起见，营销人员应该假设，所有的主要竞争对手都对吸引目标客户群体所需的产品特性了如指掌。第一家通过在任何特定产品类别中添加一个满足消费者需要的新特点来创造价值的公司，应该要想到，问题只会是什么时候竞争对手会复制（或超越）它们的暂时优势，而不是竞争对手是否会复制（或超越）它们的暂时优势。随着时间的推移，产品定位的动态倾向于遵循可预测模式，往往会产生越来越相似的产品，所有争夺同类客户的竞争者，都在提供拥有类似特性和功能的产品。[2]若要了解这些市场力量是如何发挥作用的，就需要考虑新产品的典型生命周期，也就是从它开创性地推出到在市场上成熟的过程。为了对有前途的新产品和服务（例如智能手机或可穿戴式健身追踪器）进入市场做出回应，那些反应迅速的追随者，总是会拿出能提供各种价格/性能的竞争产品来参战，它们希望能在市场中找到"最佳平衡点"——最有吸引力的消费者价值主张（如图 9.8左边的面板中所示）。鉴于在早期市场中去了解消费者的偏好会面临内在的不确定性，竞争对手会经历打击与失败，一些产品会获得比其他产品更多的市场吸引力。

随着时间的推移，需求格局变得日益明显，每家公司都在寻找新的方法来使自己的产品与众不同，同时还复制那些已经击败了自己的竞争对手，以获得它们所期望的产品特性或功能（如图9.8中间面板所示）。最终，这种互相复制会导致竞争聚类，尤其是在处于相同定位的竞争者中。在明确界定的高端和低端市场细分中，关键特征几乎没有持续的差异（如图9.8右侧面板所示）。[3]

---

1. 最近的一篇论文指出，业务性能指标也可以添加到感知图中，以将产品定位同业务策略更直观地联系在一起。详情请见查兰·K. 巴格（Charan K. Bagga），《用更好的方法来绘制品牌战略图》（*A Better Way to Map Brand Strategy*），《哈佛商业评论》，2015年6月。
2. 本节中所有的发现都来自扬米·穆恩所著的《差异：摆脱竞争跟风》，纽约：皇冠商务出版社，2010年。
3. 扬米·穆恩，《重新思考定位》（*Rethinking Positioning*），哈佛商学院模块笔记（Harvard Business School Module Note），2005年10月，2006年3月修订。

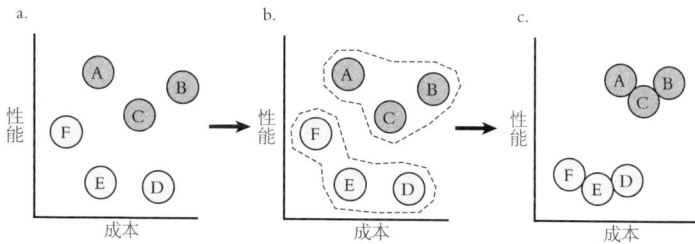

图9.8 产品定位的竞争动态

a.在市场上推出新产品的早期阶段，竞争对手通常会提供种类繁多的差异化选择，以寻求市场吸引力；b.随着时间的推移，复制成功定位的压力不断转移，特别是在那些在感知图上位置最为接近的竞争对手当中，这会导致它们之间不断地彼此复制；C.上述情况最终导致竞争聚类，这使得产品细分中的差异（例如高端或者低端），随着时间的推移变得不那么明显。

例如，自从苹果在 2007 年以初代iphone迎来现代智能手机时代以来，它与三星以及其他公司就为了争夺处理器速度、屏幕大小、显示器分辨率、摄像质量、指纹识别和其他技术规格上的优势，展开了交互跃进的比赛。然而，没有任何一位竞争对手能够在连续的产品周期中保持技术优势。[1]同样，在消费性包装品如牙膏（高露洁对佳洁士）、纸尿裤（好奇对帮宝适）还有洗发水（伊卡璐对潘婷）当中，公司会迅速复制任何可能会给竞争对手带来临时市场优势的新产品功能。最终结果就是产品的独特性模糊不清，经常让消费者难以辨别不相上下的竞争产品的主要区别。毕竟，在市场上的每一件产品似乎都能做到"强效美白""强效吸收"或"强效光亮"，对消费者来说，将它们区分开，简直是一项挑战。

另一种与这种竞争性的从众心理相关的市场动态是增量，即公司在连续的产品周期中，对明确的产品属性不断地进行性能上的改进（同时经常伴随着价格的提升）。增量反映出了完全理性的市场行为。毕竟，产品技术的改进使公司有能力不断提升产品的性能，这样，消费者很可能会随着时间的推

---

1. 尽管在智能手机的技术规格上几乎完全一样，但苹果凭借其易用性、触觉和视觉上的优雅以及生态系统的力量，从三星那里抢走了相当大的市场份额，所有这些都是难以仿效的。

移，承认、重视和期待这些改进的功能。

问题是，增量往往会导致特性-功能的"军备竞赛"，最终会产生超过大多数消费者所需求的、价值更高的功能和成本的产品。当这种情况发生时，公司会发现自己处在已经超过了真正的市场需求的尴尬位置上，这通常会导致消费者价格阻力、增长停滞、利润下滑。

经济理论认识到，消费者行为遵循边际效用递减（Diminishing Marginal Utility）的法则，即每增加一个单位的产品消费，消费者的受益就会随之降低。例如，似乎很少有人在吃第十口巧克力蛋糕时，还像吃第一口时那样满足。同样，产品性能属性的边际价值通常也会随着性能水平的提高而下降。

以个人电脑为例。在市场发展的早期阶段，个人电脑性能的迅速改善，使得首次购买者和寻求提升性能的重复购买者的需求大幅度增长。但是，尽管摩尔定律（Moore's law）[1]预测，生产者可以每隔两年将个人电脑的处理能力提高一倍，消费者对个人电脑性能提升的需求却是以温和得多的速度在增长。

这也符合我的个人经验。我的第一台家用电脑是1982年IBM出产的，配备了4.8兆赫处理器，在当时算是顶级的256KB内存，以及一个11.5英寸低分辨率的绿屏显示器，所有这些加在一起花了3000多美元（以1982年的美元价值来衡量）。

快进到2016年，一台典型的中端家用电脑拥有3.7千兆赫处理器（速度是以前的约800倍），8GB的内存（是以前的3万多倍），和一个27英寸高分辨率触摸屏彩色显示器，所有这些的花费比我原来的电脑低80%。

自1982年起，我多次升级了我的个人电脑，但是，早在前几代产品的时候，我用的电脑在性能上就已经超过了我的计算需求，在速度或容量方面的进一步提升几乎没有任何价值了。毫无疑问，有些超级用户——如游戏爱好者、图形设计师和大数据统计人员——他们需要，并将为个人电脑性能的不

---

1. 摩尔定律的起源和解释参见http://www.mooreslaw.org。

断改进买单，然而，不断提高的个人电脑性能，对广大消费者来说，并没有什么有意义的差异或价值。

尽管如此，从连续不断的电脑更新换代中我们发现，大多数的个人电脑制造商只是在因循守旧地提升其产品的性能水平，这使得任何一家公司都无法脱颖而出——至少在系统性能的基本参数方面是这样的。因而，个人电脑市场展现出典型的狗咬狗竞争的特点，每家公司都在乱撕乱咬，徒劳地追求市场主导地位。如果你碰巧身处在以Windows系统为基础的中端电脑市场中，你会发现华硕（Asus）、戴尔（Dell）、惠普和联想为消费者提供了许多有竞争力的选择，但这些产品并没有多少有意义的区分或差异。

在大多数产品类别中，特性-功能增量是一种常见的竞争动态。套用20世纪英国著名的经济学家舒马赫（E. F. Schumacher）的话——任何聪明的傻瓜都能让事情变得更庞大、更复杂，但是，要让这个过程朝着相反的方向进行，需要一点天赋，也需要很大的勇气。[1]

如图9.9左边的面板所示，任何新产品的第一代都会被竞争对手认为是耍花招取得优势的典型，通过在一些维度上做得更好来进入市场，如更快、更大、更高效或更简便等。但任何第一代产品的这些功能的增量价值，在下一代产品推向市场时，将会迅速发展为标准要求（如图9.9中间的面板所示）。这将启动第二轮的增量，再次推动每个竞争对手在产品性能的关键要素上，寻求竞争优势。

---

1. 厄恩斯特·弗里德里希（弗里茨）· 舒马赫（Ernst Friedrich "Fritz" Schumacher）是英国著名的经济思想家、统计学家、作家和经济学家，20年来一直担任英国国家煤炭局首席经济顾问。他完整的原话是这样的：
"任何聪明的傻瓜都能让事情变得更庞大、更复杂、更暴力。要让这个过程朝着相反的方向进行，需要一点天赋，也需要很大的勇气。"访问链接：http://www.goodreads.com/quotes/1199046-any-intelligent-fool-can-make-things-bigger-more-complex-and。

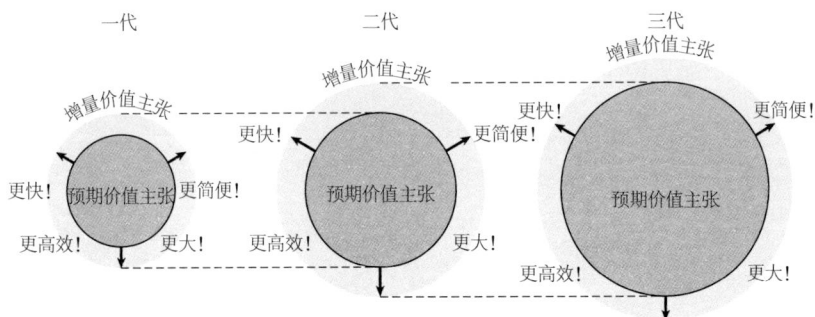

图9.9 产品增量趋势

随着时间的推移，每一代的新产品都包含了更多的基本功能，而在消费者感知价值上的改进则越来越小。在图9.9中，这是用在连续几代的产品开发中，外层（增量价值主张）相对于中心（预期价值主张）在规模上的缩减来描述的。这种竞争动态，正是克莱顿·克里斯坦森在他对颠覆性技术的开创性研究中发现的，他的研究与当前竞争者的产品最终会超越主流消费者需求这一普遍的趋势有关。这种竞争动态为市场新进入者打开了大门，让它们能够以更简单、成本更低的解决方案来颠覆市场秩序。[1]

作为佐证，我询问了我的MBA学生，如果有一种新型笔记本电脑，与他们现有的相比，速度快50%，存储容量更大，价格比他们当初买电脑时低25%，他们是否会急于用新产品取代他们现有的电脑，结果，他们通常都不愿意。对大多数MBA学生和大多数消费者来说，现有的家用电脑在性能上已经超过了他们当前的需要，这使个人电脑销量下降得更快了。

个人电脑在全球的销量于2010年达到顶峰，在这之后便一直走下坡路，在2015年达到8年来的最低点。在2007年时，有些个人电脑生产商意识到它们的产品已经超过了许多消费者的需求，于是通过供应价格相当低但明显性能更低（速度、内存容量、电池寿命和屏幕分辨率）的笔记本电脑来颠覆增

---

1. 克莱顿·M. 克里斯坦森，《创新者的困境：当新技术让大公司走向失败时》，马萨诸塞，波士顿：哈佛商学院出版公司，1997年。

长趋势。这些低于250美元的"上网本"吸引了相当大一部分消费者，这些消费者认为，之前主流个人电脑市场定价过高。随后3年，上网本成为个人电脑市场增长最快的类别。

2010年，苹果推出第一款平板电脑时，也颠覆了增长趋势。苹果公司并不打算用改善电脑性能这种传统方式去打败竞争对手，而是通过强调根本不同的性能属性来创造全新类别的个人电脑，如无线连接、触摸屏用户界面、能获取广泛的媒体和娱乐内容的生态系统。虽然个人电脑的销量正在下降，但平板电脑的销量从2010年的不到2000万部，增长到2014年的近2.3亿部。[1]在个人电脑激烈的争夺战中做一只猫，对苹果公司以及迅速模仿它的公司来说，回报是很高的。

直到最近，智能手机市场的情况还没有什么变化，产品性能和尺寸的不断改进，还在继续刺激大量消费者每隔两年就更换一款新机型。然而，由于持续进行特性-功能增量，现在在智能手机市场也开始出现超出消费者需求的迹象了，根据预测，延长更换周期和降低价格的呼吁会在2015年以后实现并进一步发展。[2]

无视行业规则

公司与消费者之间的自我强化行为，使消费者在促进产品增量和竞争聚类方面发挥了强有力的作用。毕竟，公司越是了解消费者，就越能适应消费者的期望、态度、情绪和行为。反过来，由消费者所形成的，期望公司能为他们提供什么的信念，会加强公司的产品规范和类别形象。

综上所述，这种共生关系会促使明确的类别准则、结构和形象等得到发

---

1. 《2010年第二季度到2016年第一季度全球平板电脑出货量》（*Worldwide Tablet Shipments From 2nd Quarter 2010 to 1st Quarter 2016*），斯达特思达网站，2016年，http://www.statista.com/statistics/272070/global-tablet-shipments-by-quarter。
2. 布雷特·莫利纳（Brett Molina），《国际数据公司：智能手机增长继续放缓》（*IDC: Smartphone Growth to Continue Slowing Down*），《今日美国》（*USA Today*），2015年5月26日。

展，它们共同定义了某一行业的游戏规则。下面的示例有助于说明，为什么在这么多的产品类别中发生了狗咬狗的混战，结果给少数明智的公司带来了机会，让它们通过提供价值主张完全不同的产品摆脱了困境。

类别准则

类别准则是指出现在一个产品或服务类别中的隐含规则和标准。消费者接受这些准则作为"商业交易的方式"——直到有新进入者站出来，去挑战那些其实是行业选择，而非不可改变的法律。旅游行业充满了这样的例子。在移动手机还没有普及之前，在酒店行业中，商务酒店会收取当地座机电话费，但洗发水、沐浴露、梳洗用品则是免费供应的。没有任何令人信服的理由能说明为什么这个行业要用这种方式经营，但这确实是不成文的规定，酒店业几十年来都是这样做的。同样，在航空业，乘客购买了机票就意味着他有权得到一个指定的座位，免费的不含酒精的饮料和食物，以及享用飞机上的便利设施（如枕头、毯子），经常乘坐的话，还可以累积旅客积分。但是，一些低成本的航空公司，如精神航空则选择违背这些准则，以最低的票价提供基本的服务。精神航空意识到，许多消费者愿意放弃舒适来换取更低的票价，这使精神航空实现了骄人的利润增长。[1]

几乎每个产品类别都有公认的行业准则，它反映了行业对消费者如何在性能和价格之间做权衡的隐含假设。当大多数竞争对手，步调一致地以可比价格提供几乎一样的产品时，新进入者可以通过更好地服务于喜欢其他价格或性能的特定细分市场（如上网本制造商和低成本的航空公司）或强调完全不同的产品属性（如iPad和斯沃琪），来为自己打开胜利之门。

---

1. 2011年5月22日，精神航空进行了首次公开募股，4年之后，它的股票升值了447%，而整个行业整体升值127%。这里是用2011年5月31日和2015年5月31日精神航空的股票价格（代码SAVE）与同日的航空股票指数（代码^XAL）相比的。

类别结构

由于之前描述的竞争聚类动态，大多数行业都朝着一个定义明确的类别结构发展，这一结构是根据不同的价格和产品质量层次来进行定义的。以手表业为例。几十年来，手表制造商在三个不同的产品细分领域角逐，如图9.10所示。低端手表的主要定位为一次性功能工具——可靠且准确地告诉人们时间，并通过大众营销渠道，以低廉的价格销售。天美时（Timex）在20世纪50年代率先发展低成本的机械运动手表，随后日本生产的廉价石英电子手表也在20世纪70年代投入市场。

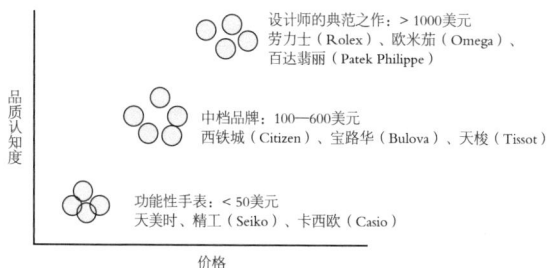

图9.10 手表行业的类别结构

中档手表更注重耐用的材料（如不锈钢）和精巧的设计，通过有限的零售分销渠道以较高的价格出售。在这一类别的顶端，高端手表通过精巧的设计和使用珍贵的宝石、金属来彰显自己的与众不同。这些设计师的典范之作，是作为家族永恒的传家宝而被打造出来的，有一句靠手表匠说出的广告宣传语，最好地表达了这种思维："你从未真正拥有一块百达翡丽手表，你仅仅是为下一代暂时保管它。"[1]

作为新进入者，在这样一个高度结构化的行业中，要打败拥有可观的资产、规模和品牌声望的竞争对手并赢得胜利，是一项艰巨的任务。因此，当

---

1. 玛丽亚·道尔顿（Maria Doulton），《你只是这块手表的保管者》（*You're Just Caretaker of this Watch*），《金融时报》，2008年4月4日。

斯沃琪集团——旗下拥有欧米茄、浪琴（Longines）、天梭等著名手表品牌——思考如何应对来自日本的低价石英电子表的威胁时，它选择了忽略被广泛接受的行业结构，试图去改变游戏规则。公司推出了斯沃琪品牌，打造出了一个独特的价值主张，这一主张不适合任何既定的手表行业细分市场。虽然定价接近低端手表的价格，但斯沃琪将其产品定位为风格大胆的时尚配饰，而不是功能性手表。

这种策略，不仅为有意义且有独特吸引力的产品差异化提供了基础，也鼓励了许多消费者购买不止一款产品——这类似于拥有很多珠宝首饰或围巾的倾向——从而创造了一个相当大的全球市场，多年来，斯沃琪一直都在这一市场中占据主导地位。[1]最近，苹果公司正在寻求通过将经典的手表造型与先进的无线技术相融合，来重新定义手表产业的竞争基础。苹果手表就是做一只聪明的猫，避免陷入狗咬狗的混战这一比喻的另一个例子。

类别形象

行业规范、明确的产品细分结构和逐渐趋同的竞争者行为共同塑造了一个形象，消费者会将之同产品类别联系起来而成为一个整体。类别形象明显不同于在第七章中所讨论的个别产品和品牌的形象。

为了说明这一点，我经常让MBA学生在我提到一个特定的产品或服务类别时，去思考脑海中浮现的第一个描述词。表9.3反映了学生反馈上来的特性描述——有好有坏——这证实了类别作为一个整体，与脑中的刻板印象有关。

理解类别形象很重要，因为它常常能为找到有意义的产品差异和竞争优势的机会提供起点。特别是，分离策略拒绝既定的行业规范和类别形象，以吸引那些认为现有的产品和服务不能很好地服务于自身的客户。

---

1. W. 钱·金和勒妮·莫博涅，《策略、价值创新和知识经济》（*Strategy, Value Innovation, and the Knowledge Economy*），《麻省理工斯隆管理评论》，1999年4月15日。

比如，在第一章中，我引用了搭配小姑娘牌袜子的案例，它三只一组地销售袜子，而且三只袜子各不相同，配色和设计也非常大胆——这与袜子那功能性的、乏味的类别形象正好完全相反。这种大幅偏离主流类别形象的策略使得搭配小姑娘与吞世代消费者之间建立了一种强大且忠实的追随关系。[1]

再举一个例子，通用汽车于1990年建立了土星系列汽车部门，其最突出的特点是，这一部门的友好型客户销售和服务流程，旨在消除强烈困扰该行业几十年的负面刻板印象。土星最初凭借这一明显不同的定位获得了成功，但低劣的产品性能最终拖累了这个品牌。

同样，毫不奇怪的是，一些保险公司试图打破该行业乏味而且复杂的消极刻板印象，它们通过使用能颠覆类别形象的广告代言人——比如用会说话的壁虎［政府员工保险公司（Geico）］或活泼的销售代理［美国前进保险公司（Progressive）］，以幽默的词汇来宣传简单的价值主张。[2]

表9.3　类别形象

类别	类别形象
袜子	功能性、乏味
女用贴身内衣裤	性感、随性
汽车经销商	低级的、令人不快
保险	乏味、复杂
香槟	特殊场合、昂贵

最后，当卡塞拉家族品牌正在考虑是否要把它的黄尾袋鼠产品线扩展到起泡葡萄酒类别的时候，它很清楚在美国消费者的印象中，香槟作为奢侈品

1. 勒克·威廉斯（Luke Williams），《颠覆性思维：想别人所未想，做别人所未做》（*Disrupt: Think the Unthinkable to Spark Transformation in Your Business*），新泽西，上鞍河：金融时报出版社（FT Press），2010年，32—33页。
2. 斯图尔特·埃利奥特（Stuart Elliott），《盖科公司的蜥蜴提供了一个令人安心的新消息》（*Geico's Lizard Offers a New Message of Reassurance*），《纽约时报》，2009年2月18日；阿什利·罗德里格斯（Ashley Rodriguez），《芙洛的逐步演变》（*Flo's Progressive Evolution*），《广告时代》，2014年11月12日。

或奖励产品，通常与特殊场合相关联。该公司不打算在这个古老的类别中，与知名的香槟品牌正面竞争，而是决定完全摆脱这样的类别形象。黄尾袋鼠的起泡葡萄酒每瓶售价低于8美元，并起了个异想天开的名字叫"泡沫"，它被推广为日常消费的休闲爽口的成人饮料。虽然还不清楚消费者是否会接受这种彻底背离美国起泡葡萄酒根深蒂固形象的做法，但一目了然的是，卡塞拉家族品牌试图在这个类别的混战中做一只明智的猫[1]。

有意义差异的本质

我在所举的每个例子中，都曾提及，明智的公司通过关注全新的产品属性来拒绝行业规范、结构和类别形象，试图吸引那些对现有产品服务感受不佳的消费者。如图9.11所示，突破性产品寻求在没有竞争的产品空间里创造全新的消费者吸引力基础。

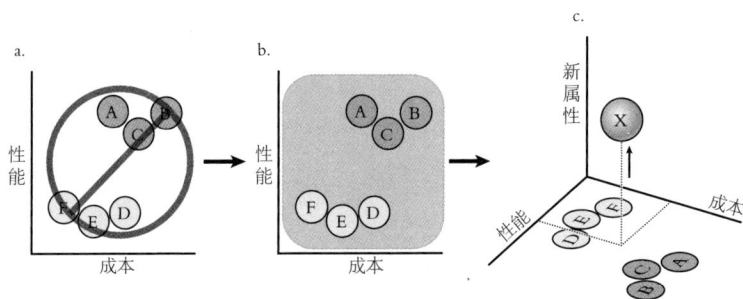

图9.11 突破性产品的定位

a.突破性产品拒绝常规产品定位；b.全面地接近一个类别，找出整体行业规范、结构和类别形象的漏洞；c.主要依靠提供潜在的、满足消费者需求的全新产品属性来定位产品差异。

成功推出突破性产品的公司，选择不遵守传统的行业规范，这些规范，

---

1. 类别形象因国家而异。例如，在意大利和西班牙，人们普遍认同普罗塞克葡萄酒（Prosecco）和卡瓦起泡葡萄酒（Cava）适用于休闲和日常消费场合，尤其是在炎热的夏季。

本质上是基于消费者所感知的当前产品的属性而进行的生产所产生的。相反，突破性产品战略意识到，按照有意义的差异化这个条件来竞争，或许能找到最有前途的市场机遇。换句话说，通过找出新的产品属性来创造全新的消费者吸引力；吸引那些一直对当前产品或服务不太满意的非消费者；在没有竞争的新市场创造新的需求；与当前的竞争不相关。

这种齐心协力打破现有的行业规范，是所有新产品成功推出的核心，斯沃琪，宜家，CNN，西南航空，任天堂Wii游戏机，苹果公司iPod、iPhone和iPad，太阳马戏团，优步，色拉布，奈飞就是极好的例证。

在下一章，我将带领大家探索三个战略框架，它们能帮助我们找到创造有意义的差异化产品的机会，这些产品在成功突破市场这一方面，具有很大的潜力。

第十章

伟大的想法从何而来？

到目前为止，我已经证明，可持续的盈利性增长，需要不断进行创新来提供有意义的产品差异。这种差异，在打破了传统竞争基础从而创造了全新消费者价值主张的产品中，最为清晰可见。但是，伟大的想法从何而来？公司可以用哪些工具和技术，来系统地识别和开发能产生突破性产品的机会？

简而言之，所有突破性产品的起源，都是创新者意识到，无论是对消费者还是对企业来说，有一个更好的方式来完成预期的任务。在某些情况下，用当前市面上有的产品执行常规工作并不方便，而成功的新产品修复了与此相关的"痛点"。例如，速易洁（Swiffer）无疑就属于这种情况。这款产品是宝洁公司在20世纪90年代末推出的，它的诞生，证明了干拖把远比传统的湿拖把方便得多，包括该公司自己的清洁品牌朗白先生（Mr. Clean）。事实上，速易洁的可替换清洁垫与传统的需要添加液体清洁剂的拖把相比，价格更高，利润也更大，这个解决方案对消费者和宝洁公司来说，是双赢的。宝洁在推出汰渍速溶洗衣球（Tide Pods）时——这是其洗衣液和洗衣粉的单剂量版——也遵循了同样的思路，这同时也强化了该公司在洗衣粉市场的主导地位。

在其他情况下，那些有远见的企业家会设想一些产品，如GoPro运动摄像机、脸书和便利贴（Post-it Notes）等，这些产品，可以挖掘消费者的潜在需求。2002年，冒险运动爱好者尼克·伍德曼（Nick Woodman），由于无法在市场上找到一款合适的产品来拍摄他在海上冲浪时的静态图像，就临时在相机上加了根带子，做了一台粗糙的捆绑式相机。其他冲浪者对这个新产品反应非常热烈，这促使伍德曼将他的设计理念扩展到了数码摄像机。GoPro

摄像机在那些想要把自己进行冒险运动时的情景拍下来的消费者中，找到了一个巨大的未开发的需求。通过解决自己的消费需要，伍德曼为GoPro公司的建立和赢利奠定了基础，使其发展为一家市值达到数十亿美元的企业。[1]

有两种方法可以用来发掘新的产品。多数情况下，像伍德曼这样的企业家会挖掘出一个具体的痛点或是新的价值创造机会，然后设法去寻求一种新型的解决方案。但也有一些值得注意的例子：一个企业家先偶然地发现了一个新型解决方案，然后才去找寻这个方案能够解决的问题。

举例来说，阿根廷汽车修理工豪尔赫·奥东（Jorge Odón）开发了一种新型的振奋人心的装置，能够在孕妇难产时帮助其生产。2006年，奥东观看了YouTube上的一个视频，这个视频演示的是如何仅用一个塑料袋来移除卡在玻璃瓶里的软木塞。有一天晚上，他和朋友们出去玩（那些朋友都没有看过这个视频），他凭着完成这个看似不可能完成的绝活赢了朋友一顿晚餐。那天深夜，奥东（他同时也是五个孩子的父亲，而且没有受过医疗培训）在梦中突然想到他能用这套小把戏拯救卡在产道的婴儿。凌晨4点，他叫醒了妻子，把脑子里刚刚闪过的想法告诉了她。他回忆说，妻子听到了这些话，只说了句"你疯了吧"，就又睡着了。[2]

奥东发现自己梦到的事情是很现实的。在分娩期间死亡的产妇，99%都生活在医生无法获得培训和工具来帮助他们解决难产问题的国家里。[3]奥东继续坚持他的梦想，打算制造一个简单的救生设备，他在厨房构建了模型，用玻璃罐模拟子宫，用他女儿的布娃娃当作被困的婴儿，其余的工具是他妻子缝制的织物袋和袖子。

在家人的帮助下，奥东与布宜诺斯艾利斯（Buenos Aires）一家教学医

1. 瑞安·马克，《GoPro背后疯狂的亿万富翁：世界上最热门的相机公司》（*The Mad Billionaire Behind GoPro: The World's Hottest Camera Company*），《福布斯》，2013年3月25日。

2. 小唐纳德·G. 麦克尼尔（Donald G. McNeil Jr.），《汽车修理工梦想用工具来帮助分娩》（*Car Mechanic Dreams Up a Tool to Ease Births*），《纽约时报》，2013年11月13日。

3. 悉尼·布朗斯通（Sydney Brownstone），《最有创意的100人，2014年——第17位：豪尔赫·奥东》（*The 100 Most Creative People, 2014—#17: Jorge Odón*），《快公司》杂志（*Fast Company*），2014年6月。

院的妇产科主任见了面，并展示了他的设计模型。这位主任十分欣赏这个设计，就帮助奥东申请了专利，还帮他联系了世界卫生组织的官员，这些官员最终认可了这个解决方案。到2011年，因为使用了奥东的专利解决方案，30名难产孕妇得以顺利生产。2014年，奥东辞去了汽车维修工作，全心全意致力于推广他的发明。与此同时，世界各地都在继续进行研究，以完善奥东的设备。

为解决方案寻找问题的另一个例子是，便利贴那曲折的开发过程。1968年，3M公司的科学研究员斯潘塞·西尔弗（Spencer Silver）正致力于开发用于航空航天产业的工业黏合剂。他本想要制造一种超强力的黏合剂，却偶然地发现了一种黏着力不强的压敏性胶黏剂，名为丙烯酸酯橡胶（ACM）。他的新胶黏剂有两个有趣的性能：首先，当应用于物体表面时，ACM可以剥离，且不留任何痕迹；第二，该胶黏剂是可以重复使用的。

然而，在3M公司，包括西尔弗本人在内，没有人能想到要怎样利用这些特性来开发有销路的产品。通过初期的集思广益，人们所能想到的最好办法是，在公告板上涂上这种胶，然后把普通的便条纸贴在上头。看起来，这似乎并不是一个可以改变行业规则的新商业理念。尽管西尔弗不断地在公司里宣扬他这一发现的优点，然而，对ACM的进一步开发却被搁置了5年。

1973年，一个偶然的事件使得后来成就了便利贴的那种胶黏剂起死回生了。一天，在3M公司的自助餐厅吃午饭的时候，一位名叫阿特·弗赖伊（Art Fry）的产品开发工程师与西尔弗探讨起一个长期困扰他的问题：在教堂唱诗班练习的时候，他的圣歌集书签老是掉出来。因为在之前的公司会议上了解了西尔弗的发现，弗赖伊问他是否可以使用一些可重复利用的胶黏剂将他的书签固定住。在对这一思路做了些扩展之后，弗赖伊说出了他的看法，他认为3M公司也许可以逆向思考ACM的产品应用潜力。弗赖伊认为，3M公司与其用可重复胶黏剂涂公告板，还不如将它用在纸质便签上，这样便签可以粘在任何一个物品上。弗赖伊说："我认为，我们拥有的不仅仅是一个书签，而且是一种全新的交流方式。"[1]

为了实现弗赖伊的创新见解，3M公司需要做进一步的研发，以确保胶黏剂只会黏附在经过处理的纸张上，而不会粘在其他任何物体的表面上。随着对他的发现重新燃起兴趣，西尔弗和他的团队很快就完善了ACM的配方，使其更为可靠，从而发明了便利贴。

尽管便利贴现在看起来是一个有前途的新产品，有潜力吸引广阔的市场，但3M管理层仍不愿对它进行商业开发。毕竟，在更大的范围内生产便利贴，需要一大笔投资，而便利贴仍被认为是一个未经证实的概念。为了获得支持，西尔弗和他的团队建立了一个"臭鼬工厂"，并生产了几批便利贴来与3M公司的员工分享。这一隐秘的事业有助于获得有价值的消费者反馈，也为进一步的项目融资建立了内部支持。在3M公司员工热情的支持下，西尔弗和他的同事终于获得管理层批准，于1977年在四个城市对当时被称为随手贴的便笺进行试点测试。[2]

不幸的是，头一次试点测试的结果令人沮丧。公司对测试只提供了相对较少的营销支持，再加上消费者不理解或不欣赏与便笺相关的价值主张，随手贴在零售商的货架上无人问津。

尽管经历了这样的挫折，新产品的倡导者还是决心再给便利贴一次机会，这次有了更多的营销支持。因此，在首次测试失败一年后，3M在爱达荷州博伊西市（Boise）进行了第二次试点测试，将几批便利贴分发给消费者，以便消费者可以亲自体验新产品的实用性。这一次3M的再购率从前一次测试的几乎为零上升到了90%，这是3M在产品试点测试中达到过的最高市场接受率的两倍。

两年后，也就是1980年，便利贴正式在全国发售，业务稳步增长。便利贴目前在150多个国家出售，有4000多个品种，为3M带来了5亿多美元的

1. 访问于2016年6月10日，参见 http://www.post-it.com/3M/en_US/post-it/contact-us/about-us/。
2. 迈克尔·塞兹切尔（Michael Szycher），《如何为你的公司和利益相关者创造财富》（*How to Create Wealth for Your Company and Stakeholders*），生产力出版社（Productivity），2014年，21页。

收益。[1]

现在回想起来，便利贴、GoPro和速易洁的成功就像是灌篮，每个都传达出一种简单但又令人信服的消费者价值主张。同样，爱彼迎也是如此，它是由布赖恩·切斯基（Brian Chesky）构想出来的。切斯基曾是一个在底层苦苦挣扎，居住在旧金山的失业工业设计师，他充分利用人们出租一间空余卧室的需求，创建硅谷最成功的风险企业之一。[2]还有，萨拉·布莱克利（Sara Blakely）推出了内衣品牌Spanx，她本人只是一名传真机销售员，在时尚、营销、零售方面没有任何相关经验，她在长期饱受市场中那些丑陋又不合身的内衣产品之苦后，为广大女性设计出了舒适的塑形内衣。[3]

问题仍然是，这些突破性的想法从何而来？一个人是不是必须要有罕见的创业天赋——就像是我们在切斯基、奥东、伍德曼、弗赖伊和布莱克利那些天才身上看到的那种——才能凭空造出成功的产品？那些为自己工作或是在大公司工作的平凡人也能开发出突破性产品吗？广泛的研究表明，大脑有可以产生创意火花——或是战略直觉——的机能，使创新者能够去构思突破性的产品和服务。[4]虽然天赋能起到帮助作用，但是任何有抱负的企业家，若是有求知欲、开明的思想、消费者同理心，以及解决问题的激情和毅力，都可以想出足以改变游戏规则的产品概念。

有两种基本技能是成功创新的基础：

☆ 行为洞察力，由消费者同理心驱动。这种能力有助于深入理解消费者行为，可以诊断出当前的痛点或挖掘出潜在的消费者需求。

1. 安德鲁·亚当·纽曼（Andrew Adam Newman），《年届30，一种在家里使用的办公用品》（*Turning 30, an Office Product Works at Home*），《纽约时报》，2010年7月27日。3M公司没有公布个别产品的收入数据。便利贴收入超过5亿美元，是作者基于已公开的便利贴销售量和价格估算出来的。
2. 杰茜卡·索尔特（Jessica Salter），《爱彼迎：价值13亿美元的房间出租网站背后的故事》（*Airbnb: The Story Behind the $1.3bn Room-Letting Website*），《每日电讯报》（*Telegraph*），2012年9月7日。
3. 克莱尔·奥康纳（Clare O'Connor），《Spanx没有打广告却赢得10亿美元业务》（*How Spanx Became a Billion-Dollar Business Without Advertising*），《福布斯》，2012年3月26日。
4. 威廉·R.达根（William R. Duggan），《战略直觉》（*Strategic Intuition*），纽约：哥伦比亚大学出版社（Columbia University Press），2007年。

☆ 创造性解决问题的能力。这种能力可以将对消费者行为的观察转换成产品，这种产品专门用来更好地满足消费者的需求和欲望。

我所举的例子可能会使你认为，绝大多数突破性的点子，都是通过电光石火般的灵感得来的，有了灵感的创新者瞬间想出一个新颖的产品，解决了令人头痛的消费者问题。亨利·福特和史蒂夫·乔布斯等杰出的创新者进一步证实了这一观点，他们否定了通过市场研究来指导创新思维的必要性。例如，人们都记得亨利·福特曾经打趣地说过："如果我问别人他们想要什么，他们会说想要更快的马。"[1]史蒂夫·乔布斯的观点也类似。他指出："如果你不将实物展现在人们眼前，人们永远不知道他们想要什么。这就是为什么我从不依赖市场研究。"[2]

我们是否要相信，创新者完全是在他们自己的创意中操作，而不需要与潜在消费者进行互动？事实绝非如此。一个企业家对新产品的灵感所反映出的不外乎是他最初的假设和预感，这些都来自个人经验和观察。反过来说，这需要通过对潜在消费者进行大量的调查来验证假定的市场行为，并迭代优化最终的产品设计。

咨询任何一位成功的企业家，比较他（或她）对突破性产品的初始概念和被市场广泛接受后的最终版本，无一例外，你会发现突破性产品经历了相当多的产品演变，这同时也反映了一个现实——"商业计划能在第一次与客户接触时幸存下来"是不可能的。[3]以当前价值超过100亿美元的拼趣（Pinterest）照片分享网站为例，它在2009年面世时叫作Tote，是一个移动购物应用程序，通过这个应用，消费者可以光看不买，并把想要的商品清

1. 帕特里克·威斯克威兹（Patrick Vlaskovits），《亨利·福特，创新以及"更快的马"》（*Henry Ford, Innovation, and That "Faster Horse" Quote*），《哈佛商业评论》，2011年8月29日。
2. 沃尔特·艾萨克森，《史蒂夫·乔布斯传》，纽约：西蒙与舒斯特出版公司（Simon & Schuster），2011年。
3. 史蒂夫·布兰克（Steve Blank），《没有任何计划能在与客户的第一次接触中幸存下来——商业计划与业务模型》（*No Plan Survives First Contact with Customers—Business Plans Versus Business Models*），史蒂夫·布兰克的个人网页，2010年4月8日。http://steveblank.com/2010/04/08/no-plan-survives-first-contact-with-customers-%E2%80%93-business-plans-versus-business-models。

单保存到他们的智能手机上。Tote作为一个移动购物应用进入市场的时机有点早，没能取得成功。然而，它的创始人本·西尔伯曼（Ben Silbermann）观察到，Tote用户喜欢积累和分享想要的商品清单，这在2010年引发了从Tote向Pinterest的转变。其他通过消费者持续的反馈而发生商业转变的著名例子有Flickr[1]，它开始时是一个失败的多人电脑游戏中的照片分享功能；还有YouTube，在发展成全球最大的视频分享平台之前，它的定位是视频交友网站。

为什么消费者经常把公司引入歧途

我们要如何协调这两种对立的观点呢：伟大想法的来源究竟是突如其来的创造力，还是对市场需求的仔细评估和应对？实际上，亨利·福特和史蒂夫·乔布斯对这个问题的看法，告诉我们应该如何及何时在产品开发过程中吸纳消费者的反馈，而不是去评估市场研究本身是否有价值。他们正确地认识到，大多数消费者，普遍缺乏在设想突破性产品时所必需的判断力和解决问题的能力。其结果是，利用传统的市场研究技术，诸如焦点小组或调查来寻求新产品的灵感，几乎是不会有什么收获的。

要了解为什么传统的市场研究技术往往是无效的，并且有可能在识别突破性产品机会方面具有误导性，请看看下面这个简单的例子。在最近的MBA课程中，我要求我的学生分享他们关于设计一款新颖的量杯的想法。这个异常平淡的产品，看似是在浪费创造力，但是请记住，正是从日常的地板拖把中衍生出了宝洁公司速易洁这个价值10亿美元的品牌。

为了得到模拟市场研究的方法，我要求我的100名MBA学生根据个人使用量杯的经验（或看到别人使用），写下对以下两个简单的问题的回答：

---

1. Flickr是雅虎旗下的图片分享网站。——译注

☆ 当前广泛使用的16盎司玻璃量杯在设计上究竟存在什么问题？具体来说，它们使用起来有什么不便或痛点吗？

☆ 为了更好地满足你的需求，你希望量杯具有什么样的特征或是在设计上做出什么样的改变？

这些都是典型的"痛苦和收获"问题，为了寻找新产品的创意，焦点小组调查时会经常问到这样的问题。

在对这些问题的回答中，有很多有趣的想法，而且，如表10.1所示的代表性的答案中，我的学生发现了大量当前产品的缺陷，并提出了许多解决方案。

表10.1 量杯设计创意

发现的问题	解决方案
难以读出量杯侧面显示的数字	用更大的字体标记测量刻度
易碎	用塑料代替玻璃
使用油性原料时，手柄会变得很滑	在手柄上套上橡胶套
用单一尺寸的量杯测量悬殊的量时很不方便	把产品设计成可折叠的，可以根据所需的原料数量来调整量杯容积
烹饪原料有时会粘在量杯上，难以将原料倒入搅拌碗	把底部改成"活盖"，这样能更好地将原料倒出

与提出创新性解决方案相比，消费者更善于诊断当前产品的痛点所在，这是符合逻辑的。毕竟，突破性的产品概念可能需要新技术或设计创新，而这些远远超出了普通消费者的知识或经验。但出人意料的是，当被问及"在使用日常用品时有何痛点"这样简单的问题时，消费者的回答也相当不可靠。

这是为什么？哈佛商学院教授多萝西·伦纳德（Dorothy Leonard）和杰弗里·瑞波特（Jeffrey Rayport）所给出的解释也许是最好的。他们指出："习惯往往会让我们感到不便；作为消费者，我们创造了'变通方法'，我们太熟悉这个方法了，以至于我们可能会忘记，我们是被迫采用这种不太理想的方式的，因此，我们可能无法告诉市场研究人员我们真正想要的是什么。" [1]

为了说明这一点，在MBA课堂对量杯的设计进行总结时，我随机选择了一男一女两位学生进行了一个简单的产品使用演示。[2]这两位学生被要求，分别向同学们展示他们在实际中如何使用标准的16盎司耐热玻璃量杯去测量做蛋糕时所需的一杯水。我告诉学生，必须按照食谱要求进行精确的测量，以确保烹饪后能达到最佳的味道。为了达到示范的目的，我准备了一大瓶水和一个标准的16盎司耐热玻璃量杯，放在被当作厨房操作台的课桌上。

第一位志愿者是一位特别高大的男同学，他从水瓶中小心翼翼地倒了他认为是正确数量的水，然后弯腰查看量杯。显然，他在第一次尝试时倒了太多的水，所以又将一些水倒回水瓶里。他再次弯腰去检查结果，这表明他太过于心急了。这一倒水—弯腰—检查—调整的过程，一共重复了四次，他才确定自己准确地达到了食谱的要求。

接下来，我让一位女同学上来做相同的演示，她只花了三步就完成了，这要么是因为她身高稍矮，要么单纯是因为她更善于使用量杯。

这时，我问班上的近百名学生，是否有人观察到传统量杯设计的明显缺陷，这很可能是我们在前面的课堂讨论中忽视了的。漫长的沉默后，一个学生试探性地举起她的手说："也许是它需要人们再三地弯下腰来检查刻度。"完全正确！

值得注意的是，我最初要求学生根据以往的经验举出量杯的设计缺陷时，没有一个人提到笨拙的倒水—弯腰—检查—调整这一复杂过程。根据伦

---

1. 多萝西·伦纳德和杰弗里·F. 瑞波特，《通过移情设计点燃创新的火花》（*Spark Innovation Through Empathic Design*），《哈佛商业评论》，1997年11—12月。

2. 这个练习是根据对创新的OXO量杯的实际设计过程的描述改编而成的，如马克·赫斯特（Marc Hurst）在书中所述，《把消费者包括在内：如何用一个步骤改变产品、公司和世界》第二版（Customers Included: How to transform products, Companies and the world−with a single step, 2nd ed），纽约：Creative Good出版社，2015年，Kindle版。

纳德和瑞波特的观点，我的学生已经惯于相信"这就是量杯的工作方式"，没有人想到这是一个设计缺陷。但是，当有机会观察和反思产品的实际使用过程时，之前隐藏的痛点就变得显而易见了。

这是一项重要的启示。除非创新者能够准确理解与当前产品有关的缺陷，不然他（或她）不太可能制订一个行之有效的解决方案。消费者往往不能辨别和表达他们自己使用产品的痛点所在，所以仔细观察产品的实际使用是一个更为有效的诊断工具，比要求消费者在产品设计上提出直接见解要好得多。

事实上，我的课堂练习采用的正是OXO的实际产品设计方法，OXO是纽约一家生产简易厨房用具和家居用品的制造商。几年前，一家小玩具公司向它提交了一份新的量杯设计理念，正符合OXO公司对有市场价值的产品的考虑。这款特殊设计的量杯以带有一个马蹄形的塑料附件为特点，附件上印有刻度。由于马蹄形附件弯曲的角度很大，站立者可以在俯视的时候很容易地读取刻度。（如图10.1）

图10.1　有角度的量杯设计

为了验证这款新产品是否真的解决了消费者的实际问题，OXO运用了观测研究技术。[1]

测试小组的调查对象，被要求一个一个地描述自己当下使用量杯的感受，并谈谈有什么缺陷。接下来，每位受访者都要展示他们在模拟的厨房环境中如何使用常规量杯。最后，受访者要重复产品示范，这一次是使用带有倾斜附件的新量杯。

跟我的课堂练习一样，消费者最初未能意识到量杯的重要设计缺陷，尽管在他们的产品演示试验中反复进行了倒水—弯腰—检查—调整的循环过程。但是，当受访者在使用新产品时，立即反应了过来，并热烈支持新款量杯的设计理念。有了这些研究成果，OXO依靠销售有倾斜附件的量杯，成功打开了一条新的产品线。[2]正如OXO所发现的那样，消费者会向你展示创新性新产品的机会所在，虽然他们不一定能亲口告诉你。

OXO的例子说明，消费者往往不能识别与当前产品和服务有关的关键设计缺陷。即使他们可以阐明不便之处或未得到满足的需求，并清楚地说明他们对产品改进方面的期待，但由于消费者不懂新产品开发中固有的设计权衡，他们传达的信息可能会有误导性。因此，公司为了响应消费者的反馈而重新设计已有的产品具有一定的风险，这样的改变可能会损害其整体的价值主张。

例如，沃尔玛就因为对有误导性的客户反馈（听信了带有误导性的调查研究）做出反应而深受其害。

一些历史背景为沃尔玛这次重大的失误奠定了基础。沃尔玛创始人萨姆·沃尔顿（Sam Walton）从一开始就认为低廉的价格和广泛的选择一定会吸引顾客。为兑现这一价值主张，沃尔顿设计的大超市挤满了低价商品，体

---

1. 赫斯特，《把消费者包括在内：如何用一个步骤改变产品、公司和世界》第二版。在这个项目上，OXO公司与全球智能设计（Smart Design Worldwide）合作，进行客户研究和产品设计。
2. OXO公司销售的有倾斜附件的量杯也涵盖了表10.1所示的其他产品设计建议，包括塑料结构、橡胶手柄和多种产品尺寸等。

现了他的经营理念"货物堆起来，钞票飞进来"。在沃尔玛那零乱昏暗的仓储式超市里，营销美学让位给了"天天低价"，以主通道——从超市前面走到后面的主通道——为中心，到处都是8英尺高的货架，上面堆满了折扣很高的商品。[1]

沃尔玛的门店设计方法极为成功地吸引了大批忠实顾客，在这些顾客的帮助下，沃尔玛不仅成了美国最大的零售商，还成了新旧千年之交时最大的公司。然而，随着2001年美国经济开始衰退，根据销售数据显示，沃尔玛的市场份额正逐渐被塔吉特抢走，尤其是高收入的顾客。因为他们发现，塔吉特的商店更吸引人，也更加规整。沃尔玛对自己的顾客进行了调查，发现了一个普遍的抱怨：杂乱的商店布局让人很难找到方向。所以，沃尔玛委托其他机构对此进行了一次特别调查，在调查中，购物者被明确问道："如果我们不再这样杂乱无章，你会觉得在这里购物是愉快的吗？"绝大多数的回答是肯定的。

对沃尔玛来说，这已经充分表明它需要采取行动了。毕竟，害它失去客户的竞争对手拥有更整洁的店面布局，而且它自己的顾客也催促着公司整理杂乱的商铺。因此，印象工程启动了，自2008年底开始，沃尔玛大型超市的改建工程以疯狂的速度进行着。降低货架高度、拓宽通道、增加照明、安装视频监控，以方便店内导航。沃尔玛显然听取了顾客的意见并对其做出了回应。

视觉效果令人印象深刻，但经营业绩并非如此。印象工程实施后的几个月内，沃尔玛的销售额开始下降，同店销售额连续8个季度出现负增长，而塔吉特的同期销售额则是正增长的。在此期间，两家公司的同店销售额增长率平均相差3个百分点。这看起来不算一个庞大的数字，但对一个有着4000亿美

---

1. 布赖恩·奥基夫（Brian O'Keefe），《与全球最大公司的CEO面对面》（*Meet the CEO of the Biggest Company on Earth*），《财富》，2010年9月9日。

元销售额的公司来说，销售额3%的波动即代表每月约有10亿美元的损失！[1]

沃尔玛的宏伟计划显然适得其反。2011年，沃尔玛悄悄地停止了印象工程，解雇了行政负责人，并开始恢复原来的格局，重新设计的成本估计超过10亿美元。[2]问题是，印象工程的问题究竟出在哪里？沃尔玛所做的不正是其顾客的要求吗？

沃尔玛在印象工程开始之前的5年间市场份额一直在下降。塔吉特战胜沃尔玛反映了一个事实，就是它迎合了一类与众不同的顾客——比较年轻、收入高于平均线25%的消费群体。[3]高收入的顾客从沃尔玛转向塔吉特，不仅仅是因为塔吉特商店店面更规整。塔吉特的整个营销组合是不同的，而这正是它们的品牌形象。

对沃尔玛来说，其核心客户群仍然很重视过去那种经过时间考验的商场布局，每天都有很多低价商品可供选择。沃尔玛询问其客户是否喜欢不那么零乱的购物环境，却省略了警告：即使这意味着一些你所喜欢的产品不再那么容易被找到了。

想一想吧，具有一定规模的沃尔玛，减少一些通道，降低货架，会产生些什么影响呢？启动印象工程的商店平均清理了15%的品牌商品。这样减少可用的商品，将会对客户造成怎样的影响？假设你喜欢积富（Jif）花生酱，但沃尔玛选择只保留四季宝（Skippy）花生酱和自营品牌。或者你的宝宝只喜欢使用好奇纸尿裤，但现在唯一的选择是帮宝适。当客户在印象工程改造店购物的时候，几乎所有人都会经历找不到首选品牌的事情。那些对品牌有着执念的消费者会非常讨厌这种失望的感觉。所以，一些购物者开始去其他地方找寻他们最喜欢的品牌，比如克罗格（Kroger）或塔吉特。

1. 克里斯蒂娜·古斯塔夫森（Krystina Gustafson），《是时候关闭沃尔玛超市吗？分析人士认为如此》（*Time to Close Wal-Mart Stores? Analysts Think So*），消费者新闻与商业频道，2014年1月31日。
2. 《沃尔玛因为听取顾客意见，损失数十亿美元》（*Wal-Mart Lost Billions by Listening to Customers*），基思·道森（Keith Dawson）（博客），CMO网站（*The CMO Site*），2011年4月25日。访问于2016年6月10日，http://www.thecmosite.com/author.asp?section_id=1200&doc_id=205973。
3. 海利·彼得森（Hayley Peterson），《迎合沃尔玛的普通顾客》（*Meet the Average Wal-Mart Shopper*），商业内幕，2014年9月18日。

当直接地询问——而且，事实证明这是不恰当的——消费者意见时，关于他们真正想要的，并不可靠。如果沃尔玛花费时间更加全面地来了解消费者的偏好和需求，公司就可以避免10亿美元的损失。

如何以及何时将市场研究应用于创新性产品开发中

如果在开发新产品的过程中，找到合适的时机，采取合适的市场研究方式，那么，消费者的意见在确定新商机的过程中将举足轻重。每一种成功的新产品都经历了三个发展阶段：

☆ 灵感催生了一种新产品的概念。

☆ 创新将初步想法转化为能解决消费者实际问题，价格又在消费者理想范围内的产品和服务。

☆ 商品化开发出一种收益可观的商业模式，利用资源将产品推向市场，并具有一定的竞争优势，且通过有效的运营带来利润增长。

如图10.2所示，最适合指导新产品开发的市场研究，是随着产品开发阶段的推进而变化的。[1]

行为观察

行为观察也被称为人类学研究[2]或是人种学研究[3]，它可能是一种最简单

---

1. 行为观察和探寻式对话的示意图显示为重叠状态，是因为它们往往是同时进行的。而且，这两种市场研究方法也可以有效地应用于产品开发的后续阶段，但反过来通常是行不通的。
2. 加里·金（Gary King）、罗伯特·O. 基奥恩（Robert O. Keohane）、悉尼·韦尔巴（Sidney Verba），《设计社会调查：将科学推理用于定性研究》（*Designing Social Inquiry: Scientific Inference in Qualitative Research*），新泽西，普林斯顿：普林斯顿大学出版社（Princeton University Press），1994年。
3. 肯·安德森（Ken Anderson），《人种学研究：战略的关键点》（*Ethnographic Research: A Key to Strategy*），《哈佛商业评论》，2009年3月。

的市场研究方式，却时常激发最初的洞察力，让创新者能够预见某个创新产品。这正如入选了棒球名人堂的约吉·贝拉（Yogi Berra）所说的："你只需盯住不放，就能发现许多东西。"[1]

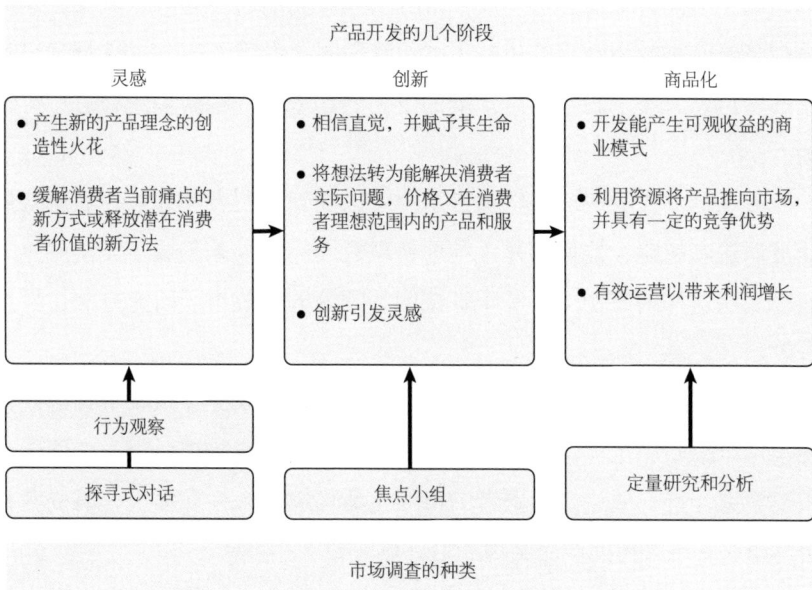

产品开发的几个阶段

灵感	创新	商品化
• 产生新的产品理念的创造性火花 • 缓解消费者当前痛点的新方式或释放潜在消费者价值的新方法	• 相信直觉，并赋予其生命 • 将想法转为能解决消费者实际问题，价格又在消费者理想范围内的产品和服务 • 创新引发灵感	• 开发能产生可观收益的商业模式 • 利用资源将产品推向市场，并具有一定的竞争优势 • 有效运营以带来利润增长

行为观察		
探寻式对话	焦点小组	定量研究和分析

市场调查的种类

图10.2 在新产品开发过程中运用市场研究

人类学研究与传统的市场研究不同，不会招募一群人来接受调查，也不会详细而有针对性地询问有关他们的选择、喜好和需求的问题，而是仅仅基于默默地，或者说是在暗中进行的观察，看消费者在家中、工作中或是在路上如何完成不同事项的。也就是说，行为观察式研究就是观察人们在日常事项中实际是怎样做的。[2]这种方式的目的是，理解并设身处地地感受消费者对当前产品与服务的使用体验。行为观察可以让研究者明白消费者是在什么

---

1. 智者说网站（Brainy Quote website），访问于2016年6月10日，http://www.brainyquote.com/quotes/quotes/y/yogiberra125285.html。
2. 乔恩·科尔科（Jon Kolko），《精心设计：如何使用同理心来创造人见人爱的产品》（*Well-Designed: How to Use Empathy to Create Products People Really Love*），马萨诸塞，波士顿：哈佛商学院出版公司，2014年，73页。

样的情境中实际使用一种新产品的，以及一种产品在他们的生活中有着怎样的意义。

实际上，我们已经在生活中看到了许多应用这项方法的事例。GoPro、便利贴和Spanx的研发者都是基于自身的体验而萌发灵感的。其实，本质上这些创新者就是行为观察的最初主体。我们同样看到了OXO是怎样通过随机观察那些自愿来展示日常厨房活动的受访者，来为一种新型量杯进行价值定位的。

行为观察方式的一项突出优势是，可以找到消费者的痛点，而这些痛点可能被消费者忽略，他们只是单纯地将现有商品的缺陷当成了无法避免的问题而已。在这样的案例中，基于直接回答问题的传统市场研究方法，显然不够有效。

行为观察技巧是由人类学领域衍生而来的，在人类学领域中有记载，行为观察可以推断出主体（即动物）无法说明的问题或需求。行为观察研究者同人类学家一样，要进入消费者的自然生活环境中去，在那里，消费者有可能会与研究者感兴趣的产品类别产生交集。

比如说，假设你负责设计一款新型的运动型多功能车（SUV）模型，目标是兼具创新性能和便捷性。从逻辑上说，你应该以现有车辆的设计在日常使用中的缺陷为出发点。由于有运动型多功能车的家庭一般都有孩子，所以大型商场是一个理想的地点，可以观察到车主是怎样使用他们的车辆的。

在这种"自然环境"里暗中观察的研究者，无疑会观察到车主在购物之后，来到露天停车场时，一只手抱着孩子，另一只手提着两个购物袋，根本空不出手把钥匙从包里拿出来。如果这时又下着雨，或是冲来几辆车，放下孩子或是手里提的购物袋腾出手来取钥匙，就更成问题了。

多年以来，大部分车主都接受了这种开掀盖式后备厢门时手忙脚乱的困境，将它视为现代生活中不可避免的不便之处。创新者的工作就是发现车主的这个不便之处，然后想出有效的解决办法。在这个案例中，有些汽车制造商的应对办法是，在车钥匙上增加一个电子遥控按钮，以遥控方式打开后备厢门，但是，这个办法仍然需要车主把钥匙拿在手里。2013年，福特公司在他们推出的Escape运动型车上推出了一种更新颖的解决方案——车主无须拿出车钥匙，只须用脚轻敲后保险杠的底部，就可以轻松打开后备厢门。Escape运动型车中的遥控元件可以识别车主的车钥匙所发出的信号，感知到车主的到来。[1]

探寻式对话

虽然行为观察在理解消费者的痛点时是一个行之有效的出发点，但是只能告诉观察者人们做了什么，是怎么做的，背后的原因仍不得而知。因此与消费者进行额外的交流，探寻其行为背后的心态、动机和造成其困惑沮丧的可能诱因，也是至关重要的。行为观察和探寻式对话与其他的市场研究方式不同，这两种方式都是在对实际的消费者行为或产品使用实施即时性研究的过程中进行的。

举个例子，想一想产品研发者是怎样为通勤铁路的站台改造自助售票机的。有一些改进的想法可能只是通过观察消费者是如何利用现有的自助售票机而产生的，但另外还有一些想法，是通过进一步的谈话而产生的（如表10.2所示）。

调查者完全可以通过与表现出该行为的使用者进行交谈来验证自己对表10.2中前三项行为的假设，这里所推断出的设计缺陷和合理的解决方法可能都是正确的。然而，后两项观察需要更多对情境的理解来看清消费者行为背后的原因。

---

1. 拜伦·波普（Byron Pope），《福特Escape的自动式提升门》（*Ford Escape Auto Liftgate*），《华德氏汽车世界》（*Ward's AutoWorld*），2012年5月30日。

表10.2　铁路自助售票机设计思路

观察到的行为	可能的改进方法
用户在使用自助售票机时，没有地方放置他们的咖啡、报纸或是钱包	在自助售票机旁设置置物架
用户在日光强烈时或黑夜时使用自助售票机有一定的困难	设置遮光板及提供更好的照明条件
有的用户貌似在不断点击触屏上的按钮来激活一项操作	触屏的触觉灵敏度须做出改善
有些用户有些犹豫或是干脆放弃	不深入探究难以得出结论
完成交易所需的时间差别非常大	不深入探究难以得出结论

表10.3　关于用户使用自助售票机经历的探寻式对话

调查者提问	用户回答
你想买的是什么类型的票？	学生折扣的十次套票，非高峰时段的
在购买过程中你看起来很犹豫，是因为有什么让你感到困惑吗？	是的，我找不到进入学生折扣页面的指示
能让我看看你的操作步骤，并且说说是在哪里卡住的吗？	当然可以，反正再过一会儿我那趟火车也不会来
对这个屏幕你有什么困惑吗？怎样能使选择更清楚明了？	我不知道怎样返回之前的页面修改信息

这时就轮到探寻式对话派上用场了。调查者会提出一系列探寻式的问题，以探究给用户造成困扰的根本原因，以图10.3所示的假定对话为例。

请注意，这些问题是从消费者的角度出发的，是为了了解在真实的环境下他们如何使用自助售票机而设计的。这位消费者的回答直接指明了用户困惑的来源，而这些正是原始产品设计者可能没有注意到的。这种探寻式对话能够帮助改进自助售票机的用户界面，避免用户在购票时产生困惑或沮丧。

这种类型的探寻式对话与更为常见的产品可用性测试有区别，产品可用性测试通常会给受访者一组要在实验室中完成的任务,然后根据任务完成的速度和准确性来衡量。这种模拟的任务型可用性测试(也称为用户界面、用户体验或用户体验测试)有一定的局限性,因为任务是事先确定好的,可能无法反映单个用户实际上是如何与产品进行互动的。此外,实验室环境无法准确还原出真实又嘈杂的日常环境,如明亮的阳光、响亮的背景噪声、火车进站的汽笛声等。[1]

更重要的是,通过允许消费者用自己的方式去表达自身实际的用户体验,而不是对预先写好的脚本做出回应,探寻式对话具有一个优势,即发现意料之外的消费者洞察力,这可能会激发一种完全不同类型的产品创新的点子。

我们可以试想一下,用这种方式来重新设计自助售票机。在经过一周的田野调查,采访并记录了数十位通勤者的答复后,我们假设自助售票机设计团队聚在一起来讨论消费者的反馈。为筹备一次集思广益的会议,该团队将相关领域的研究成果写在便笺上,并贴在其项目办公室的墙上,如图10.3所示。

你可以想象一下,接下来团队成员之间发生的集体讨论。

第一个人:我们听到了大量关于在一些自助售票机屏幕上清理用户界面的具体建议,但我对其他用户的评论更感兴趣,他们谈论的是一些更普遍的问题。

第二个人:是的,看起来很多用户都不喜欢我们的自助售票机!

第三个人:没错,但是他们的抱怨五花八门。

第一个人:也许不是。一定会有一些共同的主题。

第二个人:有些言论似乎表明,一些用户觉得使用自助售票机很有压力。

第三个人:没错。即使我们改进用户界面,还是不会消除在火车到达之

---

1. 马克·赫斯特和菲尔·特里(Phil Terry),《把消费者包括在内:如何用一个步骤改变产品、公司和世界》,纽约:Greative Good出版社,2013年,70页。

前完成买票过程的压力。

第一个人：事实上，更加整洁的用户界面不会真正解决这些问题。

第二个人：也许这就是我们寻找的共性……也许通勤铁路站台上的自助售票机实际上并不是买票的好地方！

第三个人：如果乘客可以在网上买票，在家中打印，所有的这些问题将迎刃而解。

第一个人：没错。如果为个人电脑和手机应用程序专门设计一个系统，使用起来会更容易。

第二个人：是的，但是为什么还要打印车票？我们可以在智能手机上出示电子车票……就像航空公司那样。

第三个人：但并不是每个人都有智能手机。

第一个人：也许这些乘客可以在火车上购买车票，这在今天完全可能。我相信，我们可以设计一个扫描设备，既可以验证电子车票，也可以在火车上销售车票。

第二个人：这主意不错。我们可以用取消自助售票机省下来的钱来购买新设备。

第三个人：嘿，没搞错的话，我们应该是在讨论怎么重新设计站台上的自动售票机。

第一个人：也许，这是一个非常糟糕的主意！

正如我所举的这些例子所示，行为观察和探寻式对话很适合帮助识别开发创新性新产品的机会，从而解决消费者的实际问题。深入探索精心设计的行为研究的艺术和科学超出了本书的范围，但是，有兴趣就这个问题做进一步研讨的读者，可以看看这两本书，一定会大有收获：《精心设计：如何使用同理心来创造人见人爱的产品》，由乔恩·科尔科所写；[1]还有马克·赫斯

1.科尔科，《精心设计》。

特和菲尔·特里所著的《把消费者包括在内：如何用一个步骤改变产品、公司和世界》。[1]

图10.3 用户对自助售票机的有代表性的反馈

焦点小组

至此，我已经提出了关于焦点小组价值的几个问题，但如果时机恰好且目的正确，这个方法肯定可以发挥有益的作用。很多读者可能自己亲身体验过，焦点小组是在一个经过训练的主持人的引导下，让一组招募来的受访者进行集体讨论，而记录者则会坐在单向镜子后面观察整个讨论过程。焦点小组已被用于各种各样的研究中，如测试观众对不同电影结局或政治广告的反应，比较各种曲奇饼味道，找出客户在不同商店所喜欢和不喜欢的购物方式，还可以就消费者所需的新产品的特点寻求建议。

焦点小组擅长捕捉消费者的意见，尤其是请受访者去看、去品尝或者去

1.马克·赫斯特和菲尔·特里，《把消费者包括在内》。

尝试替代产品的时候。在这些情况下，受访者会在实际观察或使用试验产品后，即时提供反馈。例如，焦点小组在指导食品公司调整他们的食谱方面作用很大。一个著名的案例是，达美乐比萨（Domino's）将焦点小组批评公司比萨的实际视频剪辑作为电视广告的核心内容，希望观众知道公司正在听取意见并致力于做出改进。在该公司的电视广告以及其脸书主页上，展示了焦点小组受访者品尝达美乐比萨后所做的评论，包括以下几条：[1]

☆ 你这比萨味道就像是潮湿的垃圾。"
☆ 达美乐比萨饼对我来说就像纸板一样。"
☆ 我从没吃过这么难吃的比萨。"

这糟糕的反馈后来被证明是焦点小组研究一次双赢的应用，达美乐和消费者都从中获益了，因为，这使比萨店意识到急需开展管理行动，以引导公司生产出美味的比萨，同时公司开诚布公的自我检讨，也获得了消费者的好感。比较达美乐比萨2010年推出焦点小组专题广告之前和之后5年的市场表现，我们可以发现，该公司的市值从之前的损失50%以上转变为增加10倍以上。这有力地肯定了运用和回应焦点小组研究的价值。

另一方面，通常来讲，焦点小组并不擅长在所感知的需求或是新产品预期特性的抽象推断上提供可靠的见解。在这方面，我们在本章前面的部分已经讲到了几个例子，这些例子证明了史蒂夫·乔布斯的论断："如果你不将实物展现在人们眼前，人们永远不知道他们想要什么。"[2]

焦点小组研究的另外一个局限是，与小组设置有关的无法避免的人际动态。那些健谈的、喜欢主导场面的或比较激进的受访者，可能会压过或抑制不同的观点。而一想到那些躲在单向镜子后面的观察员，一些受访者可能会

1. 保罗·法里（Paul Farhi），《在达美乐"是我的错"广告的背后》（*Behind Domino's Mea Culpa Ad Campaign*），《华盛顿邮报》（*Washington Post*），2010年1月13日。
2. 艾萨克森，《史蒂夫·乔布斯传》。

根据他们认为这些人想要听到的内容,下意识地过滤他们的意见。[1]

那么,在新产品开发中,焦点小组研究的价值究竟在哪里呢?焦点小组可以在产品开发团队创建新产品的工作原型后,提供有效的途径,来征求反馈意见。比起假设的抽象概念,对具体的、有形的产品概念,焦点小组可以提供更多有价值的反馈。

定量研究和分析

正如我们所见,定性市场研究在新产品开发的早期阶段最为有用。但在一个大有前途的新产品即将全面上市或马上要对现有的产品进行重新配置时,总有些会导致巨大投资风险的艰难抉择要做。在这一点上,定量研究和分析是帮助项目团队锁定产品的最终配置,根据市场预期的规模和组成部署生产和分配资产,监控销售,检测市场和竞争环境变化,最合适的一种方法。

举例来说,想一想万豪万怡酒店(Marriott's Courtyard)、E-ZPass自动收费系统以及捷蓝航空公司服务的开发人员所面临的种种问题吧,距离高管们推出各自产品的时间已经不远了:

☆ 根据支付意愿,消费者与酒店设施(如房间大小和装饰、餐厅类型和餐饮服务、休闲设施和客户服务)相关联的价值有多大?[2]

☆ E-ZPass系统的种种元素(包括可用车道的数量、票据获取的便利性、节约成本、开发票过程以及标签的其他用途等)对消费者的相对价值究竟是什么?[3]

1. 珍妮特·史密森(Janet Smithson),《使用和分析焦点小组:局限性和可能性》(*Using and Analysing Focus Groups: Limitations and Possibilities*),《国际社会研究方法论杂志》(*International Journal of Social Research Methodology*),3,2,2000年,103—119页。
2. 杰里·温德(Jerry Wind)、保罗·E.格林(Paul E. Green)、道格拉斯·希夫莱特(Douglas Shifflet)、玛莎·斯卡伯勒(Marsha Scarbrough),《万豪万怡酒店:以消费者为中心设计酒店设施》(*Courtyard by Marriott: Designing a Hotel Facility with Consumer-Based Marketing Models*),*Interfaces*期刊,19,1,1989年1月,25—47页。
3. 保罗·E.格林、阿巴·M.克里格(Abba M. Krieger)、约拉姆·温德,《联合分析30年:反思与展望》(*Thirty Years of Conjoint Analysis: Reflections and Prospects*),*Interfaces*期刊,31,3,2001年5月,56—73页。

☆ 考虑到捷蓝航空的服务和票价水平，消费者会如何权衡跟飞行相关的设施（如座位前的伸腿空间、娱乐系统等）与旅行福利（如免费托运行李）这两者的价值？[1]

以上种种例子说明，产品设计的权衡需要对新产品或服务进行最终调整，以确定产品需求、消费者支付意愿和赢利能力。

为了优化其产品配置，这些公司都使用了联合分析，这种定量技术能确定消费者所赋予的个别产品属性的价值，以及买家是如何在竞争产品之间做出权衡的。在联合分析中，要先向潜在消费者介绍具有明显不同属性的竞争产品，再让他们对自己选择各个产品的可能性进行评级。通过对偏好模式的分析，联合分析可以帮助公司确定如何实现最有意义的产品差异化，即能让公司知道如何用最小的成本来最大幅度地提升消费者价值，价格将如何影响消费者的选择，以及在一系列替代产品配置中可以预期的市场份额。[2]

联合分析和其他偏好模型都是有局限性的，所有这些都取决于消费者能否在这些假设产品模型中对自己的喜好进行精准的评价。消费者的意图往往和他们的实际行为明显不同。尽管如此，一旦产品开发人员把重点缩小到关注优化产品最终的上市配置上，那么定量的消费者选择模型就是有价值的工具。

在后期产品开发中，定量方法的另一个用途就是对潜在市场规模和实际销售的预期水平进行更完善的评估。产品开发团队会在开发过程的早期对市场潜力进行一个初步的评估。但随着发售日期的临近，需要在生产能力、销

1. 捷蓝航空使用联合分析来配置服务元素，基于与主管商业和规划的执行副总裁马蒂·圣乔治（Marty St. George）的通信，2015年12月10日。
2. 安德斯·古斯塔夫松（Anders Gustafsson）、安德烈亚斯·赫尔曼（Andreas Herrmann）、弗兰克·休伯（Frank Huber），《作为市场研究实践工具的联合分析方法》（*Conjoint Analysis as an Instrument of Market Research Practice*），《联合测量：方法和应用》（*Conjoint Measurement: Methods and Applications*），第三版，古斯塔夫松、赫尔曼和休伯主编，柏林：施普林格出版社，2003年，5—46页。

售渠道资产和营销预算上做出艰难的决定。[1]凭借早期对目标市场特点和竞争产品如何被感知的认识，可以在全面推出新产品之前，通过严谨的分析来预测预期的需求水平。[2]

最后，即使已推出的新产品成功地达到或超过了初始业务预测，但评估产品在销售或使用中正在发生的变化也很关键。定量监测需求趋势可以作为市场发生情况的早期标志，即便不能知道原因，它还能指出，为了了解消费者的喜好和竞争格局的不断发展变化，需要进一步进行有针对性的研究。

对新产品发布失败率的预测范围是70%—90%，这样看来，用以设想、改进和推出真正伟大的产品的业务流程，显然有着相当大的改善空间。[3]

化零为整——本田是如何发展元素车系的

追踪像本田元素SUV这种复杂产品的开发过程，能有效地说明应该如何以及在何时使用不同类型的市场研究来创造创新性新产品。

在超过75年的时间里，本田汽车公司的产品开发一直成效卓著，堪称典范。它诞生于二战后化为焦土的日本，20世纪40年代末，本田推出了一系列可靠、高效的小型摩托车和踏板车，从而很早就在工程技术上享有盛誉。到1960年，本田将其产品范围扩展至更大、更复杂的车型，成为世界上最大的摩托车制造商。在随后的几十年里，本田利用其世界级的引擎技术，成

---

1. 在产品开发的极早期阶段，构建创业投资的预期市场规模的逻辑——或者说是必要性——在两本非常优秀的书籍中有详细的介绍。第一本是专注于创业初期的风险，由史蒂夫·布兰克和鲍勃·多尔夫（Bob Dorf）所著的《给所有创业者的手册：建设一家伟大公司的步骤指南》（*The Startup Owner's Manual: The Step-By-Step Guide for Building a Great Company*），加利福尼亚，佩斯卡德罗（Pescadero）：K&S Ranch Consulting，2012年。关于在公司创业背景下的早期市场规模，详见丽塔·冈瑟·麦格拉思、伊恩·C. 麦克米伦（Ian C. MacMillan）的《发现驱动型成长：减少风险和抓住机遇的突破过程》（*Discovery-Driven Growth: A Breakthrough Process to Reduce Risk and Seize Opportunity*），马萨诸塞，波士顿：哈佛商业评论出版社，2009年。
2. 保罗·萨福（Paul Saffo），《进行有效预测的六条规则》（*Six Rules for Effective Forecasting*），《哈佛商业评论》，2007年7—8月。
3. 琼·施奈德（Joan Schneider）和朱莉·霍尔（Julie Hall），《为什么大多数产品的推出会失败》（*Why Most Product Launches Fail*），《哈佛商业评论》，2011年4月。

功地开拓了全新的产品类别，其中包括电力产品（如耕作机、发电机、割草机等）、汽车和卡车，最终还制造出了喷气式飞机。不管在什么情况下，本田都是先推出设计精良、价格低廉的车型，再逐步升级，以获得更多的市场份额。

作为典型例子，本田于1969年进入美国汽车市场，很快通过本田思域（Civic）取得了成功，本田思域是技术先进的小型车，相比美国汽车制造商的竞争产品，可以提供更高的燃油经济性。其下一个产品是中型车雅阁（Accord），雅阁于1976年进入市场后不久，就被《道路与轨道》（*Road & Track*）和《人车志》评为最好的轿车。不到5年，雅阁便成了美国市场上最畅销的车型。

1986年，本田进一步发展高档产品，成为第一个在美国推出豪华品牌的日本汽车制造商。其讴歌（Acura）品牌以高性能且时髦的跑车和轿车为特点，定价很高。自那之后，本田通过推出奥德赛（Odyssey）厢式旅行车扩大其市场，自1995年推出起，就被《消费者报告》（*Consamer Reports*）评为美国市场最好的厢式旅行车。最后，本田挑战SUV车型，一开始，它还是生产低端紧凑型越野车（CR-V），之后通过推出更大的本田Pilot和讴歌MDX逐步提升档次。

到2002年，本田已在美国销售了120多万辆汽车，几乎在市场的每个部分都处于有力的竞争地位。尽管有这样出色的表现，本田还是发现了两个相关的品牌弱点，这些弱点可能会限制其未来的增长。

本田的品牌形象被认为是务实的，而不是令人兴奋或是激励人心的。

从进入美国市场起，本田的工程师们便在开发节能、可靠、安全、舒适的汽车方面做得非常出色。毫不奇怪，这些属性使本田的品牌形象与实用、面向家庭和保守联系在一起。这样的定位并无不妥，看本田的销售增长便足以证明这一点。其重点强调的是实用性，针对的买家是年轻女性和家庭，本田公司的品牌形象被证明是不符合其他细分市场的。

一般来讲，本田汽车对那些第一次买车的年轻男性买家来说，没有吸引力。

本田在男性买家目标市场的占有份额很低。本田的一位前销售总监回忆道："我们为年轻女性和家庭提供产品，但没太关注年轻男性。"[1]公司非常重视这个问题，因为年轻买家正在为汽车公司提供相当大的市场机会。新的千禧年来临之际，根据本田所调查的美国人口统计数据，它认识到，首次购车的买家中超过一半的人年龄不到30岁。随着婴儿潮一代所生的孩子达到驾驶年龄，这个年龄组的数量很有可能还会继续增长。该公司得出结论，不能再继续忽视千禧一代的男性顾客。[2]

因此，根据业务需要，本田开始着手打造第一款专门为年轻男性设计的车。1998年，本田在加利福尼亚州托兰斯市（Torrance）的研发中心成立了元素概念开发团队。根据项目任务，设计团队的大多数人都是相对年轻的男性，他们的任务就是想出令人为之倾倒的设计，而且还要同千禧一代的男性在核心价值观和信仰上产生共鸣。

其起点是要去理解这个陌生的新客户群体的动机和需求。本田肯定已经做了大量的市场调查研究来了解千禧一代的特点。[3]尽管这些见解可以被当成是项目团队任务的一个有趣的背景，但在现实中，这样广泛的概念——如千禧一代都是理想主义的、乐观的、懂得变通的等——只能为特定设计优先事项提供有限的指导（如表10.4所示）。

该团队在目前哪辆车最受年轻一代男性欢迎方面也获得了详细的数据，但这个信息的用途也是有限的。毕竟，本田并不想仅仅复制现有的设计主题；公司决心了解其目标客户群尚未满足的需求并以此为指导，设计出独特

1. 马克·H. 迈耶（Marc H. Meyer），《角度：本田如何创新》（*Perspective: How Honda Innovates*），《产品创新管理杂志》（Journal of Product Innovation Management），25，3，2008年5月，261—271页。
2. 通常指那些在1980—2000年之间出生的人。自二战以来，有三次人口出生高潮：婴儿潮一代、X一代、千禧一代。
3. 表10.4中所示的数据代表针对千禧一代特征的一些综合市场调查研究。例如 "下一代人的肖像"（A Portrait of Generation Next），皮尤研究中心（Pew Research Center），2007年1月9日。访问于2016年6月10日，http://www.people-press.org/2007/01/09/a-portrait-of-generation-next。

的产品，这样的话，就有可能突破市场，取得成功，而这一成功会改善本田的品牌形象。

本田公司意识到，直接询问具有代表性的年轻男性他们可能会购买什么样的新车，意义不大，甚至会产生误导。因此，本田通过观察研究恰当地启动了项目，以便更好地了解千禧一代男性目前使用汽车的情况。

表10.4 千禧一代的特点

人口统计资料	态度和信仰
——生于1980—2000年（8000万） a.也被称为回声潮一代、千禧一代 b.婴儿潮一代（7200万）所生的孩子	
——显著的人口统计数据 a.25%生活在单亲家庭中 b.75%的人，其母亲有工作 c.种族多样性：34%是黑人、拉丁裔、亚裔或者美国原住民	——年轻，有潮流意识 ——理想主义、乐观和懂得变通 ——工作努力；极具创业精神
——事件组成：辛普森（O.J.Simpson）案，莫妮卡·莱温斯基（Monica Lewinsky），中东冲突，萨达姆·侯赛因（Saddam Hussein），俄克拉何马城（Oklahoma）爆炸案，哥伦拜恩（Columbine）校园事件，真人秀，美国9·11事件	——有社会责任感；特别注重环保 ——非常熟悉科技，喜欢同时进行多项任务 ——渴望得到回应和赞赏 ——精神传统：89%的千禧一代声称他们相信上帝
——千禧一代的流行文化：希拉里·达夫（Hilary Duff），里奥·宝娃（Bow wow），玛丽-凯特（Mary-Kate），阿什莉·奥尔森（Ashley olsen），威廉王子（Prince William）	

项目团队认为，最好的起点是千禧一代的男性可能会聚集在一起的"自然栖息地"。所以，研究人员带着摄像机和磁带录音机，来到世界极限运动

会（X Games）——由娱乐与体育节目电视网（ESPN）赞助的一年一度的极限体育赛事的盛会，吸引的主要是年轻人——以及南加州的海滩和木板路上，密切观察年轻男性如何同他们的车辆互动。

从这些详细的观察和随后的探寻式对话中，浮现出来的是一个擅长社交的、活跃的千禧一代男性形象，被本田称为"无尽夏日"。[1]潜在的无尽夏日客户的生活方式使他们对车辆的使用有多重需求，因此，项目团队也开始为仍处于初始阶段的元素SUV构建高级别设计主题（如表10.5所示）。

随着观察研究的进行，本田的工程师和设计师们开始将他们对目标客户需求的深入理解转化为特定的车辆特征，这些特征将为无尽夏日男性的各种生活方式提供直接的帮助。例如，项目团队观察到，有必要满足互相冲突的车辆任务，如在清晨搬运山地自行车或冲浪板，晚上载着五个朋友去聚会。为了满足这些需求，本田设计了可以快速地向上或向下翻转的横向折叠式后座。

项目团队还对目标客户运送肮脏的娱乐设备的需要做出了回应，像沾满沙的冲浪板或溅满泥的越野自行车等，针对这些，他们添加了几个不寻常的设计：减少支柱、全开放式侧门、大型翻盖式尾门、车体完全防水、内藏冲洗水管。市场上没有其他车辆采用这样的设计特征。

表10.5　针对无尽夏日角色的初步设计主题

人物特点	车辆设计内涵
单身	不需要妥协于配偶的品味，一切设计全都是为了一辆"男人的车"
社交广泛（有许多朋友）	需要4—5个座位……连皮卡车都无法适应这个角色

---

1. 在以用户为中心的设计和营销中，人们的角色是虚构的，用来表示不同的用户类型，这些用户可能会以类似的方式对网站、品牌或产品做出反应。对角色的评论请参阅马克·赫斯特和菲尔·特里的《把消费者包括在内》，5—59页。

高度活跃	能够携带大量的"男孩玩具"——如山地自行车、冲浪板、滑雪板等
旅行经验多，漂泊不定	足够宽敞，能兼充露营车以及便于因频繁搬家而运送家居陈设
受过教育、时尚、注重环保	造型前卫，可识别度高。没有任何噱头

在发现无尽夏日男性经常在车内吃、住和玩闹之后，项目团队设计了一款中央控制台存储容器，能贮藏超大号的奶昔和炸薯条，还有强大的音响系统，放大重低音的能力是本田思域的8倍。

最后，在探寻式对话过程中，项目团队发现，无尽夏日受访者对真实反映他们生活方式偏好、绝非自称前卫却名不副实的产品有很强的亲和力。为了对此做出回应，工程师们竭尽全力地将所有关键的设计元素进行整合：包括前卫的造型、充满活力的操控和相关的功能。

随着工程的进展，项目团队在全国的大学校园里招募户外社交活动爱好者，组成焦点小组，对不断变化的设计概念的草图做调查。经过多次改进，本田元素的设计完善了，最终呈现出一辆与众不同的四四方方的SUV，它具有许多特点，独树一帜地解决了千禧一代中的无尽夏日群体的需求。[1]

本田准备在2003年推出元素车系，为此，营销部门根据对市场上竞争车型的需求所做的定量分析，完善了其销售预测。他们认识到，元素车系是以一种全新的、激进的车辆概念来瞄准一个非常具体的客户群体，所以，本田最初在美国的销售预测是相当温和的，即每年5万辆。

那么元素车系表现得究竟如何？本田有没有实现在千禧一代的男性购车者中，增强其市场渗透力和品牌形象的商业目标呢？

最初的市场反应还算积极。在第一年，元素被极具影响力的《汽车杂

---

1. 菲尔·巴顿（Phil Patton），《本田元素：年轻人，你喜欢待在一个盒子里吗？》（*Honda Element: Young Man, Would You Like That In a Box?*），《纽约时报》，2002年12月15日。

志》（*Automobile magazine*）评为年度最佳小型SUV，[1]在美国的销量达到67,478辆，轻松超过了本田最初的目标。但对销售数据做了更仔细的分析后发现，在第一年的买家当中，只有20%是年轻男性，在这一年卖给千禧一代的新车当中，元素所占比例不到2%。其余的元素车都是被年纪稍长的客户买走的，他们大都超过了40岁。而且，本田元素车的销售在第一年就达到了顶峰，之后不断下降，到2011年此车型停产时，销量已经降到了1.2万辆。

图10.4 本田元素车

究竟哪里出了错？在回答这个问题之前，让我们先回顾一下正确之处。实际上，本田在理解未能得到满足的目标顾客的需求和通过设计元素车来满足现实客户需求方面，做得很出色。如上所述，本田按照恰当的顺序运用了行为观察、探寻式对话、焦点小组以及定量研究和分析来开发和推出一种精心设计的车辆，独特地满足了目标客户的需求。

但是事实证明，本田没有注意到几个至关重要的危险信号。

首先，并不是所有的千禧一代都是无尽夏日的原型。当我与MBA学生

---

1. 《2003年本田车型识别》（*2003 Honda Model Recognition*），《本田汽车新闻信息》（*Honda Automobiles Press Information*），2003年10月5日。参见 http://automobiles.honda.com/news/press-releases-article. aspx?Article=2003100848363。

（他们自己也属于本田的目标年龄组）研讨本田对无尽夏日目标客户的描述时，很少有学生认为自己符合无尽夏日这一形象。坐在纽约市MBA课堂里的学生的特点和生活方式，肯定与经常在阿斯彭（Aspen）或南加州的海滩和木板路上玩极限运动的年轻人大有不同。同样的，生活在芝加哥、亚特兰大和菲尼克斯（Phoenix）的大多数千禧一代男性可能也与之有很大的区别。本田元素项目团队本身就在南加州生活和工作，所以他们把市场研究工作集中在户外运动爱好者的核心成员身上，而没能先停下来好好考虑一下，这样做的话，客户群体实际上会有多小。

此外，无尽夏日客户认为工作是为了生活，不是活着为了工作，所以，有可能他们没有可支配的收入来负担相对昂贵的本田元素。例如，元素于2003年在美国市场推出的基础价格是1.61万美元，比本田的入门级车型思域要高出25%。所以购买本田元素的客户，大多较为年长且更为富裕，也就不足为奇了。

本田若是真正致力于改善其千禧一代客户的市场渗透率，那它应该开发更多适合千禧一代的产品，而不应该把注意力集中在元素上头，元素的目标客户群体实在太小。与之相反，为了吸引更多年轻的男性顾客，丰田创造了一个全新的品牌赛恩（Scion），它有多种车型，为的是吸引更为广泛的千禧一代年轻买家。赛恩旗下有一款xB车型，也是四四方方的小型SUV，与元素车差不多。现在回想起来，元素车系所吸引的只是千禧一代男性中的一小部分，这一车型在本田更为广泛的实用轿车和轻型卡车阵容中，就像孤儿一般。

虽然本田以用户为中心的设计，以及对市场研究的正确类型进行的适当排序，这些最佳实践有很多值得我们学习的地方，但本田元素的失败，证明了很重要的一点，即新产品的目标市场必须足够大。元素车虽然正中靶心，奈何其目标群体太小。

第十一章

脱颖而出的战略

想想过去10年间因推出突破性产品而获得巨大成功的那些公司吧。我的初始列表如图11.1所示，乍一看，这些行业巨头似乎没有什么共性。图表上的公司横跨多种产业，它们提供的也许是服务也许是产品，使用的可能是尖端技术也可能是现成的解决方案，并通过网络或实体店销售。然而，我要说，确实存在着一些强烈的共性，可以解释这些公司如何以及为何能够成功地重新定义各自的市场。

这些公司之所以能成功，都离不开下列原因：

☆ 目标客户是那些对当前的产品和服务不满的人群。

☆ 专注于解决未得到满足的消费者需求的不同性能属性，而不是一味效仿当前市场领导者产品的特性。

☆ 大幅改变"4Ps"，它们定义了主流产品在营销、定价和销售过程中的内容、地点和方式。

☆ 解构与重构当前流行的价值链，这些价值链描述了工作完成的方式。

☆ 通过将非消费者变为消费者，使现有客户购买更多产品等方式来开拓市场。

☆ 通过从根本上改变竞争的基础，从而在竞争中（至少是暂时地）无须考虑对手的情况。

图11.1 突破性服务和产品

　　你可以选其他取得突破性成功的例子，看看这些新的商业规则是否也适用于你所列举的清单上的公司。

　　事后诸葛亮的好处是，很容易发现这些成功公司背后的相同之处。但是，想要预测潜在商机，并成为首个将"下一个新产品和服务"引入市场的公司，就是另外一种挑战了（难度要大得多）。

　　在过去20年中，出现过三大商业战略框架，它们都为企业家和企业创新者提供了有用的指导，这些人试图找到有意义的差异化产品和服务，这些产品和服务可以实现有吸引力的消费者价值主张。这三大商业战略框架分别是：扬米·穆恩的突破性定位[1]、钱·金和勒妮·莫博涅的蓝海战略[2]，以及克莱顿·克里斯坦森的颠覆性技术[3]。

　　这些理论方法采用的战略视角虽然不尽相同，但还是为有远见的公司提供了明确的指引：公司应通过关注新产品的属性来抛弃传统的行业规范、结

---

1. 扬米·穆恩，《重新思考定位》，哈佛商学院模块笔记，2006年3月22日。她在发表的作品中，使用了颠覆性定位这一术语。为了与克里斯坦森的"颠覆性技术"的术语进行区分，我将穆恩的概念改名为"突破性定位"。
2. 钱·金和勒妮·莫博涅，《蓝海战略》，马萨诸塞，波士顿：哈佛商学院出版公司，2005年。
3. 克莱顿·克里斯坦森，《创新者的困境：当新技术让大公司走向失败时》，马萨诸塞，波士顿：哈佛商学院出版公司，1997年。

构和类别形象，从而吸引对现有产品不满的消费者群体。

突破性定位

在第九章里，我向大家展示了，在大多数行业中，竞争动态往往遵循着可预测的针锋相对的复制和性能增量的模式，假以时日，这会造成无差异化产品的增加以及对相同客户的过度服务。

这种情况为有远见的市场新进入者创造了机会，它可以重新构思新的产品和服务，以更好地满足那些没能得到充分服务的客户的需求。有两种突破性定位战略值得我们关注：一种是逆向定位，另一种是分离定位。[1]

逆向定位

这种战略方法的践行者，往往有意地与当前在传统产品属性上不断增强产品性能的趋势背道而驰。这并不是说，逆向定位的践行者只是单纯地"简化"了产品性能，以提供预算价格，这是当前品类中的低端供应商的典型做法。相反，逆向定位供应商认识到，越来越多的消费者对传统的高端或低端产业的现有产品不满意（图11.2）。[2]在这种情况下，高端竞争者的产品提供了太多的增强功能，使其价格超过了实际价值。（你的智能手机屏幕像素真的有必要高于人眼能识别的程度吗？）[3]但是低端竞争者的产品根本没法提供足够的功能或便利来取悦不满的消费者。（为了省钱，而忍受长途廉价航班

---

1. 穆恩的《重新思考定位》实际上确定了三种形式的突破性定位。除了在本章中提到的逆向定位和分离定位，还有隐形定位。隐形定位是指一个公司寻求在一个与其原来的计划完全不同的类别中创建产品。隐形定位的基本原理是，在某些情况下，产品可以采用一个完全不同类型的类别形象，从而获得更好的结果。为了方便讲解，我在本章中省略了穆恩的隐形定位，因为它的例子相对稀少且持续时间很短，它通常只适用于一款不成熟的产品尚未具有足够的性能来实现原本的目的的情况。

2. 改编自穆恩的《重新思考定位》。

3. 杰茜卡·凯尔科特（Jessica Colcourt），《说真的，超高清4K屏幕的手机都是严重的矫枉过正》（*Phones with Ultra High-Res 4K Screens Are Serious Overkill. Seriously*），科技资讯网，2015年9月2日，http://www.cnet.com/news/phones-with-ultra-high-resolution-4k-screens-are-serious-overkill。

那腿都伸不开且无法倾斜的座位，真的值得吗？）[1]

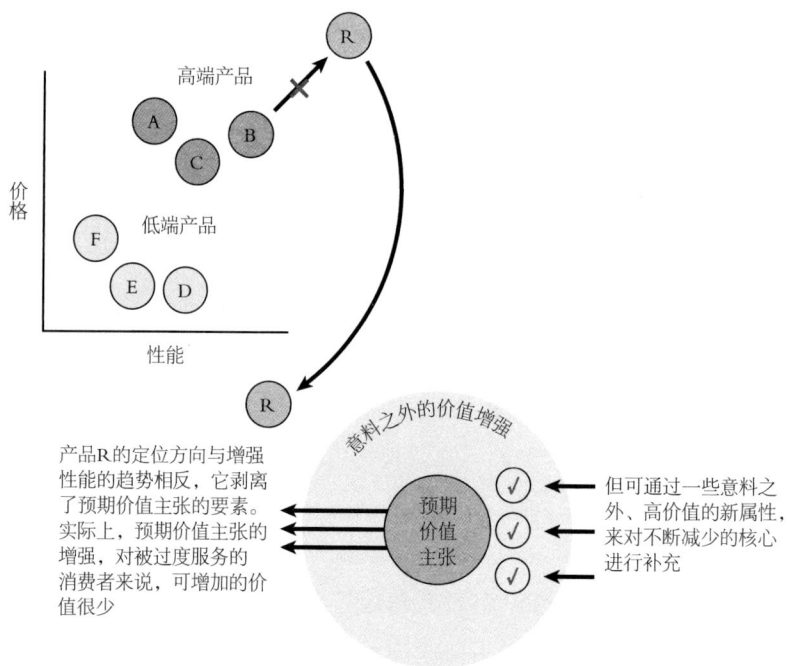

图11.2 逆向定位

　　作为回应，成功的逆向定位供应商会从高端产品的性能特点中把不会给消费者增加可观价值的那些剔除，再用新的、出乎意料的、高价值的产品属性取而代之，而这些往往是被现有的竞争者忽略了的。其最终结果是，一个更具吸引力的价值主张，被大量潜在消费者所接受，市场上任何现存的产品，都没有满足这些消费者的需求。

　　举例而言，当捷蓝航空公司在2000年进入正遭遇财务困境的美国航空业时，一些传统的航空公司（比如美航、美联航和达美航空）都在高端设施上

1. 埃德·珀金斯（Ed Perkins），《哪家航空公司的座位最不舒服？》（*Which Airline's Seats Are the Most Uncomfortable?*），赫芬顿邮报，2013年1月19日，参见http://www.huffingtonpost.com/smartertravel/worst-legroom-airlines_b_2482315.html。

激烈竞争：分级服务、全餐服务、机上观影和听音乐的服务以及为频繁出行的旅客提供私人休息室的服务。而在低端市场，廉价航空公司（比如精神航空和西南航空）则剔除了几乎所有的物质享受，在机舱内安置更多、更小的座位，并大幅削减票价。

捷蓝航空公司认识到，如果客户愿意接受比廉价航空公司稍贵一点的票价，那就有机会为他们创造更好的体验，使其可以享受新的便利设施，而这些设施，在传统航空公司是享受不到的。[1]在设计新服务时，捷蓝航空首先剔除了那些全服务航空公司通常会提供的昂贵功能，这些功能创造的顾客感知价值很低。

表11.1　捷蓝航空公司的逆向定位策略：剔除的设施

剔除的设施	理由
餐食	餐食如果做得很糟糕，还不如没有的好
分级服务	如果机舱服务做得足够好，对许多消费者来说这是多余的
私人休息室	对大多数乘客来说，这属于低价值主张
在机舱中央的屏幕上看电影	乘客的喜好不尽相同，能满足大多数乘客喜好的电影很少

同时，捷蓝航空公司增加了许多独特且显而易见的新设施，受到许多乘客的热烈欢迎，这使它获得了美国"廉价别致"航空公司的美誉。

逆向定位产品的一个标志是，这些产品总会有一些意想不到的特点，而这些特点在其他任何地方都找不到，因此这些产品有很大潜力为乘客带来惊喜。作为成功实施逆向定位战略的有力证明，捷蓝航空公司不仅连续11年在

---

1. "传统航空公司"指的是，1978年美国航空业放松管制之前的那些大型的全服务航空公司。这些航空公司包括联合航空、美国航空、达美航空、大陆航空、西北航空、全美航空和环球航空。

美国低成本航空公司中获得最高的客户满意度，[1]而且其客户满意度也一直高于传统的全服务航空公司。[2]

表11.2　捷蓝航空公司增加的令人惊奇和欣喜的设施

增加的设施	理由
增加了伸腿空间	达到行业最高标准；高度重视，实实在在的好处
皮座椅	之前在经济舱是不提供的
每个座位上都配有卫星电视，可以换许多频道	令客户感到意外且独特的惊喜
优质零食	美味的零食要比一顿糟糕的餐食更令人高兴
友好的客舱服务	与传统的航空公司相比，有很大区别

酒店业也有逆向定位成功的案例，这个案例不那么著名但极具启发性。作为一个30多年来跑遍全球的咨询顾问，我有机会在这个竞争十分激烈的行业里，亲身体验它们的消费者价值主张。为了简单描述酒店业的竞争动态，我们可以列举两个明显不同的产品细分：高端、商务型酒店［比如万豪酒店（Marriott）、威斯汀酒店（Westin）、丽思卡尔顿酒店（Ritz-Carlton）及四季酒店（Four Seasons）］和经济连锁酒店［比如6号汽车旅馆（Motel 6）、戴斯酒店（Days Inn）、速8酒店（Super 8）和凯富酒店（Comfort Inn）］。

像我这样的客户是最能吸引商务酒店注意的，因为我经常出差，报销额度大，且会出席各种商业会议，而这些都会产生可观的收益。因此，高端连锁酒店为了争取像我这样的客户，竞争十分激烈，它们会提供一套全方位的

---

1. 小汤姆·赫德尔斯顿（Tom Huddleston, Jr.），《人们最喜欢这些航空公司》（*People Love These Airlines the Most*），《财富》，2016年5月11日，http://fortune.com/2016/05/11/alaska-airlines-jetblue-jd-power。需要注意的是，捷蓝航空公司在过去10年里一直都在不断创新，从而确保有意义的市场差异。从2014年开始，捷蓝航空公司在指定航班上引进了一流的服务并配备了业界最快的无线网。

2. "行业基准"，美国客户满意度指数，访问于2016年6月13日，http://www.theacsi.org/index.php?option=com_content&view=article&id=147&catid=&Itemid=212&i=Airlines。

便捷设施，包括：位于市中心的黄金地带，设施豪华的餐饮和会议中心，全天候客房服务，礼宾服务，设备齐全的健身中心、游泳池和温泉，宽敞且装修精美的客房，迷你酒吧，免费的浴袍和个人护理产品。不用说，这些设施的价格是昂贵的，这使得主要大城市的客房单间价格甚至可能超过每晚600美元。[1]

由于所有的高端商务连锁酒店，基本上是在相同的性能属性上展开竞争，这使得推出独特服务或优势价格对任何一个竞争者来说，都十分困难。例如，为了在竞争十分激烈的酒店业里脱颖而出，威斯汀连锁酒店曾做过一次尝试，它在20世纪90年代末发起了一个运动，这个运动旨在开发世界上最舒服的酒店床。在对数以百计的床、枕头、床单进行了测试之后，威斯汀酒店投资3000万美元配备了一种床，它被称为"天梦之床"。我的个人经历证明，它确实推出了一款非常舒适的产品。威斯汀酒店因此占得先机。

但是，现在让我们站在其他连锁酒店竞争者的角度，来看一下这个问题。在酒店业，你会容忍你的竞争对手一直吹嘘它的床是全行业最舒服的吗？在威斯汀酒店推出"天梦之床"的随后几年里，希尔顿酒店（Hilton）宣布推出"宁静之床"。据报道，万豪酒店投资1.9亿美元推出"朝气重拾"系列舒适床具。此外，丽笙酒店（Radisson）推出了"睡眠指数床"。皇冠假日酒店（Crowne Plaza）也不甘示弱，推出了"优势睡眠计划"。而凯悦酒店（Hyatt）则是推出了"凯悦豪华睡床"。威斯汀酒店保持其竞争优势的时间十分短暂，并且提前引发了这场形势愈演愈烈的持久战。在这场战争中，除了那些为了享受更好睡眠体验而愿意且能够支付更多费用的客户，没有谁是真正的赢家。[2]

这场争夺睡眠舒适度的激烈战斗，并没有发生在低端酒店业中。经济型

---

1. 在2015年10月一个星期二的晚上，纽约市中心的上述四家商务连锁酒店的最低房间价格从634美元到1350美元不等。
2. 扬米·穆恩，《差异：摆脱竞争跟风》，纽约：皇冠商务出版社，2010年，89页。

酒店更多的是位于公路的交叉口而不是市中心，它们是以与高端酒店完全不同的方式来竞争的，其想要吸引的客户类型也与高端酒店的不同，它们的客户往往更看重低价格。因此，经济型酒店提供的住宿条件，只要对这些价格敏感的消费者来说"过得去"，就可以了。但这并不是说这些经济型酒店就不会陷入针锋相对的复制和增量模式中去。考虑到每晚收费标准往往低于50美元，这些经济型连锁酒店会将注意力集中在一些更加平淡无奇的设施上，比如免费的早餐和提供无线网。

事实证明，无论是高端商务型酒店，还是低端经济型酒店都没能很好地满足我个人短途出差的需求。更笼统地说，这些酒店也没能满足那些高收入、经验丰富的旅行者的偏好，他们经常到访城市中心，就是为了享受城市的休闲体验。

首先，这一类经常外出的旅游达人当然不会入住经济型酒店，因为经济型酒店的位置和简朴的风格都与这类客户的需求相反。然而，提供全方位服务的商务酒店又无法做到恰当合适，因为其提供的设施要远远超过这类旅行者所重视或愿意支付的程度。

举例而言，那些精明且自立的客户并不需要行李员的帮助，他们能够自行搬运行李箱，并且也喜欢这样做。（他们有可能已经通过机场、地铁或出租车等方式巧妙地搬运了自己的行李）。作为旅游达人，他们可能很乐意从自助服务机获得自己房间的钥匙，而不愿意排队等待前台接待员办理，同时，他们会自己选择餐馆及剧院，而不会麻烦现场的礼宾人员（功能强大的移动设备是旅游达人的标配）。

这一客户群同样没兴趣花很多时间待在酒店房间，因此，他们往往不看重宽敞的住宿环境以及豪华的家具，尤其是当这些酒店房间有着与这种奢华相对应的价格时，就更是如此了。同样，当单独旅行时，商务旅客很少有时间或兴趣在豪华酒店餐厅里独自用餐，而休闲旅客往往喜欢选择在那些未包含在酒店费用里的各类知名独立的酒店餐厅里用餐。

2008年，连续创业者、一家服装零售公司的创始人兼CEO——拉坦·查达（Rattan Chadha）发现了一个实施逆向定位战略的机会，能更好地服务于客户的需求，他们将其描述为"探索者、专业人士及购物者的集合体"。[1]在创建名为世民酒店（citizenM，M指的是Mobile，意思为"移动"）的新型连锁酒店时，他保留了传统高端商务酒店的目标客户群所高度赞赏的一些关键特点，包括方便的市中心位置、免费快速的无线网、高清电视、舒适的床上用品、豪华的淋浴间等，而剔除掉高端酒店的其他大部分典型设施，这些设施对消费者而言价值不大，却大大抬高了价格。

查达引入了与众不同的酒店设计理念来取代那些被淘汰的设施，目的是给世民酒店的目标客户带来惊喜。比如，这位创始人预想到，单独进行商务旅行的客户可能会喜欢在自助餐厅或休闲椅上吃一顿清淡的晚餐，而不是独自一人坐在餐桌旁等待服务员提供服务。而周末出行的休闲旅客，可能会倾向于在附近的城市餐馆用餐，但在经过长时间的城市漫步后，他们也许会想要在宜人的环境中享用一顿快餐。因此，当顾客进入世民酒店时，他们会看到一楼那被称为客厅的巨大公共空间，它被高端家具和当代艺术品松散地划分为多个区域。大堂的中心区域还有被称为M餐吧（canteenM）的地方，在这里，客人可以点杯咖啡或鸡尾酒，还可以买一些自助食物。

查达的目的是创造一个愉快、实用的共享空间，以吸引更多顾客把休息时间花在这里而不是客房里。这使得查达能够将世民酒店的客房空间设计得非常小（不比他们的特大号床宽）。世民酒店的标准化客房模块，完全是由工厂组装好后再运到酒店的。但客房的陈设还是十分豪华的，包括淋浴喷头、高档床上用品、能提供免费点播电影频道的平面电视、互联网接入口以及个性化的气氛设置。只要入住过世民酒店，客户的喜好就会被存储在中央数据库中，以为他们的后续入住提供个性化的客房服务（图11.3）。

---

1. 弗里克·韦尔默朗（Freek Vermeulen），《摆脱疲软行业只需三步》（ *3 Steps to Break Out in a Tired Industry* ），《哈佛商业评论》，2015年5月1日。以及2016年4—6月间，与世民酒店的CEO拉坦·查达和首席营销官罗宾·查达（Robin Chadha）的电子邮件往来。

表11.3　世民酒店的逆向定位

剔除的设施	理由
行李员	客户可以（喜欢）自己拎行李
前台接待员	支付费用和一些重要事宜，可通过自助服务机或移动设备来完成
礼宾服务	目标客户群拥有具礼宾功能的手机软件，可以自助操作
酒店餐厅和客房服务	大多数目标客户喜欢配有健康、新鲜食物的全天候自助餐服务
宽敞的客房和豪华家具	对目标客户群体来说，这不是他们考虑的首要因素，因为他们待在客房里的时间很少
会议设施	与大部分目标客户没有关系

这种逆向定位策略，使世民酒店相对于行业标准，将建筑成本和人员编制降低了40%。因此，世民酒店可以将客房费用设定在高端商务连锁酒店的一半以下，并且该酒店的价值主张在目标受众中引起了强烈的共鸣。自2008年在阿姆斯特丹（Amsterdam）开业以来，该酒店的业务已扩展到纽约、伦敦、巴黎、格拉斯哥（Glasgow）和鹿特丹（Rotterdam）等城市，且入住率始终保持在90%以上。[1]

从快餐业到家具零售业，逆向定位策略已经被成功地应用于许多其他行业之中。通过重新设计产品和服务来使客户感到惊喜和愉悦，正如表11.4所示，逆向定位可以帮助企业在竞争激烈的行业中脱颖而出。[2]

---

1. 韦尔默朗，《摆脱疲软行业只需三步》，以及与拉坦·查达和罗宾·查达的电子邮件往来。
2. 值得注意的是，逆向定位策略并不是要吸引所有消费者，它要吸引的是一个特定目标群体，他们被认为对传统竞争者提供的服务十分不满。举例而言，宜家在市场上产生了高度两极分化，对该品牌十分忠诚的人和发自内心厌恶该品牌的人，两者的数量都很庞大。

a

b

c

图11.3 世民酒店的逆向定位
a. 大堂区；b. M餐吧；c. 典型的世民酒店客房

表11.4 逆向定位的其他示例

In-N-Out汉堡店vs快餐市场领军企业	
剔除的特点	增加的令人惊喜的要素
早餐服务 鸡肉类和鱼肉类的菜单项目 开心乐园餐和甜点 儿童游乐设施	新鲜出炉的面包 每天运送过来的新鲜蔬菜 所有汉堡包都是现场制作的 秘制酱汁，口碑极佳
宜家家居vs传统家具零售商	
剔除的特点	增加的令人惊喜的要素
组装好的家具，需要定制 经久耐用，但价格也很高 营业员的细心帮助 交货等待时间长	全屋解决方案，可上门组装 在极低的价位上，拥有即时可用和自助提货的特点 极其广泛的商品选择与各种自助工具 瑞典肉丸和托婴服务

分离定位

突破性定位的第二种类型是分离产品，之所以这样命名，是因为有些公司选择通过借用从其他完全不同的产品类别中提取出来的特征，来重新定义消费者对这一产品的认识。公司也许会选择用这种方法来将自己同消费者联想到的特定类别形象区分开来，正如我所说的，这种特定类别形象往往限制了有意义的市场差异化。公司实行分离定位策略使它们的产品拥有了崭新的属性，从而创造出一个独具吸引力和具有明显差异的消费者价值主张（图11.4）。[1]我已经在第六章中论述过一个成功实施分离定位策略的典型案例：斯沃琪。

20世纪80年代，瑞士最大的手表制造商SMH公司的CEO尼古拉斯·海克面临着一个生死攸关的威胁，这个威胁来自从亚洲进口的低成本石英电子手表，它正以惊人的速度获取全球市场份额。

传统上讲，海克的公司主要是通过销售欧米茄、天梭和浪琴等品牌手工制手表，面向高端手表市场。这些奢侈品在珠宝店出售和修理，它们的价位与传家珠宝相当。

20世纪70年代，低成本的电子技术的出现，促使一种新型手表快速发展，这类手表是报时准确但不算特别时髦的功能性工具。海克的问题在于，SMH公司的定位不是很好，不能在这个快速增长的市场中有效地竞争，以致竞争对手得以实现低成本、大规模生产和通过大卖场进行分销。

---

1. 穆恩，《重新思考定位》。

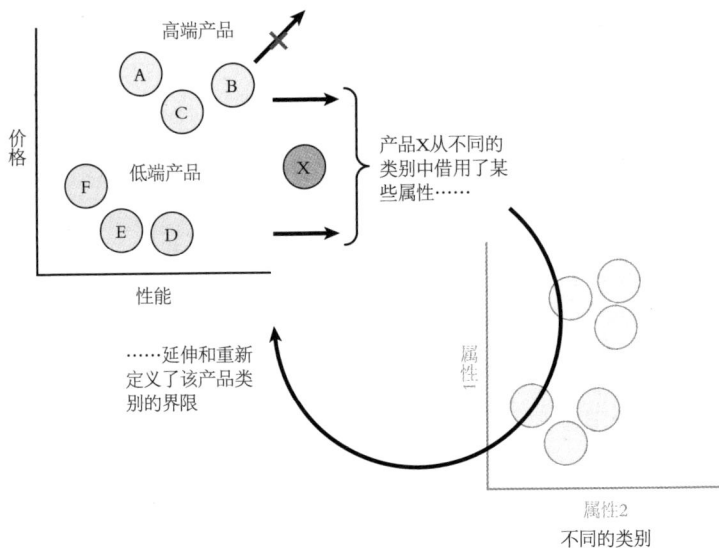

图11.4 分离定位

　　使问题更加复杂的是，石英电子表的出现强化了一个行业规范，即大部分消费者只需要拥有一到两块手表即可。如果只考虑其实用性，那么卡西欧或精工提供的低价位手表完全可以满足消费者的报时需求，而且花费不到20美元。在高端市场里，一些拥有一定收入的消费者，也有可能会选择多买一块手表来彰显自己的地位。无论在哪种情况下，大多数有手表需求的成年人，他们的这种需求都已经得到了满足。无论是低端市场还是高端市场的产品，都具备了高可靠性，因此，消费者的手表更换需求相对较低。

　　在这种情况下，SMH公司由于定位不当而在竞争中处于劣势，因此，它需要在传统的手表类别中实现突破。海克需要创造一个新产品，来刺激新的消费需求，以使该公司显著区别于传统的手表制造商，这样SMH公司才能在新创造的需求中占据主导地位。

　　换句话说，比起参与手表行业的狗咬狗混战，海克更需要做一只猫。

　　为了达到这一目的，海克设计了一个全新产品，这个产品从时尚饰品类别中借鉴了大量元素。为什么选择时尚类别？既然消费者打算拥有好几条不同的围巾，好几双不同设计师设计的鞋子，或好几样首饰，为什么他们不能从色彩缤纷艳丽、设计大胆前卫的手表中选择几块自己能买得起的呢？

海克为斯沃琪新产品的发布所做的一切，都经过了精心构思，其目的是实现品牌形象向时尚行业而非传统手表业靠拢。为了了解海克是如何实施他的分离定位策略的，我们可以先想想与斯沃琪进入市场相关的4Ps。

斯沃琪的产品

斯沃琪是第一家在其产品系列中大胆引入彩色塑料外壳的手表公司。其位于米兰的设计工作室，每年都会推出数百种创意风格，以迎合消费者不同的喜好。无论人气高低，斯沃琪每一季都会更新整个产品阵容，且其中没有重复设计（图11.5）。此外，斯沃琪经常与全球知名设计师合作，如基思·哈林（Keith Haring）和米莫·帕拉迪诺（Mimmo Paladino），推出特别版手表型号，从而进一步激发消费者的兴趣。[1]

这种产品思路，虽在手表业中前所未有，在时尚界却司空见惯。斯沃琪手表的设计变更频繁，促使时尚爱好者为个人收藏而购买多款手表，同时斯沃基也刺激了吞世代群体全新的消费需求，而这一需求在历史上常被手表业所忽视。

斯沃琪的促销

在斯沃琪之前，瑞士手表曾经是（直至今天也还是）以在面向高收入群体的杂志中刊登精美的广告来进行推广的。由于斯沃琪有意打破那些容易让消费者联想到传统瑞士手表业的刻板产品形象，它刻意采用了一种完全不同的市场营销方式。斯沃琪早期平面广告的特点是，衣着撩人的模特，映衬在斑驳陆离的背景色之下，以凸显斯沃琪不同寻常的设计。而在其随后的电

---

1. 艾丽斯·法伊弗（Alice Pfeiffer），《当代设计和斯沃琪时尚》（*Contemporary Design and the Pop Swatch*），《纽约时报》，2011年3月23日。著名设计师设计出来的限量版手表，最初的零售价为40美元，后来在佳士得拍卖行转售时的价格超过两万美元。

视广告中，模特们则佩戴颜色艳丽的斯沃琪手表，随着重金属摇滚乐旋转摇摆。

图11.5　斯沃琪具有代表性的手表设计

为了进一步打破长期以来的传统，当进入一个新国家时，斯沃琪会采用游击营销的方法来创造市场热点。例如，为了庆祝进入德国市场，斯沃琪制作了一个500英尺高的巨型手表模型，并将其放在了法兰克福最高的摩天大楼上。所有这些促销活动传达出来的信息，是显而易见的：斯沃琪并不仅仅是出现在已经接近饱和的市场中的另一个手表品牌。

斯沃琪的价格

从以往来看，瑞士手表的价格很高，通常高于1000美元，消费者在购买时往往需要深思熟虑。与此相反的是，便宜的亚洲石英电子手表大部分定价低于20美元，其在很大程度上被视为一次性实用工具。而对海克而言，斯沃琪的理想定位与这两种价格都没有关系。该公司将斯沃琪的价格定位同时尚服装饰品，如五颜六色的手镯、项链或胸针等看齐。因此，海克最开始将斯沃琪的价格定在40美元——这个价格，低到足以激发购买欲望，但又高到足以反映产品的情感诉求。

海克的定价策略也同样增强了斯沃琪分离产品定位的其他特色鲜明的方面。在世界各地，海克将他的产品都定在简单的整数价位上——在美国是40美元，在瑞士是50瑞士法郎，在德国是60马克，在日本则是7000日元。[1]斯沃琪的价格公开透明，易记难忘，并且每一种手表型号的价签上都标着同样的价格，就连设计师设计的限量版手表也不例外，这使得这些限量版手表在发售后几小时之内就被抢购一空。斯沃琪的价格策略表明，对它的产品来说，没有哪个比哪个更有价值这回事。消费者可以根据自己的喜好，从斯沃琪广泛新奇的产品链中随意选择。

斯沃琪有十多年没有改变其产品在全球范围内的价格，这进一步加强了该公司独特的品牌形象。

斯沃琪的渠道

斯沃琪避开传统分销渠道的行为并不让人惊讶。它没有将其不同寻常的系列产品与其他传统的手表一起陈列在商场或珠宝店的橱窗里，而是选择了一些独特的销售地点。斯沃琪在大城市的时尚区开设专卖店，并在如布鲁明戴尔和尼曼·马库斯这样的高档百货商店里设置精品柜台，这些店面总共接近30家。此外，斯沃琪还在一些特别的地方开了快闪店（pop-up store），比如，在城市的果蔬市场销售其颇受欢迎的素食（Veggie）系列手表。

当反思斯沃琪的分离定位策略时，尼古拉斯·海克指出："我们所做的一切，以及我们做事的方式都在传递一个信息。"[2]推出还不到10年，斯沃琪在全世界范围内的销售已超过1亿只，成了历史上最畅销的手表。

你可能觉得斯沃琪的战略听起来很耳熟，确实如此。虽然史蒂夫·乔布

---

1. 后来的一些公司也采用了海克这种简单、透明的定价策略，苹果把iTunes上所有的歌曲都定价为99美分，亚马逊对Kindle畅销书的原始定价为9.99美元。
2. 扬米·穆恩，《斯沃琪的诞生》（*The Birth of Swatch*），哈佛商学院出版公司，案例9-504-096，2004年11月22日。

斯因为远见卓识地领导苹果公司而获得盛赞，但在许多方面，乔布斯是在遵循同样的剧本，该剧本早在20年前，就被推出斯沃琪的尼古拉斯·海克证明是极为成功的。

☆ 当这两位CEO接掌大权时，两家公司都深陷困境（史蒂夫·乔布斯是阔别了十几年才重新回到苹果公司的）。

☆ 他们两人创造出来的产品，都彻底改变了消费者对相关产品类别价值主张的认知。

☆ 每款新产品发布时，他们都将优雅的设计作为品牌承诺的一个关键因素。

☆ 他们开发的产品都旨在引起强烈的情感诉求，这一点高于其技术上的优势。

☆ 都通过精心设计的项目管理和有效的公共关系，达到大爆炸式的产品发布效果。因此，每当有新产品发布时，其门店总是会排起大长队。

☆ 这两位CEO都不会过于依赖市场研究结果。

☆ 两家公司都采用简单定价作为产品特色：斯沃琪手表售价40美元，苹果在iTunes上的歌曲定价为99美分。

☆ 两家公司都严格控制了品牌管理的各个方面和会影响消费者体验的消费者接触点。

☆ 两家公司都采用了高水平的垂直整合，包括公司自有的和其授权的零售店。

☆ 为了长期巩固品牌承诺，两家公司都保持了严格的品牌原则。

☆ 这两位CEO在公司内都受到极大的尊重。

除了斯沃琪，分离定位还被成功地应用在许多其他产品类别中，比如纸尿裤、快餐店、家用液体清洁剂等（表11.5）。在每个案例中，当下的市场领军者，都通过从完全不同的产品类别中借用一些属性，从而创造出一个新产品。这使得公司能够摆脱竞争，扩大其潜在的市场规模。

以纸尿裤为例，多年来，金佰利公司（好奇）和宝洁公司（帮宝适）在这个类别中为了争夺市场份额而进行了一场零和竞争，这个类别受到两岁以下婴幼儿数量增长缓慢的限制，而难以有所发展。其中一位竞争者带来的每一个产品改进，都会被另一个竞争者迅速效仿，这使得持续保持竞争优势的可能性非常小。此外，这两家公司都发现了一个确定无疑的事实：在一个买家（父母）和使用者（幼童）都迫不及待地要停止使用这种产品的类别中展开竞争，实在让人提不起劲来。

1989年，金佰利公司推出了一种名为拉拉裤（Pull-Ups）的分离产品，这使得该公司的潜在市场瞬间扩大了一倍，并给公司带来了无人竞争的新消费需求。通过将其他产品类别（儿童内衣）的属性与纸尿裤产品相结合，拉拉裤被设计成如厕训练的过渡产品，那些三四岁的孩子可以自己独立使用。幼童喜欢拉拉裤，因为这让自己看起来像个大孩子；父母也喜欢它，因为孩子正处于从穿纸尿裤到自主如厕的过渡阶段，该产品能让家长避开混乱场面；金佰利公司也很喜欢拉拉裤，因为这使其竞争对手——宝洁公司花了十多年的时间才得以实施反击。作为一个分离产品，拉拉裤成功地打压了宝洁公司的纸尿裤。

表11.5 分离定位实例

原产品	传统竞争基础	分离产品/ 借用的产品类别	新竞争基础
好奇纸尿裤	吸收性、舒适性、容易使用	拉拉裤、训练裤/儿童内衣	面向全新市场的过渡性产品（3—4岁儿童）
朗白先生液体清洁剂	清洁效力、性价比	速易洁/干湿拖把	方便、高效、速度快
K牌（Special K）麦片	维生素/有益健康、味道	K牌麦片棒/零食棒	可以边走边吃，是吃完不会有负罪感的零食

在另一个产品类别中，宝洁公司用它的分离产品——速易洁干湿拖把获得了成功。多年来，宝洁公司是家用液体清洁剂的主要供应商，主打品牌是它旗下的朗白先生。但朗白先生面临着三个问题，这些问题制约了该品牌的盈利性增长。

首先，液体家用清洁剂的市场已十分成熟，增长缓慢。其次，消费者不喜欢做那些会用到朗白先生的家务，特别是用水拖地板，所以其家庭使用率较低。最后，来自价格和零售商品牌的竞争，使得朗白先生的利润率受到了压制。

宝洁公司通过脱离传统家用液体清洁剂的产品类别来克服这些不利因素。为了达到这一目的，宝洁公司从另一个产品类别中借用了一些属性，创造了速易洁地板清洁产品。有了速易洁，就不再需要水桶、水和像朗白先生这样的液体清洁剂了。消费者购买的速易洁拖把，被设计成有专用的可更换清洁垫，一种可以干扫，另一种则可以湿拖。[1]

由于速易洁简单易用，所以，消费者倾向于更频繁地使用这种拖把来清洁地板，从而增加了总体需求。同时，宝洁公司凭借速易洁的设计特点和在新创造的产品类别中所占的主导地位，得以从其"剃须刀和刀片"的商业模式中获得可观的利润。宝洁公司推出的突破性产品——速易洁——不仅重新定义了地板清洁产品类别，还创造了一个新的价值高达10亿美元的品牌。[2]

作为最后一个例子，家乐氏（Kellogg's）从早餐麦片这一基本点开始向外延伸，通过借鉴零食类别所具有的随时随地都可以食用的便利属性，创造出K牌麦片棒这一新系列产品。这样做，家乐氏可以通过新的分销渠道来激发消费者对零负罪感零食的需求。

---

1. 对于湿拖把，消费者会买宝洁品牌的溶剂，它被装在一种特殊的密封瓶里，夹在速易洁拖把的把手处。
2. 亚历山大·库利奇（Alexander Coolidge），《哪种产品将会成为宝洁公司下一个价值10亿美元的品牌？》（*Which Will Be P&G's Next Billion-Dollar Brand?*），辛辛那提网站（Cincinatti.com），2014年7月19日，http://www.cincinatti.com/story/money/2014/07/19/procter-gamble-billion-dollar-brand/12882917。

本节所提到的例子说明了，逆向定位和分离定位是如何挑战行业规范的，而这些行业规范将大部分企业限制在早已形成的竞争基础的边界内。追求逆向定位的新产品，会找准时机，通过在给定产品领域运用不同的视角重新组合产品性质，来攻陷市场上那些没能得到充分服务的客户群体。成功的逆向定位实施者可以给予那些对服务不满意的客户群惊喜与愉悦，从而获得巨大的市场份额，并得到可观的利润。

而基于分离定位的营销策略，则旨在通过创造一种糅合了其他类别属性的混合产品来吸引新的消费者。如果这一策略实施成功，它不仅可以急剧扩大潜在市场的规模，还可以保证这些先驱长期在该领域占据主导地位。

要旨在于，当公司发现自己陷入狗咬狗的混战中时，突破性定位策略能为改变战斗规则提供有效的方法。

蓝海战略

"蓝海"这一术语会让人联想到一望无际的水域，这幅景象确切地道出了钱·金和勒妮·莫博涅于2005年出版的《蓝海战略》这部广受好评的书籍的内涵。[1]

类似于突破性定位，蓝海思维始于这样一种认识，即大多数公司都在根据自我强加的行业规范来运作，在这种自我强加的行业规范中，公司最主要的目的是，通过推出更好或成本更低的产品来超越对手，从而抢占对方的市场份额。金和莫博涅将这种竞争环境比喻为"红海"，即鲨鱼（公司）之间为了争夺同一猎物（当前的客户），在明确界定的狩猎区域（目前的市场和渠道）中进行的血腥战斗。在红海市场上竞争的大部分成熟产品，实现大幅增长和赢利的空间十分狭窄，正如表11.6所示。

相比之下，蓝海竞争者通过从根本上重建其在产品类别中的竞争基础，

1.金和莫博涅，《蓝海战略》。

从而有意识地拒绝了红海行为。蓝海竞争者的行动重点是瞄准一类新的客户群，红海公司当前的服务未能充分（或是完全不能）满足这类客户群体。为了回应那些未被满足的需求，蓝海参与者会设计新的产品和服务，目的是增加产品的感知价值，同时降低成本。不同于假定公司必须在最佳产品与低成本之间做选择的传统思维模式，蓝海战略要努力做到两者兼顾。[1]

这可能吗？关键在于要认识到对美的感受因人而异。"最佳产品"的定义，完全取决于特定类别消费者的偏好、价值观和需求。通过设计新产品来迎合那些对当前最好的供应产品不感兴趣的消费者，蓝海参与者可以为消费者提供非常高的价值（这可能会转化为更高的消费者支付意愿）和更低的成本。

表11.6　蓝海战略 vs 红海战略

红海战略	蓝海战略
在既有的市场空间中竞争 打败竞争对手 挖掘既有需求，抢夺市场份额 优化性价比 将企业的所有行为与针对产品优势或低成本的战略选择结合起来	创造没有竞争的市场空间 使竞争变得无关紧要 创造和捕捉新需求 打破性价比 将企业的所有行为与针对产品差异化和低成本的战略选择结合起来
红海特点	蓝海特点
界定清晰的行业规范和类别结构 低增长、高密度、竞争激烈 低收益率（除了行业领导者和针对小众市场的专业企业之外）	新规则释放了新需求，促进了高增长 蓝海参与者会牢牢把握能带来丰厚利润的市场主导份额 传统运营商定位不佳，无法进行有效的反击

例如，金和莫博涅以太阳马戏团为典型来说明成功的蓝海战略应该是怎样的。乍一看，在20世纪80年代初，马戏团行业对一个新手来说并不算是一个十分吸引人的领域。多年来，马戏团的上座率一直在下滑，一方面是娱

---

1. 成功的战略必须在最好的产品与低成本之间进行选择，这个假设源于波特的五力模型，我们在第一章中对此做了论述。

乐替代品的数量和种类不断增加，另一方面是越来越多的消费者开始对表演动物遭受的恶劣待遇进行关注。此外，高成本和低票价的矛盾，也同样限制了传统马戏团运营商的收益增长。需要说明的是，马戏团之所以想保持低票价，目的是吸引以孩子为中心的观众群体。

但是，一位曾经的加拿大街头艺人盖伊·拉利伯特（Guy Laliberté）意识到，他可以彻底改造马戏团，以吸引一类长期被传统马戏团业主忽视的客户群体：收入高并且没有孩子的成年人，以及企业客户。为了吸引这些成熟的目标消费者，拉利伯特剔除了传统马戏团中那些高成本、低价值的特点，最典型的就是动物表演，并将体操、芭蕾、音乐和复杂的舞台设计等结合在一起，创造了一种全新的娱乐体验。

太阳马戏团的顾客并没有怀念林灵兄弟与巴纳姆贝利马戏团（Ringling Bros. and Barnum & Bailey Circus）特有的动物表演，实际上他们更喜欢拉利伯特创造的这种别致的娱乐类型。事实证明，在运营传统马戏团时，会抬高成本的活动主要有照料、喂养、训练和运送动物。而通过重新改造马戏团，太阳马戏团可以降低成本、收取更高的票价，实现前所未有的增长。太阳马戏团把红海业务变成了一个蓝海现象。

你的公司（或尝试创业者）该如何识别和创造实现蓝海战略的机会？任何新产品开发计划的成功，其出发点都离不开识别目标客户群体，并通过新产品或服务来更好地满足这些客户。合适的目标可以是对当前产品不满的消费者，或是那些因为没有能提供足够价值的现成产品而处于观望状态的消费者。

若对消费者需求未得到满足有了一定的理解，我们就可以以此为基础，在下一步实行"四步走"行动纲领，从而彻底重塑由当前市场产品和服务提供的价值主张。[1]"四步走"行动纲领反映的是，产品是如何被重新组合成一个蓝海实体，进而释放目标客户的潜在需求的：

---

1. 金和莫博涅，《蓝海战略》，29页。

☆ 剔除——当前产品的哪些要素由于向目标用户传递的价值很少（或是消极的），从而需要被剔除？

☆ 减少——在当前水平下，有哪些要素会造成对客户的过度服务，使得价格远高于价值，从而需要被减少？

☆ 提升——在当前的行业水平下，有哪些因素由于没能充分满足客户，损害了价值创造，因而需要得到提升？

☆ 创造——需要创造哪些因素，从而开启一个全新的，甚至在该行业前所未见的价值创造路径？

表11.7说明了太阳马戏团是如何实施"四步走"行动纲领，从而将红海马戏团类别转变成蓝海市场机遇的。[1]

表11.7 太阳马戏团"四步走"行动纲领

剔除	减少
明星艺人 野生动物表演 走廊特许销售 多个表演区域	小丑 幽默闹剧 刺激和危险
提升	创造
独特的场地设计	主题表演 雅致的环境 多种产品 艺术感强的音乐和舞蹈

让我们把目光转向健身中心领域，来看看另一个通过实施"四步走"行动纲领，从而创造出一个蓝海商机的例子。每个学期初，我都会问我的MBA

1.金和莫博涅，《蓝海战略》，36页。

学生他们最喜欢的健身品牌都有哪些。其中最经常被提到的一个品牌是春分（Equinox），这是一家高档健身俱乐部，拥有先进的健身设备，开设各种健身课程，配备豪华更衣室和环保又时尚的设施，供应健康的零食和果汁，并提供吸引人的休闲空间，相应的，这里每个月的会员费也非常高。这一特点组合对那些在哥伦比亚商学院学习、社会地位处于上升趋势的千禧一代来说，再合适不过了。但是，换成一个不同的消费者群体会如何呢？我们以一个名为贝蒂（Betty）的虚拟人物作为这个消费者群体的代表。

贝蒂是一名41岁的家庭主妇，偶尔会出去做一些兼职，她带着两个年幼的孩子，生活在大都市的近郊。和许多同龄人一样，贝蒂由于要兼顾许多职责而倍感压力，此外，她既没有富余的预算又没有充分的自由来享受属于自己的时间。因此，她从大学毕业后就没有工作过，无疑她的身材也走了样。她的境况已经损害了她的容貌、健康和身体形象。

一天，贝蒂的朋友建议她借着当地春分俱乐部为访客提供免费体验的机会去那里看看。贝蒂怀着些许忐忑的心情预约了见面时间，抵达之后，俱乐部经理带她进行了参观并向她做了推销。但是，贝蒂立刻发现，这位经理自豪地展示的每一个特点都让她感到焦虑和沮丧，正如表11.8中所指出的那样。

表11.8　价值主张与选定客户需求之间的不协调之处

春分俱乐部的特点	贝蒂的反应
令人印象深刻的优雅和别致的大堂设计	看起来很昂贵
大范围陈列的复杂健身设备	使用这些设备的方法复杂，并且容易让人筋疲力尽
供肌肉发达的男性和健康的女性使用的健身器材、举重器和有氧运动机	我从未像他们那样健康和强壮，尤其是现在
镜子无处不在	总会看到自己矮胖的身材
健康零食区	我决不会为买一个沙冰而花费9美元
豪华女子更衣室，包括桑拿和泳池	鉴于自己身材欠佳，我在这里会觉得不舒服

表面上看来，春分健身俱乐部设施齐全且十分吸引人，但它没能很好地满足贝蒂的需求。

讲述完她在春分俱乐部的感受后，另一位朋友推荐贝蒂去看看位于附近购物中心的可尔姿健身俱乐部。贝蒂一踏进这家健身俱乐部，感受就完全不同，她能感到舒适与安心。在这家健身俱乐部中，看不到镜子（同样也看不到男人），并且健身器材看起来简单易用。一位面相和蔼的健身教练正为一小群女士鼓劲打气，最重要的是，俱乐部会员的身材都跟贝蒂差不多（图11.6）。

贝蒂了解到，健身房的指导锻练时间被设定为30分钟，以适应会员们繁忙的日程安排，因为可尔姿健身俱乐部没有更衣室，所以会员们都是事先穿好健身服再来俱乐部的。此外，由于该俱乐部没有配备昂贵的健身器材和设施，因而每月收取的会员费要比春分健身俱乐部便宜80%。

贝蒂代表着一个庞大的消费群体，这个消费群体对当前传统健身中心的服务不是很满意（结果，大部分健身中心的运营商却忽视了这类群体），而可尔姿健身俱乐部迎合了她们的需求，将其当作蓝海战略的切入口，该俱乐部蓝海战略的具体信息如表11.9所示。通过适当地剔除、减少、提升和创造一些健身房的属性，以更好地满足像贝蒂一样的女性客户群的需求，可尔姿健身俱乐部创造了一种全新的客户体验，这种体验让客户认为，可尔姿要比其他健身俱乐部更好、更便宜。因此，可尔姿就不必跟其他健身中心一样，为争夺现有客户的市场份额展开狗咬狗的激战，而是在该产品类别中激发了新的需求。自1992年成立以来，可尔姿健身俱乐部在10年内开设了7000多家分店，其顶峰期甚至在85个不同国家开设了近1万家分店，到2006年，该健身俱乐部的会员人数已超过了400万。[1]正如可尔姿健身中心这一案例所展示的

---

1. 事实证明，可尔姿在管理其惊人的快速增长时面临着巨大的挑战，并在过去10年间减少了它的分布数量。尽管如此，其早期的成功，验证了正确实施蓝海战略以释放新的需求的潜力。参见卡斯滕·克劳斯（Karsten Krauss），《地狱式减肥：在甩掉成千上万的店面后，可尔姿是否能恢复原来的体形？》（*Crash Diet: After Shedding Thousands Of Locations, Can Curves Get Back In Shape?*），《福布斯》，2014年5月27日。

那样，蓝海战略可以为经济增长创造许多机会。

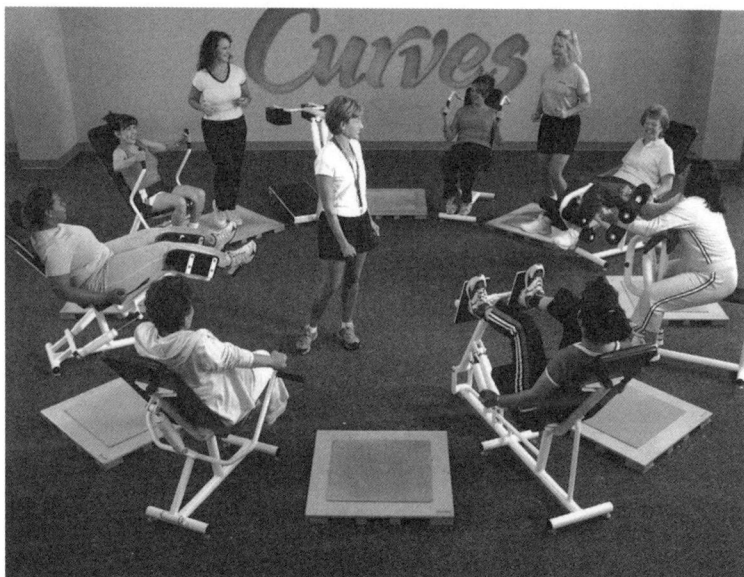

图11.6 春分（上）vs 可尔姿（下）

那些成功地实行了蓝海战略的公司，在关注重点和差异性上与传统的竞争者有明显的区别。例如，我们可以想象一下，在20世纪90年代，以频繁坐飞机的航空旅客为样本，进行调查，以确定航空公司的哪些属性是最重要的，以及每一位被调查者都是如何给这些要素打分的。这个调查的假想结果看起来可能如图11.7所显示的那样。[1]

经常被频繁坐飞机的旅客提及的航空公司的重要属性，被标在横轴上，包括价格、航线覆盖程度、不同等级舱位的选择、起飞频率等。图11.7中的b线表示的是，消费者是如何对某一传统航空公司在横轴上的每一个属性进行打分的，分数范围是1—5分。需要说明的是，用b线标明的航空公司，其表现评分全都在平均分上下浮动。不同等级舱位的选择和机场贵宾室的评分要比平均分高一些，而餐食和客舱服务的得分则稍低于平均分。

表11.9 可尔姿"四步走"行动纲领

剔除	减少
男性 镜子 更衣室	复杂器械 锻炼的时间 每月的会员费 挫败感
提升	创造
健身指导 入门容易 乐趣 平易近人	支持性/社交环境 和"跟我一样的人"一起锻炼会感到安心舒服 新朋友

---

1. 改编自金和莫博涅，《蓝海战略》，38页。请注意，每个航空公司的评级，可以根据消费者调查或航空公司的实际数据（例如，平均票价水平、每天的班次）来确定。

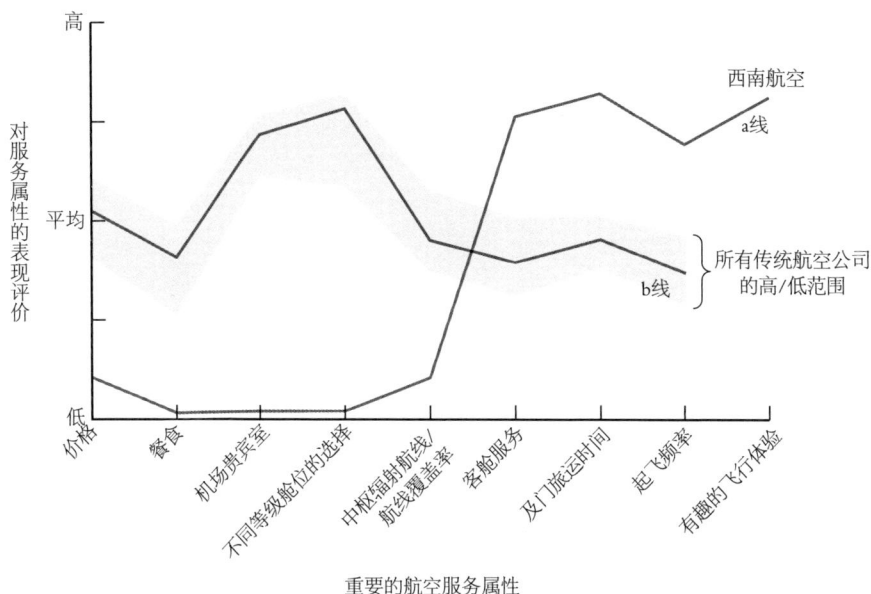

图11.7 航空产业的战略布局图

若对其他传统航空公司重复这一调查，其评分会落在一个相对狭窄的范围之内，正如图11.7中的灰色区域所示。在这个例子中，美国航空公司在起飞频率上比其他竞争者的得分略高，但在价格上要低于全美航空公司，在餐食上要低于美国联合航空公司，在航线覆盖率上要低于达美航空公司。从本质上讲，这个"战略布局图"表明，所有航空公司都在围绕着相同的性能属性进行激烈竞争，但没有任何一家航空公司能够在单一属性上占据主导优势，更不用说包罗万象的市场领导地位了。从这个角度来看，消费者倾向于认为所有的航空公司都是相对没有区别和平庸无奇的。

这一战略布局图所表达的信息，对许多红海产品类别来说，都具有代表性，这些产品类别都会在共同的产品属性上，遵循针锋相对的特征复制和性能增量模式。在这种状况下，同一产品类别中的现有竞争者之间的有效差异，会随着时间的推移变得更加模糊。因此，在多种属性上朝着更高的性能展开竞争，会导致越来越多的消费者得不到充分的服务，或者使价格完全脱离了市场。

这样的状况给市场新进入者创造了机会，即他们可以从根本上重新配置产品或服务，以满足那些被当前市场参与者所严重忽视的消费者需求。要想实现这一目标，我们就要把有效蓝海战略中的两个显著特点结合起来，一个是关注重点，另一个是有意义的市场差异。

关注重点

蓝海战略重点关注精选出来的几个属性，这些属性能为那些对现有服务不满的消费者和非消费者提供最大的价值。如图11.7所示，西南航空公司选择重点关注低价格、友好的客舱服务、及门旅运时间，以及一个全新的属性——有趣的飞行体验。同时，该航空公司剔除了许多现有航空公司都会提供的服务属性，比如餐食、不同等级舱位的选择（可以选座）、机场贵宾室和中枢辐射航线网络。

有意义的市场差异

通过关注其价值主张，西南航空公司得以将其全部业务整合在选定的性能属性上表现出色的模式。通过利用从二级机场起飞、单一飞机类型实现的点对点飞行，再加上不分等级的服务和取消免费的餐食以及选座等，西南航空公司能够在生产力水平上保有竞争优势。因此，西南航空不单单是比传统航空公司更加关注重点，而且是能够实现有意义的市场差异，这是通过优化成本、起飞频率、及门旅运时间和有趣的飞行体验来实现的。[1]

因此，西南航空公司在美国航空公司的客户满意度评分中，始终保持或接近第一，同时它还持续提供最低的票价，使得西南航空成为美国最大的国内航空公司。西南航空公司成功地实行了蓝海战略，并激发了当前的市场领

---

1. 迈克尔·E. 雷纳（Michael E. Raynor），《颠覆性创新：西南航空案例回顾》（*Disruptive Innovation: The Southwest Airlines Case Revisited*），《战略与领导力》（*Strategy & Leadership*），39，4，2011年，31—34页。

导者未曾涉及的新需求。[1]

对那些始终保持其蓝海战略本质的公司来说，这样做可以建立非常强大的品牌形象，这反映出消费者对这些公司实现有意义的市场差异的战略意图有着清晰的理解。比如，宜家和交叉健身（CrossFit）都在其各自的产品类别中，应用了蓝海战略的概念以提供有意义的市场差异化服务。宜家可能无法迎合所有消费者的喜好，但它那提供时尚低价家具的形象——该形象自1943年该公司成立以来就在不断地加强——已经使自己成为世界上最有价值的品牌之一。[2]而交叉健身的蓝海品牌承诺是"打造精英健身"，这个承诺与越来越多的极限运动爱好者产生了共鸣（即使它会排斥运动倾向较少的消费者），并推动了它的会员在全球范围内的增长。[3]

西南航空同样坚持蓝海战略的基本原则，并不断加强其高价值和友好服务的品牌形象。例如，在20世纪90年代初，西南航空在平面广告上询问消费者："你能否说出一家航空公司的名称，不论哪次飞行，哪个座位，飞往哪里，它都能提供低廉的票价？"20年后，西南航空的平面广告强调了同样的主题，宣称："低票价，无隐藏费用，你所看到的就是你所支付的。"

与此相反，传统航空公司则一直在竞争激烈的航空市场中苦苦挣扎，试图定义一个独特的品牌承诺。由于试图吸引几乎所有的消费者，传统航空公司发现，要为有意义的市场差异奠定一个可靠的、有说服力的基础，是十分困难的。从过去40年来达美航空公司那毫无特色的广告标语中，可以清楚地看出这个任务是多么艰巨，没有什么证据表明这些标语给该公司提供了多少明显的竞争优势。[4]

---

1. 若想与美国航空公司的客户满意度进行比较，见《净推荐值行业报告——航空公司》（*Net Promoter Industry Report—Airlines*），Satmetrix，2014年，http://cdn2.hubspot.net/hub/268441/file-518418683-pdf/Benchmarks_PDFs/Satmetrix_2014_US_Consumer_NPS_Benchmark-Airlines.pdf。

2. "2014年全球最佳品牌排行榜"，国际品牌集团，访问于2016年1月13日，http://interbrand.com/best-brands/best-global-brands/previous-years。

3. 迈克·奥扎尼安（Mike Ozanian），《交叉健身是如何成为价值40亿美元的品牌的》（*How CrossFit Became a $4 Billion Brand*），《福布斯》，2015年2月25日。

4. 达美航空公司网站，访问于2016年6月13日，http://www.delta.com/content/www/en_US/about-delta/corporate-information/trademarks-slogans.html。

达美航空公司的广告标语

1972年：与达美航空一同享受顶级飞行体验

1974年：达美航空，我的航空

1980年：达美航空是最棒的

1983年：这才是达美航空精神

1984年：达美航空服务至诚，更懂你心

1986年：沃尔特·迪斯尼世界的官方航空公司

1987年：最好的也能变得更好

1987年：正如它展现的那样，我们热爱飞翔

1991年：达美航空是你飞行的选择

1994年：你会爱上我们的飞行方式

1996年：站在世界之巅

2000年：带我一起飞回家

2005年：出色的总是常伴左右

2009年：让我们一起别具风格

2010年：持续攀高

2012年：向上是唯一的路

在这一节开始的时候我就指出，大多数公司都是在既定的业务范围内，构思和执行可预测的红海战略。随着时间的推移，这种惯有思维使得公司间有意义的市场差异变得模糊，公司与公司之间就会用相同的条件去争夺相同的客户。在这里，恰当的蓝海反应则是通过重新定义一个或多个历史上束缚了行业行为的边界，而从众多竞争者中脱颖而出。蓝海战略已被应用在各种行业、产品和服务类别中，在制定蓝海战略时，有六种途径可以用来拓展战略范围。[1]

---

1. 金和莫博涅，《蓝海战略》，79页。

行业

与在酒店业参与直接竞争（比如世民酒店所取得的成功）相比，爱彼迎挑战了酒店业最核心的定义，即人们一直认为酒店经营者需要管理专用设施。爱彼迎创建了一个平台和一种商业模式，把全世界的住房存量纳入重新定义的酒店业的潜在范围内，通过这一举动，它在酒店业实现了空前的增长。自2008年创建以来，在不到7年的时间里，爱彼迎的估值已经相当于凯悦和万豪连锁酒店价值的总和了。[1]

细分市场

在这本书中我已经举了许多例子，讲的是市场新进入者通过设计新产品和服务，来吸引被现有公司所严重忽视或服务不周的细分市场。可尔姿、交叉健身、卡塞拉家族品牌、西南航空和世民酒店都属于这一类别。

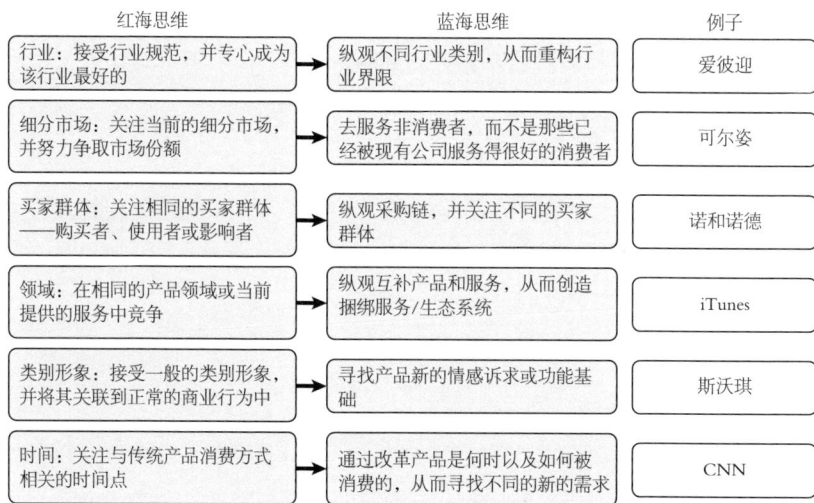

红海思维	蓝海思维	例子
行业：接受行业规范，并专心成为该行业最好的	纵观不同行业类别，从而重构行业界限	爱彼迎
细分市场：关注当前的细分市场，并努力争取市场份额	去服务非消费者，而不是那些已经被现有公司服务得很好的消费者	可尔姿
买家群体：关注相同的买家群体——购买者、使用者或影响者	纵观采购链，并关注不同的买家群体	诺和诺德
领域：在相同的产品领域或当前提供的服务中竞争	纵观互补产品和服务，从而创造捆绑服务/生态系统	iTunes
类别形象：接受一般的类别形象，并将其关联到正常的商业行为中	寻找产品新的情感诉求或功能基础	斯沃琪
时间：关注与传统产品消费方式相关的时间点	通过改革产品是何时以及如何被消费的，从而寻找不同的新的需求	CNN

图11.8 蓝海六步走纲领

---

1. 罗尔夫·温克勒（Rolfe Winkler）和道格拉斯·麦克米伦（Douglas MacMillan），《爱彼迎估值240亿美元的秘密》（*The Secret Math of Airbnb's $24 Billion Valuation*），《华尔街日报》，2015年6月17日。

买家群体

当一家公司对购买、使用或影响产品选择的个体所扮演的既定角色提出挑战时，就会产生一个策略转变，从而使其能够为一个不同的细分市场中的客户提供服务。诺和诺德是一个很好的例子，它是丹麦的一家制药公司，几十年来一直在全球的胰岛素市场上与礼来（Eli Lilly）进行激烈的竞争。从历史上看，这两家制药巨头都以医生作为它们的主要客户，并不断增强它们各自产品的纯度、药效和安全性。几乎很少有病人知道或者关心哪家公司生产了什么产品。

但在20世纪80年代中期，诺和诺德意识到了一个改变竞争基础的机会，即提高产品的易用性，让病人有能力自己注射胰岛素。有了该公司的诺和笔（NovoPen），病人只要按一下这个像钢笔一样的装置，就可以自己控制胰岛素的剂量，与之前那些需要注射器和药剂瓶的产品相比，这种改进产品为病人提供了巨大的便利。

这种改变竞争基础的行为，使得诺和诺德直接面向消费者，消费者则反过来让医生开出他们所需的诺和笔产品即可。随后的几年，与礼来相比，诺和诺德获得了可观的市场份额，而礼来则在改进胰岛素给药系统上落后于诺和诺德。

近期，像快捷药方公司（Express Scripts）这样的药品福利管理公司，也重新定义了药品公司、医生和独立药店在处方药分销上的传统角色。

领域

互联网技术已经从根本上改变了许多行业的价值链，消费者可以直接参与产品或服务的消费、生产和推荐，而这些，曾经都是由中介机构提供的。

从历史上看，许多公司得以存在的潜在原因是，它们出售的产品或服务对消费者而言太复杂、太不方便或太昂贵，以至于消费者没办法自给自足。

但互联网技术大大提高了个人自给自足的能力，因此影响了许多行业，包括旅行社、唱片公司、百科全书、日报、会计和图书出版。

在各种情况下，最初被认为个人独立完成会十分复杂的工作，如今普通的消费者也可以完成，而且是通过更好、更便捷的方式。比如，当人们可以借助亿客行（Expedia）、客涯或猫途鹰（TripAdvisor）的帮助来自己制订旅行计划和规划行程的时候，谁还会去委托旅行社呢？同样的影响也可以在以下领域看到：流媒体音乐提供商对唱片公司和音乐零售商的影响，谷歌新闻和赫芬顿邮报对都市日报的影响，特波税务软件（TurboTax）和QuickBooks对会计业的影响，以及亚马逊和好读网（Goodreads）对图书出版商和零售商的影响。

类别形象

通过挑战长期存在的类别形象，比如"袜子是无趣的""葡萄酒只在特殊场合喝"以及"手表是用来报时的"，搭配小姑娘、黄尾袋鼠和斯沃琪都满足了之前相关业者所没有满足的潜在需求。通过打破常规的类别形象，蓝海战略可以扩大新产品的市场规模。

时间和地点

改变产品消费的时间和地点，可以极大地改变竞争格局。一个典型的例子是，CNN的崛起成功挑战了电视新闻应该在何时播报的传统设想。更广泛地说，移动设备和流媒体服务打破了客户消费的时间和空间限制，使得人们可以随时随地去看新闻，这也为许多公司创造了快速发展的机会，比如奈飞、亚马逊、葫芦网（Hulu）、WatchESPN和Coursera以及edX[1]。

---

1. WatchESPN是由ESPN推出的一个免费体育直播网站；Coursera是由美国斯坦福大学的两名教授创办的免费大型公开在线课程项目；edX是麻省理工和哈佛大学联手创办的大规模开放在线课堂平台。——编者注

这些广泛的例子表明，打破行业规范和类别结构的机会还是很多的，这些规范和结构常常将公司限制在已经成熟的行业里，使得这些公司增长乏力、盲目模仿竞争且赢利空间狭窄。这种情况导致有意义的市场差异减少，这反映的是管理抉择，而非不可避免的结果。蓝海战略和突破性定位可以刺激公司重新实现盈利性增长。

颠覆性技术

克莱顿·克里斯坦森的颠覆性技术框架，为我更好地阐明公司如何摆脱困境，实现长期盈利性增长提供了点睛之笔。在他1997年出版的《创新者的困境》一书中，他在三个问题上提出了开创性的见解：

☆ 公司保住市场领导者的地位为何如此之难？

☆ 颠覆性技术和商业模式为何总是由新进入者引入，而不是当前的市场领导者？

☆ 当前的市场领导者应该如何防范这种困境？

为了回答这些问题，让我们先从克里斯坦森对颠覆性技术的定义着手。尽管其名称如此，颠覆性技术框架实际上可以应用到许多新产品或服务中，无论是高科技还是低科技。在其广泛的概念下，克里斯坦森将产品和服务归入两种可能的类别。第一种是持续性技术，指的是所有公司为了吸引当前客户和应对竞争压力而常规性地改进自己的产品。持续性技术改进的例子能够在消费者每天都接触到的广告信息中找到，比如"购买全新升级的佳洁士牙膏，新增美白因子"或"查看最新联想台式电脑，配备第五代英特尔酷睿处理器"。

第二种是颠覆性技术，它针对的是那些被现有产品过度服务的消费者群体，它也有可能将目标锁定在非消费者群体上，这些人对当前产品并无兴趣或是认为当前产品价格太高。了解主流产品无法吸引当前市场大部分消费者的原因，能为市场新进入者开发颠覆性产品和服务提供思路。

在第一章中，我曾引用许多颠覆性技术的例子，比如数码摄影、在线预订服务、超声波和免预约诊所等（见表1.1）。当前的市场领导者通过持续性技术改进来不断加强产品性能的趋势，最终会疏远越来越多的被过度服务的消费者，他们既不重视，也不愿为这些主流产品的特性付费。当这种情况发生时，市场新进入者会认识到这是吸引消费者的机会，他们只需要提供更简单且"过得去"的解决方案就行了，此外，这个解决方案可能还包括一些让受到过度服务的消费者感到惊喜的新功能。

关于说明低端颠覆性技术发展动态的例子，我们可以想一想个人电脑产业的发展，这个例子可以用图11.9来简化说明。[1]在这个示意图中，纵轴代表的是产品的性能，包括存储量、屏幕分辨率和处理器速度等，而横轴代表的是时间，随着时间的推移，新一代产品会不断被投入市场。

如果你恰巧是电脑行业尚处在早期阶段时的市场领导者之一，你可能会观察到市场上至少有两大客户群。处于低端市场的消费者不怎么需要最先进的个人电脑，而且他们也不愿意为了获得该电脑的顶级性能而支付高昂的费用。这个群体在图11.9中是用虚线B来表示的。

而处于另一端的高端消费者，则期望更高性能，并愿意支付更多费用以获得目前最先进的技术。因此，在图11.9中，虚线A位于虚线B之上，表示的是低端与高端消费者的差异化需求。

1.虽然这个例子说明的是技术领域的产品开发，但同样的动态发展几乎可以在任何产品类别中发生。

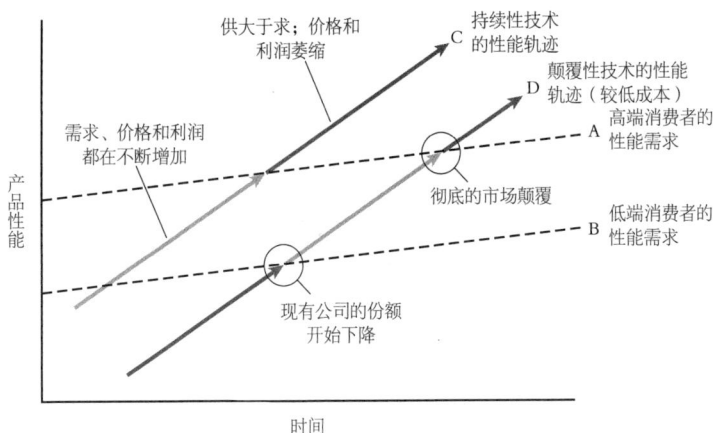

图11.9 持续性技术和低端颠覆性技术的发展动态

随着时间的推移，个人电脑供应商发现的另一个市场动态是：客户会期望每一代新产品出现时，都伴随有产品性能的提高，这是由以下几个因素的共同作用造成的：

☆ 人类本性。它在一系列产品中都有所体现，在营销人员的影响下，消费者会期望每一代新产品都要比它所取代的产品更好。个人电脑也不例外，消费者会希望个人电脑持续改进其技术性能。

☆ 新的产品用途。随着消费者在市场上获得更多的产品体验，他们会寻找产品的新用途，因此会要求提高产品性能。随着消费者利用个人电脑来打游戏、看流媒体视频、存储照片和进行业务分析的兴趣增大，提高处理器速度、存储容量和屏幕分辨率的需求也就不断增强。

☆ 竞争压力。由于商业对手会通过相互竞争来获取产品性能的暂时优势，加之我之前描述的强化动态，使得消费者期望个人电脑的性能会不断改进。

这些市场动态的最终结果在图11.9中是以虚线A与虚线B的向上斜率来表

达的，这反映出，在个人电脑市场上，无论是低端消费者还是高端消费者，对产品性能的期望值都越来越高。

克里斯坦森的颠覆性技术理论的一个突破性见解是，他认识到，在几乎所有行业，工程师提高产品性能的速度都比消费者对产品性能的需求提升的速度更快。这一动态在图11.9中是用实线C来表示的，它代表的是，从工程交付的角度来看，产品性能改善的速率。C线的斜率要比A线和B线大得多，而这两条线都代表消费者对性能改进的预期。在众多产业中，产品性能的内在供应与外在需求之间的差异，会对商业结果产生深刻的影响。

在开发新产品类别的早期阶段，迅速提高产品性能的能力有助于推动利润增长。比如，在个人电脑行业，先行者会利用斜率很大的持续性技术性能的改进曲线来获益，因为这样做既能满足市场上低端消费者最初的性能需求（也就是B线和C线相交的地方），也能吸引高端消费者（也就是A线和C线相交的地方）。通过增大C线的斜率来满足全方位的需求，个人电脑行业的竞争者便得以扩大市场份额、增长价格实现和提高利润。

然而，在性能改善上，消费者的期望值与工程师的交付值之间的差异，会不可避免地导致该行业供大于求的状况。换句话说，工程师提供的个人电脑性能，甚至要比高端消费者真正需要的或愿意购买的都更高。当这种情况发生时，当前的竞争者会遭遇市场需求放缓，价格实现和利润方面都备受压力的状况。重视新性能阈值的消费者越来越少。

要想知道供大于求的市场造成的后果，看看你现在拥有的电脑就明白了。如果你得知你的个人电脑制造商推出的新产品比你现在的电脑运行速度快50%，存储空间大两倍，价格比你现在的电脑还便宜100美元，你会想冲出去购买这个改进的新产品吗？我觉得不会。原因是，大多数消费者认为，他们的电脑性能足以满足他们目前的需求。在个人电脑领域，供大于求的市场后果已十分明显了：多年来，平均售价和单位产品销量，一直在持续下降。[1]

当前的竞争者已过度服务于市场主要部分的需求，这一情况为颠覆性新进入者打开了一扇大门，它们认识到，这是用更简单、更便宜的产品来吸引被过度服务的消费者的机会。在个人电脑市场，这导致了上网本的出现。在2007年，华硕发布了第一款轻巧的上网本，它屏幕很小、键盘狭窄，配备的处理器速度较低。尽管有这些局限性，但它要比当时的Windows笔记本更轻便，而且价格还不及市面上功能更强的笔记本电脑价格的一半。与之相竞争的其他公司的上网本也紧随其后，纷纷以低于250美元的价格出售，这之后的3年，上网本的销售成为个人电脑市场上增长最快的一部分，它激发了之前因为价格太贵而不愿进入市场的那一部分消费者对个人电脑的新需求。

像上网本这样的低端颠覆性技术一旦被引进，它往往会经历快速的持续性技术改进，并扩大吸引最苛刻的消费者的基础。如图11.9中的D线，如果一项颠覆性技术能够随着时间的推移得到不断改善，甚至达到能满足高端消费者期望的地步，那么这个产品类别就会被彻底颠覆，那些初始行业将会被淘汰，因为它们的产品已不再被认为具有竞争力。这在电脑行业已发生过许多次了：连续的、颠覆性的新技术浪潮改变了该行业的焦点，从关注大型机到小型机，再到个人电脑，又到移动电脑设备。每一次颠覆性的转变都淘汰了大部分与先前技术相结合的企业，却为颠覆性的新进入者创造了巨大的发展机会。实际上，上网本并没有完全颠覆个人电脑行业，是移动电脑设备发挥了最具颠覆性的影响。

前面所描述的市场动态对商业战略有着广泛的影响。正如克莱顿·克里斯坦森所指出的那样，一个处于供大于求的市场环境中的公司，无法凭借坚守阵地而获得成功。因为，要么新进入者会抢走其客户，要么商品化会削薄

---

1. 2009—2022年，全球范围内个人电脑出货量（台式和便携式电脑），斯达特思达网站，2016年，http://www.statista.com/statistics/269049/global-pc-shipment-forecast-since-2009；2005—2015年，世界范围内台式电脑的平均售价，斯达特思达网站，2016年，http://www.statista.com/statistics/203759/average-selling-price-of-desktop-pcs-worldwide。

其利润。[1]

我在这本书中多次描述过这样的情况。例如，在红海市场，处于成熟产业中的公司，用同样的条件，在增长缓慢、利润极低的环境中去争夺相同的客户。金和莫博涅则举出了供大于求的市场在航空业、健身中心和制药产业中的例子。[2]竞争者们陷入针锋相对的产品复制和性能增量之中，使该产业类别失去了有意义的市场差异。扬米·穆恩提到的酒店业中围绕"舒适的床"所进行的竞争，以及我列举的一些用来说明在葡萄酒、袜子和家用清洁产品类别中丧失差异性的例子，都可以用来说明这个问题。[3]

鉴于这种广泛的行业混乱，我们提出了一个关键问题：为什么高管们总是会让自己陷入这种严峻的形势当中去？具有讽刺意味的是，之所以会造成市场供大于求的局面，主要是因为管理者总是去做那些称职的管理者应该去做的事，比如倾听和回应他们最佳客户的需求。而一家公司消费最高、最成熟的客户又最有可能要求（但不一定愿意购买）更好的产品性能。大多数公司都会被那些愿意支付最高价钱以获得顶级性能的高端客户所激励（这一点是可以理解的），因此，这种竞争动态也会驱使高管去过度服务那些主流的消费者。

低端颠覆性技术代表了避免出现功能竞赛的一种方式，即通过吸引那些被过度服务的消费者群体来实现盈利性增长。低端颠覆性产品最开始在传统性能标准上是不如主流产品的。但是，它们向许多对价格敏感的买家传达出更加吸引人的价值主张。比如，首次推出的第一代上网本，它的性能要远低于当时最先进的个人电脑，但价格十分低廉。同样，在线旅行社（online travel agency，OTA）网站最初无论是在专业知识的广度还是深度上都远不如传统旅行社。然而，这些网站却提供了更大的便利，它们大大降低了收费

---

1. 克莱顿·M. 克里斯坦森和迈克尔·E. 雷纳，《创新者的解决方案：创造和维持成功的增长》（*The Innovator's Solution: Creating and Sustaining Successful Growth*），马萨诸塞，波士顿：哈佛商业评论出版社，2003年，152页。
2. 金和莫博涅，《蓝海战略》。
3. 穆恩，《重新思考定位》。

额度，并且提高了同行评审的有效性。随着时间的推移，在线旅行社网站的性能迅速改善，最终挤垮了大多数传统旅行社。

另一种在供大于求的市场中避免陷入竞争僵局的方法是，去寻找新市场的颠覆性技术，即通过关注完全不同的、被之前的从业者所严重忽视的产品性能属性，来吸引那些非消费者群体。比如，营利性高等教育机构不在威望或价格方面与现有的学院进行直接竞争。相反，这些新的市场颠覆者将重点放在一个完全不同的属性上：灵活的教育机会，这使得学生可以在工作之余去攻读大学学位。就这样，营利性高等教育机构开拓了一片新天地，这是之前被传统高等院校所忽视，并且尚未被开发的潜在市场。

免预约诊所的出现，同样释放了尚未被开发的市场需求，与传统医疗机构相比，这种免预约诊所为客户提供了更加便捷和便宜的常规医疗服务途径。几十年来，病人看病的唯一选择就是在正常工作时间预约医生或去医院的急诊室。考虑到这两种方式的不便和花销，许多消费者选择对自己的疾病置之不理，由此给新市场的颠覆者创造了一个巨大的机会。位于药店、杂货店和其他主要零售商店中的免预约诊所，无论是工作日还是双休日，甚至包括晚上的时间，都提供品类齐全且价格亲民的常规医疗服务。至2015年，一分钟诊所［MinuteClinic（CVS）］、保健门诊（沃尔格林）［Healthcare Clinic（Walgreens）］和沃尔玛的诊所等，拥有3000多台医疗设施，并成为医疗保健行业增长最快的一部分。[1]

新市场颠覆性技术的最后一个例子是，取得了巨大成功的苹果公司的iPad（于2010年推出），通过激发潜在消费者对移动电脑和内容流媒体的需求，颠覆了个人电脑行业。就这样，苹果扩大了电脑设备的市场规模，而不是简单地试图抢走当前个人电脑从业者的市场份额。

然而，之前因引入开创性的企业理论而广受赞誉的克里斯坦森，如今却因

---

1. 玛莎·汉密尔顿（Martha Hamilton），《为什么免预约诊所对零售连锁店来说是快速增长的利润中心》（*Why Walk-In Health Care is a Fast-Growing Profit Center for Retail Chains*），《华盛顿邮报》，2014年4月4日。

为过于狭隘地注重颠覆性技术的两种形式而饱受批评，这两种形式都关注那些被过度服务的消费者，其中一种是低端颠覆性技术，另一种是新市场颠覆性技术。[1]实际上，如表11.10所示，能够从根本上改变一个行业的竞争动态的颠覆性技术，共有四种类型。

表11.10　颠覆性技术的不同类型

颠覆性技术类型	目标客户	产品特点	例子
低端	被过度服务的消费者	现有产品比当前消费者的需求要复杂和昂贵得多	西南航空、上网本
新市场	非消费者	消除以前阻碍消费者参与市场的约束（例如，通常在何时或何地消费产品，会有更实惠的价格）	免预约诊所、在线高等教育
高端	遭遇服务不周的消费者	高价售卖突破性的产品性能	iPod、联邦快递
大爆炸	大众市场	与现有产品相比，产品性能大幅改进，且价格更加低廉	谷歌地图、优步

除了低端和新市场的颠覆性技术以外，还有第三种方式可以打破商品化市场中两败俱伤的局面，即利用技术突破，使高端颠覆性技术供应商能够大幅改进目前的性能水平。这样的产品对那些看重产品显著优越的性能，并愿意为此支付高价的消费者来说，非常有吸引力。这一类的例子包括苹果最初的iPod和联邦快递的隔夜送达服务。随着时间的推移，高端颠覆性技术供应商常常会通过稳步降低价格来使其产品逐渐渗透到主流消费市场中，以此来扩大潜在市场的规模。

目前，高端颠覆性技术迅速扩大行业潜在市场规模的一个例子是电动自行车。Pedego作为这个新兴市场上的一个竞争者，专注于婴儿潮时期出生的

---

1. 本·汤姆森（Ben Thomson），《克莱顿·克里斯坦森失误在什么地方》（*What Clayton Christensen Got Wrong*），Stratechery市场调研机构，2013年9月22日，http://stratechery.com/2013/clayton-christensen-got-wrong。

人群，这些人要么是为了娱乐，要么是想跟上他们的孙子辈的步伐。Pedego的CEO指出："如果不是因为我们，我们公司99%的客户一生中都不会再买另一辆自行车。"[1]2015年，市场上电动自行车的价格超过了2000美元，但与其他高端颠覆性技术的发展轨迹相似，电动自行车的价格预计将在未来几年内下降，以促进更大范围的市场接受度。

第四种极具威力的颠覆性技术是在最近几年才出现的，与现有产品相比，其性能更卓越，价格更低廉，它就是大爆炸式颠覆性技术。这种引人注目的价值主张可以很快颠覆当前稳定的行业状态。[2]

例如，智能手机里的集成软件和硬件功能，在许多产品类别中都实现了大爆炸式颠覆，这些产品类别包括：照相机、寻呼机、手表、地图、图书、旅游指南、手电筒、家用电话、录音器、点钞机、闹钟、电话应答机、黄页、钱包、钥匙、外语常用语手册、晶体管收音机、电子记事本、遥控器、报纸和杂志、查号服务台、餐厅指南和袖珍计算器等。

此外，出租车行业目前也正在经历大爆炸带来的颠覆性挑战，因为许多乘客认为，优步不仅服务好，而且价格低廉。大爆炸式颠覆性技术蕴含着实现爆炸式增长的潜力，作为衡量这一潜力的例子，优步在5年内的估值飙升到500亿美元，成为有史以来最快到达这一数值里程碑的公司。[3]

既然成功的颠覆性技术蕴含着巨大潜力，为什么没有更多的公司来进行自我颠覆呢？忽视颠覆的后果是十分严重的。每个公司都会受到产品生命周期的制约，这最终会削弱其产品在行业内对客户的吸引力、销量和赢利能力。像苹果和亚马逊这样的公司，会在竞争对手将其打败前，不断寻找和利

1. 斯蒂芬·尚克兰（Stephen Shankland），《电动助力的快速发展促使电动自行车上了快车道》（*Electric Boost Puts E-Bikes on the Fast Track*），科技资讯网，2015年10月15日，http://www.cnet.com/news/electric-boost-puts-e-bikes-on-the-fast-track。
2. 拉里·唐斯和保罗·努涅斯，《大爆炸式颠覆：颠覆性创新时代下的策略》，纽约：Portfolio出版社，2014年。
3. 尤金·金，《优步在其前5年比脸书发展得更快》（*Uber Has Grown Faster in Its First Five Years Than Facebook Did*），商业内幕，2015年6月1日，http://www.businessinsider.com/uber-vs-facebook-valuation-in-years-one-through-five-2015-6。

用实现自我颠覆的机会，来实现持续的盈利性增长。[1]然而，由于种种原因，持续的颠覆性更新始终属于例外，而非常态。

客户焦点

正如之前提到的，由于大多数公司倾向于重点关注其最佳客户的需求，所以会对它们目前的产品进行持续性技术改进，而不采用能扩大市场规模的颠覆性技术。

竞争者的焦点

同理，现今大型市场的现有企业总是倾向于向它们的传统竞争对手看齐。如果你是某一行业的老手，已经拥有广泛的收入基础，那么实现增长的最快方式，就是从同你最接近的竞争对手那里抢走客户。但是，你的主要竞争对手也心怀同样的目的，这就加强了双方的特性–功能竞赛，也为低端和新市场的颠覆性新进入者打开了一扇大门。比如，在高档汽车市场中，德国三大高档车制造商——宝马、梅赛德斯–奔驰和奥迪——都过度专注于互相较劲，而忽视了新进入者特斯拉（Tesla）所发现的机会，它带来了新一代的高性能电动汽车。与之相类似，波音（Boeing）和空中客车（Airbus）都全神贯注于挤掉对方的大型喷气式客机发展计划，结果它们都错过了支线飞机这一快速发展的领域，而现在主要是由巴西航空工业公司（Embraer）和庞巴迪公司（Bombardier）来主导这一领域。

---

1. 没有人怀疑苹果在过去15年取得的卓越成功。苹果曾多次进行自我颠覆，比如iPhone的推出侵占了iPod的销量，iPad蚕食了笔记本电脑的销量，随后更大的iPhone侵吞了iPad的销量。但整体高利润率的增长帮助苹果成为市值最高的公司，2015年其市值超过了7000亿美元。从互联网零售到电子书生态系统再到云计算，亚马逊也创下了令人震惊的颠覆性技术纪录。亚马逊选择了大举投现现金业务从而实现新增长的举措，推动了公司成为有史以来总收入最快达到1000亿美元的公司。尽管其赢利能力不足，截至2014年底，亚马逊股价自其1997年首次公开募股以来，已累计实现了股东总回报率超过20000%的成绩。

资源限制

颠覆性技术发展的第三大障碍是，企业资源的配置问题。具有讽刺意味的是，对现有产品的持续性改进，往往比颠覆性技术的推出需要更多的研发投入。这是因为，对成熟产品的持续性改进，往往需要复杂的新技术来延伸其可实现的性能界限。相比之下，低端和新市场的颠覆性技术通常依赖于将现成组件进行混搭，以及低成本的商业模式创新，达成这两个条件的成本都很低。

例如，在医疗保健领域，先进的CT扫描仪和核磁共振成像设备（MRI equipment）的主要供应商——通用电气、西门子（Siemens）和飞利浦（Philips）——多年来投入巨资，以提高这两种先进诊疗产品的图像质量和准确性。但是，在许多应用中，超声波（一种低端颠覆性技术）能以更低的成本来提供足够的诊断精确度。超声波设备相对便宜，使用起来也更简单，并且允许技术不太熟练的专业人士为病人提供更实惠、方便的诊断服务。由于通用电气、西门子和飞利浦在先进产品的开发项目上投入了巨资，结果直到最近的行业收购时，它们才将低成本的超声波解决方案纳入其医疗设备产品当中。

类似的行业动态也发生在以下市场当中，包括个人电脑、照相机、复印机、钢厂等，在这些市场中，现有市场领导者不断在持续性技术改进上投入巨资，而忽视了向新的颠覆性技术过渡的机会和需求。[1]

组织障碍

一些共通的组织行为妨碍了公司的创业精神，也遏制了颠覆性技术的发展。比如，金钱奖励机制往往奖励的是那些达到短期经营业绩目标的员工，

---

1. 克里斯坦森和雷纳，《创新者的解决方案》，56—65页。

这也就不难理解为什么大多数管理者只专注于公司当前的收入来源，而不是能够改变市场竞争规则但需要长期积累的颠覆性技术。此外，大多数公司都不能容忍失败，且缺乏耐心去支持颠覆性产品的开发，而这种颠覆性产品往往需要多年时间才能产生实质性的金钱回报。在这种情况下，许多潜在的创业者不想冒失去薪酬和职业发展的风险来支持不确定的颠覆性产品开发。最后，当新的颠覆性技术可能威胁到某一公司当前产品的生存时，往往会引起公司内部的强烈反对。

除了这些因素，在许多企业里，发展颠覆性技术所遇到的最大障碍是，管理理念不适合激发不断创新的创业精神。有四种常见的不良管理理念需要特别注意。

对现有的产品技术自豪

取得了市场领导地位的公司，对它们在产品性能方面创造的最先进的工程技术感到自豪，是无可厚非的。但这样的企业自豪感往往伴随着对早期颠覆性产品的轻视，此时的颠覆性产品技术简单且性能表现也不成熟。这种想法的致命缺陷是，就其设计而言，低端和新市场的颠覆性产品本来就不打算在主流市场中与传统产品性能指标竞争领导地位。相反，低端和新市场的颠覆性技术最初针对的是那些没有从当前最先进的产品中得到很好服务的客户，而随着时间推移，它们很可能会成为主流市场的竞争威胁。

例如，在20世纪80年代初，索尼在市场上推出的第一台数码相机，无论是在图像清晰度还是在色彩活力上，都不如当时的行业领导者柯达的胶卷相机好。讽刺的是，在此之前大约10年，柯达便开发出第一台数码相机。一位名为史蒂文·萨松（Steven Sasson）的年轻柯达工程师，用现成的组件拼凑出了一个数码相机模型，它能够在电视机上显示彩色图像。萨松为此对内部的管理层做了一系列演示，从柯达的营销部门到技术部门，再到业务部门。他把数码相机带进会议室，并通过给会议室的经理拍照来演示这个系统。

尽管画面质量很差，但萨松向他的同事保证，图像分辨率会迅速提高，而且在15—20年内，数码相机就能有效地与柯达的胶卷相机抗衡。然而，管理层对此的反应不冷不热，市场营销和业务部门管理层甚至是强烈反对。[1]

在随后的几年里，柯达犹豫不决、摇摆不定地研发着数码摄影，同时也在继续改进胶卷相机产品。萨松发明数码摄影技术之后18年，柯达终于推出了它的第一台数码相机，但此时它早已落后于市场，并最终由于整个行业向数码摄影转型而无奈走向破产。

与此类似，20世纪50年代末，美国三大汽车制造商的高管们曾不屑一顾地嘲笑从日本公司进口的汽车。丰田向市场推出的第一款产品是丰田宝贝（Toyopet），这种车动力不足、驾驶体验差，而且缺乏基本的配置。无论是从其声望、动力还是驾驶舒适度上来说，丰田宝贝都远远不及美国的旗舰车型。但是，随着时间的推移，日本汽车制造商迅速改善了它们的产品，这也越来越多地吸引了那些价值导向型的买家，他们对当前美国汽车制造商的车不是很满意，因为这些车不像丰田车一样燃油效率高、经济实惠且质量可靠。于是，丰田成为世界上最大的汽车公司，而美国三大汽车制造商中有两家陷入了破产。

最近，在广告、电信、出版和高等教育领域，可以发现一些关于新兴颠覆性技术带来的生存威胁的管理短视的例子。

自满

公司管理层面对的另一个常见陷阱是，对当前业绩的自满情绪。正如我在第四章中提到的，公司会经历强劲增长，并在达到临界点之后转向长期的销售下滑，这种现象十分典型。在这种情况下，管理层时常被当前的业务成

---

1. 詹姆斯·埃斯特林（James Estrin），《柯达的第一次数码时刻》（*Kodak's First Digital Moment*），Lens（博客），《纽约时报》，2015年8月12日。

就蒙蔽了双眼，而对隐藏在其后的生存威胁置之不理。百路驰轮胎公司就是最典型的例子，它享受了3年的强劲增长，随后在20世纪70年代末陷入了收入停滞的状态。子午线轮胎技术的出现使该公司的业绩在长达10年的时间里不断下滑，最终不得不将公司减价出售。更近一些的例子是，美国报纸行业在印刷广告方面的利润增长强劲，在2005年达到了近500亿美元的峰值。此后，数字新闻的发展使报纸行业陷入混乱，在随后的10年中，报纸行业失去了广告收入的一半。

在这方面，比尔·盖茨（Bill Gates）算是一位"能手"。过去几十年里，虽然微软在传统业务上表现相当强劲，但它一再错过而且也没有去积极开拓在浏览器、搜索引擎、移动电脑、社交媒体和云计算方面实现增长的机会。这也反映出该公司面临的困境，而创始人比尔·盖茨指出："成功是一位糟糕的老师，它诱使聪明人认为他们不会输。"[1]

举证责任

第三种起抑制作用的管理心态是，行业领导者在将资源投入有前途的，特别是可能会威胁到核心业务的新技术之前，往往倾向于对这项技术施加极高的举证责任。行业领军企业的管理人员通常有庞大的战略规划和市场研究部门，这些部门能对市场和技术趋势进行详细的研究。但这些研究的问题在于，它们往往会导致"分析瘫痪"，使管理层围绕着方法细节和各种假设争论不休。

同时，采用新技术的步伐也在迅速加快。举例而言，如图11.10所示，从1900年开始，美国用了50多年的时间才让50%的家庭装上了电话。相比之下，在不到15年的时间里，也就是在2000年时，手机就达到了同样的市场饱

---

1. 比尔·盖茨，《未来之路》（*The Road Ahead*），纽约：维京出版社（Viking），1995年。

和度，而互联网的采用率甚至更快。[1]

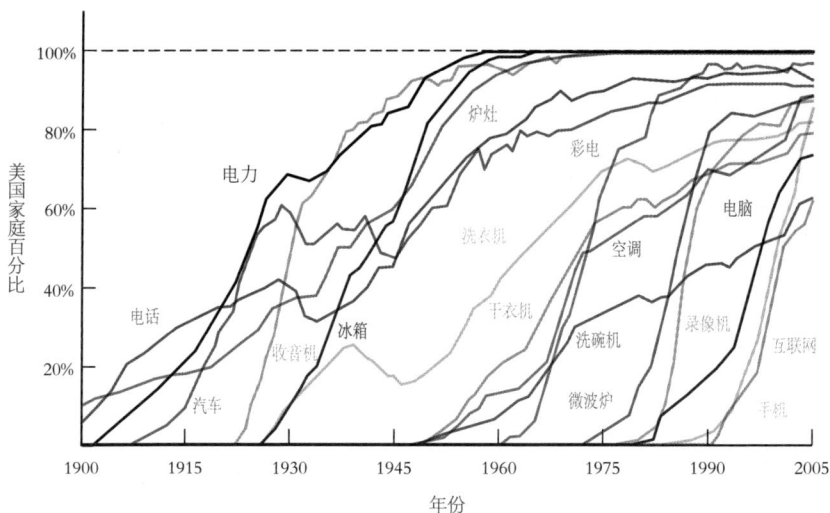

图11.10　技术采用率

公司在将赌注押在新兴技术上之前，根本没有时间置身事外去做市场趋势研究。当一个公司知道哪种颠覆性技术会重塑它所在的行业时，再对此做出回应通常为时已晚。所以，适当的管理理念应该是不断进行试验，早于竞争对手发现采用新兴颠覆性技术的机会并获得相关的经验。

过度自信

所有公司所处的市场和竞争环境都在不断变化，这就要求公司管理层不断创新，以维持有意义的产品差异化。在本书中，我列举了许多行业领导者被颠覆性新进入者打败的例子，这些新进入者往往来自行业以外。然而，还有很多公司管理层对自己维持竞争优势的能力过于自信。他们的人生格言

---

1. 丽塔·冈瑟·麦格拉思，《采纳技术的步伐正在加快》（*The Pace of Technology Adoption is Speeding Up*），《哈佛商业评论》，2013年11月25日。

是："你没法与成功争辩。"

塞思·戈丁也许是对这种过度自信所蕴含的危险了解最透彻的人："你没法与成功争辩？你当然可以和成功争辩，不然，你还能跟谁去争辩？失败没法跟你争辩，因为失败知道它自己不起作用。保持成功的艺术就在于广开言路。大公司之所以失败，正是因为它们拒绝这样做。"[1]

连点成线

我在本章中论述的三个战略框架，对公司如何脱颖而出并创造机会取得可观的盈利性增长这一问题，提供了深刻的见解，即便是在需求疲软和利润微薄的行业中，它们仍然能够发挥作用。虽然突破性定位、蓝海战略和颠覆性技术框架在如何描述竞争动态上各有不同，但都能为任何试图通过提供新产品和服务来扭转局势的公司提供一份备忘录：

☆ 关注那些没能在主流产品那里得到满意服务的消费者群体，包括那些无论是由于价值不足还是价格过高而选择不在某一特定类别消费产品的消费者。

☆ 找到与主流产品特点不同的产品属性，从而为那些对当前产品和服务不满的消费者创造更具吸引力的消费者价值主张。

☆ 在这样的情况下，我们可以通过释放新的消费者需求来扩大潜在市场的规模。

☆ 改变4Ps，即产品、渠道、价格、促销，这四个要素是将产品引入市场，并从根本上提升消费者感知价值的基础。

☆ 通过将目标锁定在之前被忽视的消费者群体来重新配置产品，从而将

---

1. 塞思·戈丁，《你没法与成功争辩》（*You Can't Argue With Success*），塞思的博客，2012年11月11日。参见 http://sethgodin.typepad.com/seths_blog/2012/11/you-cant-argue-with-success.html。

竞争对手排除在外。

☆ 一旦颠覆性产品在市场上推出，就需要不断提高其性能和价值，从而增强它在潜在市场中的渗透力。

☆ 当红海市场状况不可避免地削弱持续盈利性增长的前景时，要做好颠覆你自己业务的准备。

第十二章

射中靶心

我想以我的"初心"来为本书作结，即寻找商界的圣杯：长期盈利性增长。我在本书一开始就指出，企业持续发展已被证明是一个难以实现的追求，过去几十年来，有87%的上市公司就连取得稍微超过市场平均水平的业绩都做不到。[1]

这个问题源于产品生命周期的不可阻挡性，随着时间的推移，它会损害所有产品的销售。除非公司能够不断更新产品和服务组合以保持市场吸引力，否则这些公司的增长、赢利能力甚至生存都面临着危险。[2]比如，诺基亚和黑莓这两家公司就是一个典型，由于未能开发出合适的替代产品来提振销量，最后它们曾经流行的产品销量遭遇暴跌。除此之外，公司还要面临的挑战是，随着新兴信息技术不断简化产品开发流程，并且不断有数字替代品来取代实体产品，大多数行业的产品生命周期都在缩短。

在前三章，我提出了一些概念和技术，以促进有意义的差异化产品的开发。但我也会提醒从业者，让他们注意到，想要实现自我颠覆会面临巨大困难，而且他们最终往往会被新进的市场创业者所击败。然而，取得长期的盈利性增长还是有可能的。我们可以将目光转向那些高绩效公司，比如亚马

1. 公司执行委员会在过去半个世纪里，研究了约500家《财富》排名100强的公司以及类似的国际公司的长期收入增长。这项研究将收入"停滞"定义为一个时间点，到达停滞点后，公司在10年之内无法再将其实际年收入增长率保持在2%以上（在许多情况下，停滞的公司实际上经历了10年或更长时间的收入下降）。公司执行委员会的研究发现，在过去的半个世纪里，87%的企业至少经历过一次停滞。某些公司，例如苹果和3M，能够从停滞中恢复过来，但大多数公司（如美国无线电公司、摩托罗拉、柯达），在接下来的几十年里都在挣扎度日，通常会以破产或以与其历史峰值相比极低的市值出售等方式告终。参见马修·S. 奥尔森、德里克·范贝弗和塞思·韦里，《当增长停滞不前》，《哈佛商业评论》，2008年3月。
2. 实际上，1983—2013年，标准普尔500指数中，有大约60%的非金融类企业被收购了。正如麦肯锡最近关于企业增长模式的报告所指出的：增长或者消失，它们已经消失了。http://www.mckinsey.com/Insights/Growth/Why_its_still_a_world_of_grow_or_go?

逊、苹果、联邦快递、强生和星巴克。最佳管理实践能够引导更多公司战胜困难，实现持续增长，那么我们从中能学到些什么呢？

图12.1将本书中的重要主题都联系在了一起。这张图像一个靶心，外三环是讲实现有效的行业领导的要求：遵循恰当的公司使命，执行能带来增长的战略准则，并不断加强品牌资产。正如下面所解释的，这些管理规则会驱动预期的商业成果——吸引和留住客户的能力、竞争弹性——而这又反过来使公司能实现长期盈利性增长的目标。

公司使命

作为起点，一家公司必须首先建立一个适当的总体经营理念，来激励这个组织，并就公司的宗旨和优先事项向所有利益相关者提供清晰的战略框架。由于市场环境越来越变化无常，所以一个可信的、有意义的且可执行的公司使命也就显得越来越重要了。在每一个公司，新产品来了又去，创新技术会出现，客户的喜好会变化，而管理潮流也会发展，新的管理者将会担当重任。尽管有这样的动态变化，长期形成的核心目标和价值观作为公司使命的基础，无论是在其成长、分散、多元化、全球扩张还是发展工作场所多样性时，都能将公司的组织上下团结在一起。[1]

不幸的是，CEO经常忽视公司初创时的愿景，而将管理重点放在取得短期的经营业绩成果上，比如每季度每股盈利目标或者近期销售配额等。正如我在第三章中指出的那样，这种经营心态的问题在于，它将成果与战略混在一起，从而催生出一种决策方法，这种方法常常会让公司丧失它们业务上的——有时甚至是道德上的——北极星。

---

1. 鲍勃·德威特（Bob de Wit）和罗恩·迈耶（Ron Meyer），《策略：过程、内容、背景》（*Strategy: Process, Content, Context*）第四版，英国，安多弗（Andover）：圣智学习出版公司（Cengage Learning），2010年，629页。

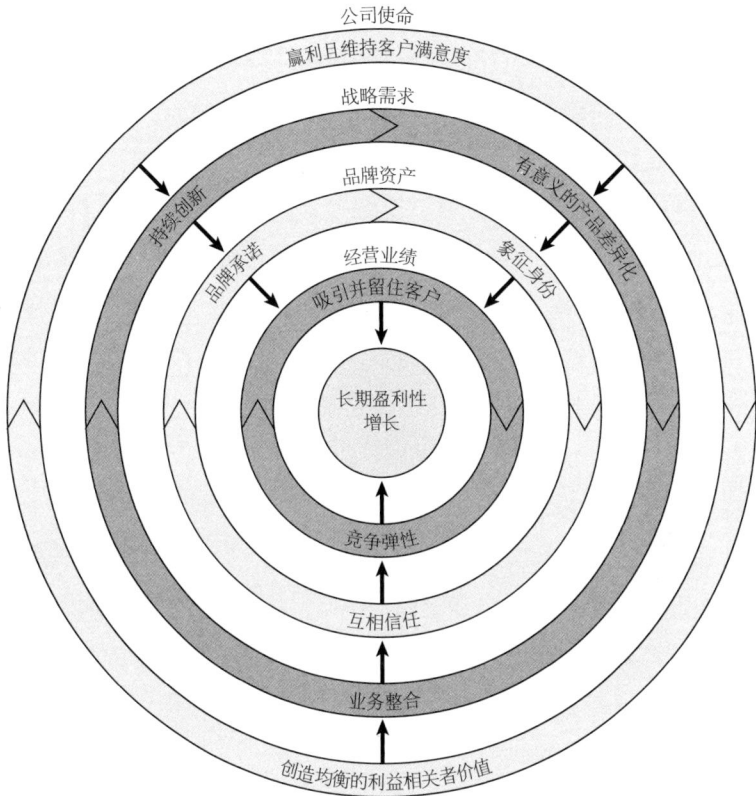

图12.1 长期盈利性增长的战略需求

举例而言，惠普公司的前后几任CEO试图通过欠考虑的收购政策或削减研发开支来保证短期利润的手段来恢复增长。这样做的结果是，它不仅削弱了公司传承下来的技术驱动的产品优势，也无法恢复盈利性增长。在今天的惠普，已经很难看到创始人当初的愿景——惠普之道（The HP Way）——创始人戴维·帕卡德（David Packard）将其定义为"一个核心意识形态……包括对个体的充分尊重，致力于提供物美价廉的产品，勇于承担社会责任，为人类的进步和福祉做出技术上的贡献。"[1]惠普的收入和利润的增长已落后于同行十多年，该公司在促进行业增长的关键技术领域（例如移动电脑和云计算）中的落后，导致它持续进行裁员。[2]

大众是另一个例子，它的公司使命是通过不断设计性能更好和价值更高的汽车来吸引和留住满意的客户，然而在发展过程中，大众却偏离了这个它本应始终遵循的使命。在辞职之前，大众CEO马丁·温特科恩（Martin Winterkorn）表示，他的首要任务是将大众打造成"世界上最赚钱、最有吸引力、最具可持续性的汽车制造商"。温特科恩设立了雄心勃勃的增长目标，试图超过丰田和通用汽车，成为销量最高的汽车制造商，众所周知，他无法忍受业绩下滑。正如一位行业分析师所说的那样："（温特科恩）不喜欢坏消息。任何人向他报告之前，都需要确保自己有好消息。"[3]

不难看出，这种管理模式促进了不良企业文化的发展，在这种文化中，只要是能实现CEO所规定的经营成果，任何手段都是正当的。大众伪造排放测试结果欺骗消费者的行为，削弱了CEO在公司所有业务上的权力。这一丑闻曝光后，大众已经变成了一家赚不到钱的、士气低落的、不具可持续性的汽车制造商。[4]

与跌落神坛的惠普和大众相比，将公司使命作为管理重点的公司，如苹果、亚马逊和星巴克，还在继续享受盈利性增长。所有这些公司都把客户放在公司使命的中心，并且公司无论是在顺境还是逆境，都在坚持创始时的初

1. 戴维·帕卡德，《惠普之道：比尔·休利特和我是如何建立我们公司的》（*The HP Way: How Bill Hewlett and I Built Our Company*），纽约：哈珀商业出版公司，1995年。

2. 劳拉·洛伦泽蒂（Laura Lorenzetti），《惠普就是这样迷失了方向》（*This Is How HP Lost Its Way*），《财富》，2015年9月16日。需要注意的是，在2015年11月2日，惠普分成了两家公司。惠普公司拥有个人电脑和打印机的销售业务，并在纽约证券交易所以HPQ的股票代码持续进行交易。而新成立的公司惠普企业，如今则致力于提供网络和企业解决方案服务。

3. 琼·马勒（Joann Muller），《大众将如何统治世界》（*How Volkswagen Will Rule the World*），《福布斯》，2013年4月17日。http://www.forbes.com/sites/joannmuller/2013/04/17/volkswagens-mission-to-dominate-global-auto-industry-gets-noticeably-harder。

4. 威廉·波士顿（William Boston）和萨拉·斯洛特（Sarah Sloat），《大众排放丑闻涉及1100万辆汽车》（*Volkswagen Emissions Scandal Relates to 11 Million Cars*），《华尔街日报》，2015年9月22日。

衷和愿景。

例如，史蒂夫·乔布斯为苹果公司制定的原始使命是"通过给促进人类发展的思维制造工具来为世界做出贡献。"[1]乔布斯和他的继任者蒂姆·库克都没有明确表示苹果要成为世界上最赚钱或最有价值的公司。相反，当苹果持续致力于创造出符合公司创始愿景的美观、技术先进且易于使用的产品，并用这些产品来丰富消费者的生活时，它就顺理成章地成了世界上最赚钱或最有价值的公司。

另一个例子是，霍华德·舒尔茨创建星巴克时的愿景是："去激发和培育顾客之心灵：一个人，一杯咖啡，一个邻居，相伴而生。"这一公司创始愿景就像北极星一样，引导着星巴克不断创造独特和卓越的客户体验，在舒尔茨初次担任CEO的时期，实现了星巴克在全球的快速成长，而当他在其继任者偏离了航向后再次回到公司时，又重现了这种快速增长。

公司愿景往往起到指引性的作用，作为长期坚守公司愿景的最后一个例子，1997年，杰夫·贝索斯在亚马逊致所有股东的第一封信上指出："矢志不渝地关注客户。我们在做投资决策时，会继续以市场的长期领导地位为依据，而不是根据短期赢利能力或华尔街的短期反应。"[2]

贝索斯忠实地遵循创立亚马逊时的愿景，并在他的任期内，领导着亚马逊成为公开上市公司中财务业绩最好的公司，股东的总回报率也在不断增加，超过了两万个百分点。[3]在2015年，亚马逊又实现了新的突破：成为有史以来最快实现销售额突破1000亿美元的公司。

那些拥有长期盈利性增长的公司，之所以会有这样的成果，是通过执行有效的策略，并通过一个以客户为中心的核心使命作为引导，从而为所有利

1.《使命宣言》（*Mission Statement*），《经济学人》，2009年7月2日，http://www.economist.com/node/13766375。
2. 杰夫·贝索斯，《致股东们的一封信》，亚马逊投资者关系网站：1997年度代理报告，1998年3月30日，参见http://media.corporate-ir.net/media_files/irol/97/97664/reports/shareholderletter97.pdf。自公司成立以来，亚马逊一直将贝索斯第一封致股东的信放在每一份年度报告中。
3. 哈佛商业评论员，《全球最佳CEO》，《哈佛商业评论》，2015年11月，https://hbr.org/2015/11/the-best-performing-ceos-in-the-world。

益相关者——客户、职工、供应商、股东以及企业经营所涉及的更广泛的群体创造了价值。因此，恰当的公司使命是获得商业圣杯的合理起点。

另外两个观察，可以强调持久的公司使命的重要性，这样的使命清楚地阐明了公司的宗旨、价值观和核心思想。

北极星还是空喊口号？

当然，几乎每家公司都有一个抓住了重点的公司使命宣言。今天的惠普仍然致力于兑现它的承诺，即提供有意义的创新、保证客户忠诚度、保证利润与增长。尽管在过去10年里，它一直难以实现这些愿望。[1]在破产之前，通用汽车也在为了"开发能真正让客户满意的、设计独特的、高品质的车辆"[2]而奋斗。

不幸的是，大多数公司没能将其核心目的和价值观转化为有意义的行动，因而也就没能将公司使命融汇到日常生活中。在第五章中，我提到过太多的公司不能或没有清楚地向它们的利益相关者说明其公司战略。又或者是，高管对经营战略和优先事项的陈述与他们对员工的实际管理和激励之间存在着严重的脱节。这种不和谐十有八九会降低员工的敬业度和生产效率，继而降低客户满意度，并且削弱长期的经营业绩。

2015年的《哈佛商业评论》发布的长期财务业绩最佳公司排名显示，表现最佳的CEO会让公司上下紧密团结一致，其资产、激励机制和员工心态都有助于公司战略的顺利执行，而这些战略又能很好地强化公司的核心理念和使命。例如，我已经列举了亚马逊（1）和星巴克（37）在这一方面的管理方法。《哈佛商业评论》将907家公司的财务业绩进行了排名，括号里的数字便

---

1. 惠普公司网站：关于我们，http://www8.hp.com/us/en/hp-information/about-hp/corporate-objectives.html，2015年11月2日，访问于2016年6月13日。惠普已经分裂成了两个独立的实体，但可能还是在奉行与原公司相同的核心理念。
2. 汽车清算公司（Motors Liquidation Company）：投资者信息，《通用汽车公司2003年度报告》（*General Motors 2003 Annual Report*），http://www.motorsliquidationdocket.com/invest_info.php3。访问于2016年6月13日。

是这两家公司的名次。[1]

其他的例子比比皆是。比如，拿联邦快递来说，在现任CEO的带领下，取得了史上最高业绩，《哈佛商业评论》将其排在第35位。与大多数公司一样，联邦快递的愿景是鼓舞人心的："联邦快递致力于提供卓越的客户体验，并成为一个最佳的工作场所和一个周到的环境管理者，在我们居住和工作的社区中做一位有爱心的公民。"

联邦快递的公司使命诚恳且有可操作性。在其创始人兼CEO弗雷德·史密斯45年的任期内，联邦快递对25万多名员工，不断强化公司使命并清晰地传达公司的优先项目，正如史密斯解释的那样：

你必须少说大话，多干实事。没有一年我们不曾投入巨大精力来改善服务质量。多年以前我们就可以采用这样的方法了："你知道吗？我们不会试图使服务变得更好。让我们将服务质量下降2%吧，大多数人都不会察觉到，这可以让我们的盈亏总额上升2%。"不过我们从未那样做过。

这也直接关系到我们试图创造的企业文化。你可以到任何地方去向联邦团队的成员问问看，什么是紫色承诺，他们会告诉你："我会让每一次的联邦快递体验都十分出色。"[2]

除了保持长期盈利性增长的纪录，联邦快递一直被《财富》杂志评选为全球最受欢迎的公司和100家工作体验最好的公司之一。

对于那些已经取得长期盈利性增长的公司，如亚马逊、苹果、星巴克和联邦快递公司，它们的公司使命宣言中表达的核心理念和公司宗旨并不是说说而已；这些公司将这些核心理念和公司宗旨当作一颗北极星来指导公司各

---

1. 哈佛商业评论员，《全球最佳CEO》。排名反映了在该CEO的任期内，每家公司在按行业调整过的股东总回报率、按国家调整过的股东总回报率和市值增长方面的表现的平均水平。

2. 布赖恩·杜梅因（Brian Dumaine），《联邦快递CEO弗雷德·史密斯……的一切》（*FedEx CEO Fred Smith on … Everything*），《财富》，2012年5月11日，http://fortune.com/2012/05/11/fedex-ceo-fred-smith-on-everything。

方面的发展战略、业务管理和优先事项。

固执与灵活性

如今，企业各方面的变化都在加速，坚持公司几十年前确立的核心思想和宗旨，似乎是不合时宜的。但也正是因为身处快速变化的商业环境中，一个公司需要一个恒定的理念来指导它。

正如杰夫·贝索斯解释的那样：

它可以帮助你把战略建立在不会改变的事情上。当我和公司之外的人交流时，经常会被问到一个问题："接下来的5—10年会发生什么变化？"但是，很少有人问我："接下来的5—10年，什么不会发生变化？"在亚马逊，我们一直试图弄清楚什么不会变，因为解决这些问题有助于加快发展的脚步。你今天投入的精力，会在10年后得到回报。反言之，如果你在制定战略时首要考虑的是那些临时性的东西——你的竞争对手、可用的技术等——而这些瞬息万变，那么你的战略也就跟着摇摆不定。[1]

亚马逊首要的核心价值是，不懈地致力于提供卓越的客户服务，不论其面对的是来亚马逊网站寻求丰富的选择、低廉的价格、快速的物流的人，还是与亚马逊网络服务签订了云存储和数据分析服务合同的大公司。历年来，亚马逊以客户为中心的核心思想，已经帮助公司做了很多艰难的管理决策。例如，当将亚马逊的网店向第三方商户开放的提案初见雏形时，许多亚马逊员工对此深感不安。亚马逊的销售经理认为，这样的举措是在用自己的网站来帮助竞争对手。有争议的另一个例子是，当亚马逊首先提出在亚马逊网站

---

1. 朱莉娅·柯比和托马斯·A. 斯图尔特，《机构性认同》，《哈佛商业评论》，2007年10月，https://hbr.org/2007/10/the-institutional-yes。

上用用户的评论来替代策划好的专业书评时，图书出版商倍感痛苦，因为用户评论往往都是负面的。

在解释亚马逊的决策方法时，贝索斯指出："关于沃伦·巴菲特，有个流传了很多年的故事，他的桌上放着三个箱子：收件箱（in-box）、发件箱（out-box）和难题箱（too hard）。每当我们面对一个难题时，我们都会陷入一个无限循环状态，不知所措，这时我们会试图将其转换成一个简单的问题：'对消费者来说什么是更好的？'"[1]

亚马逊核心价值的另一个核心原则，也是我在本书中提倡的战略准则的核心原则，即耐心。那些追求长期盈利性增长的公司，需要有足够的耐心去对产品、技术和核心能力进行投资，而这些投入通常需要数年的时间才会产生可观的回报。正如贝索斯所指出的：

我们会种下种子，并愿意花费漫长的时间等待它们长成大树。我为我们的文化感到自豪，因为我认为这样的文化还是有些少见的。我们很少问自己下一季度会发生什么，而是只关注最重要的事情，做那些关乎英明战略的事情，而有些上市公司却难以做到……我们所从事的每一项新业务，起步之初，都会被外部人士，有时甚至是内部人员看作是分散精力之事。他们会说："为什么要向媒体产品之外的市场拓展？为什么你要走向国际？为什么你要开辟第三方销售业务？"我们将要推行新的基础设施网络服务："为什么要考虑这些新的开发者客户？"这些都是情理之中的问题。问这些问题并没有什么不对。但这些问题都说明，当前公司追求新举措是多么困难。这是因为，即使它们获得了巨大的成功，也不会对公司今后数年的经济状况产生任何有意义的影响。我发现——这是通过实证观察发现的，我不知道其原因是什么，但它往往呈现这样的趋势——我们种下种子之后，它通常需要5—7

1.柯比和斯图尔特，《机构性认同》。

年的时间才会对公司的经济产生重大影响。[1]

在总结一个清晰、持久的公司愿景在引导公司战略上的关键作用时，贝索斯恰如其分地建议道："咬定公司愿景不放松，但在细节上可以灵活些。"[2]

战略准则

牢牢地坚持企业的指导思想，并在公司正在实施的战略上灵活处事，这是管理有效性的"阴阳之道"。在中国哲学中，"阴阳"是指两个看似对立的力量，实质上是互补的。[3]若将阴阳哲学应用到商业中，我们会看到，持久的公司使命和核心理念，可以为不断变化的商业战略指明方向和确定优先事项，从而推动公司的长期盈利性增长。

在本书中，我提倡三个战略准则，这三个准则有助于制定有效的战略：

☆ 持续创新——不是为了创新而创新，而是为了实现……

☆ 有意义的产品差异化——为消费者所认同并珍视，由……促成。

☆ 业务整合——把公司所有的能力、资源、激励机制、企业文化和流程整合起来，以支持公司的战略设想。

通过提供创新和有意义的市场差异化产品和服务，公司能以优惠的价格吸引和留住满意的客户，同时使其竞争者很难复制其产品和实践。这些是长期盈利性增长的基本动力。

虽然这几个战略准则看起来很简单，但实践证明，大多数企业都很难执

---

1. 柯比和斯图尔特，《机构性认同》。
2. 柯比和斯图尔特，《机构性认同》。
3. "阴阳"（Yinyang），互联网哲学百科全书（Internet Encyclopedia of Philosophy），访问于2016年6月13日，http://www.iep.utm.edu/yinyang。

行，这也是为什么只有极少数的公司才能持续跑赢市场。在第四章中我曾提到，鉴于市场中某些看似不变的力量所带来的挑战，许多观察人士都怀疑，长期的盈利性增长是否是一个实际的目标：

☆ 大数定律，它呈现出来的是非常明显的数学事实，即随着公司的成长，要想保持高于市场水平的增长率，就需要越来越多的收入增量。

☆ 竞争法则，是说那些平均回报高于投资资本的公司，最终会不可避免地恢复到行业平均水平，因为丰厚的回报将持续吸引新进入者，直到竞争使高额的利润减少。

☆ 竞争优势法则，根据产品生命周期的特性，所有产品的销售和利润潜力都会随着时间的推移而流失。

持续增长有内在限制这一观点的支持者，如马尔科姆·格拉德韦尔，认为市场领导者与生俱来的特质使其无力招架傲慢的暴发户。格拉德韦尔对圣经中大卫和歌利亚的故事的修正主义观点认为，在大卫和歌利亚的战斗中，与无畏、敏捷且足智多谋的大卫相比，愚蠢、笨重的歌利亚才是受害者。[1]

但若把这种观点应用于商业中，那它就不仅是有缺陷的，而且还会使公司不可避免地走向失败。如果管理层认为长期高于市场平均水平的盈利性增长是不可能的，那么一个合乎逻辑的反应是，尽可能长时间地保护和获取当前的资产和公司客户。但这种不是为了获胜，而是为了避免失败的做法，只会加速当前市场领导者的衰落。圣经中的歌利亚巨人可能是一个笨重的家伙，但大公司的CEO可不见得也是这样。本书中所举的无数事例都证明，商业巨头可以继续保持繁荣并获取成功，只要它们将公司的核心价值观、创业精神和适应能力始终放在首位。

---

1. 马尔科姆·格拉德韦尔，《大卫和歌利亚：小角色如何打败大人物》，马萨诸塞，波士顿：利特尔&布朗出版社，2013年。

品牌资产

在第七章中，我在有效的经营战略和品牌战略的需求之间建立了逻辑上的联系。如表12.1所示，通过不断创新来提供有意义的市场差异化产品和服务的公司，可以通过巩固公司的品牌承诺、保持相互信任并强化与强势品牌相关联的消费者的象征身份，进而加强品牌资产。

表12.1 各行业内客户满意度领军公司

行业类别	领军公司	领军公司得分*	该行业最低—平均得分
航空业	捷蓝航空	81	54—71
汽车和轻型卡车业	雷克萨斯	84	73—79
手机业	苹果	81	71—78
消费者运输业	联邦快递	82	75—81
保健和个人护理用品商店	克罗格	81	75—81
百货公司和折扣店	诺德斯特龙	86	68—77
酒店业	万豪/希尔顿/凯悦	80	63—75
在线零售业	亚马逊	86	77—82
个人电脑业	苹果	84	70—77
专营零售业	好市多	84	75—79
超市	乔氏超市	85	71—76

*分值范围是0—100

一贯奉行有效经营策略的三大支柱——持续创新、有意义的产品差异化和业务整合——的公司通常都拥有强大的品牌资产，其客户满意度比其他同行更高。表12.1表示的是一组有代表性的公司样本，根据美国客户满意度指数[1]，2015年这些公司在各自的行业类别中被评为客户满意度最高的公司。尽管美国客户满意度指数的平均水平在2015年下滑到了9年来最低的水平，但是这些公司依然在不断加强自身品牌建设，并致力于向客户提供更好的服务。[2]

在本书前面章节中，我已经提到过这些公司中的许多个，并将这些公司作为经营战略和品牌战略的典范。比如，捷蓝航空公司在公司的创始愿景——"让航空旅行回归人性"——基础上建立了自己的品牌形象。[3]从该航空公司成立之初，消费者就认可和重视捷蓝航空服务的创新方法：机上娱乐系统、豪华真皮座椅、全行业最大伸腿空间、优质零食和友好的客舱服务。

但是，为了不断更新品牌承诺，以及保持该行业遥遥领先的客户满意度，在过去16年中，捷蓝航空公司不断创新并强化基于品牌核心价值的公司承诺。例如，在过去一年内，捷蓝航空配置了速度最快的机载无线网，并在选定的航班里设置了全新的高级客舱，而且还增加了国际、国内航线。同时，为了忠于自己的品牌宣言，捷蓝航空公司始终坚定其五个核心价值观不动摇，即安全、关爱、诚信、激情和乐趣。捷蓝航空公司1.8万多名员工中，每一名员工都在坚持这几个价值观。为此，捷蓝航空公司建立了两周一次的职前训练，每一位新员工都会受到C级高管的欢迎和培训。持续接受有公司顶级高管参与的公司培训，有助于确保航空公司的理念与核心价值观保持一致，并巩固该公司竞争优势的基础。捷蓝航空的战略是努力让全体员工都成为该公司的品牌宣传大使。正如表12.1所示，客户承认并重视这种努力。

1. "行业基准"，美国客户满意度指数，访问于2016年6月13日，http://www.theacsi.org/customer-satisfaction-benchmarks/benchmarks-by-industry。
2. 美国客户满意度指数，美国整体客户满意度，访问于2016年6月13日，http://www.theacsi.org/national-economic-indicator/us-overall-customer-satisfaction。
3. 乔尔·彼得森（Joel Peterson），《你到底想说什么？》（*Just What Are You Trying to Say?*），《福布斯》，2012年11月13日，http://www.forbes.com/sites/joelpeterson/2012/11/13/just-what-are-you-trying-to-say。

经营业绩：射中长期盈利性增长的靶心

有效的经营战略和品牌战略相互补充，是吸引并留住客户、创造竞争弹性的基础，它能使公司成为业内的领军者，并实现长期盈利性增长。经营至第十六年，捷蓝航空公司的营业收入和利润增长都明显超过了美国航空业的平均水平，并且耐心的投资者已经看到，在过去5年间，捷蓝航空的股东价值的增长率几乎要比美国所有航空公司的股票指数高出3倍。[1]

这里举最后一个例子来说明，所有有效管理的要素（图12.1）该如何结合才能射中靶心：我们可以想一想好市多是如何取得卓越的长期盈利性增长，并为公司所有的利益相关者创造价值的。

公司使命

好市多的公司使命宣言简明扼要，便于所有利益相关者理解，并清楚地表明了公司把服务顾客和员工作为首要任务。强化其核心价值观有助于利益相关者得到预期回报。[2]

好市多的使命

以尽可能低的价格不断地向我们的会员提供优质的商品和服务。

为了实现我们的使命，我们将以下道德准则来指导我们的业务：

☆ 遵守法律。

☆ 好好对待我们的会员。

☆ 好好对待我们的员工。

☆ 尊重我们的供应商。

---

1. 在美国航空业中，对股票价值、收入和利润等数值进行了比较，数据截至2015年11月16日。
2. http://media.corporate-ir.net/media_files/NSD/cost/reports/our_mission.pdf。

如果我们的整个组织都能做到这四件事，那么我们将达到我们的最终目标，那就是：

☆ 回报我们的股东。

好市多做出如下说明：

☆ 我们的会员（客户）是我们成功的关键。如果我们无法让我们的会员满意，那么我们做的事情都不会产生什么效果。

☆ 员工是我们最重要的资产……我们致力于为这些员工提供拥有丰厚回报的挑战和充足的机会，来促进他们个人和事业的发展……并承诺向员工提供有竞争力的工资和优厚的福利。

☆ 供应商是我们的业务伙伴，为了我们公司的繁荣，这些供应商也必须与我们共同繁荣。为此，我们会从对方的角度，即如果我们去访问它们的营业场所时希望自己被怎样对待，来努力对待所有供应商以及它们的代表。

☆ 股东是我们的业务伙伴。只有我们能够为这些已将资金投入我们公司的股东提供丰厚的回报，我们才能成功。这同样也涉及信任这一要素。他们相信我们能够明智地利用他们的投资来经营自己的业务，从而给他们创造利润。[1]

通过清楚地阐明公司的目标、重点和价值观，好市多的使命宣言成了指导其持续战略发展的向导。

战略准则

好市多的战略体现了前面提到的三个战略准则，即有意义的市场差异

1. http://media.corporate-ir.net/media_files/NSD/cost/reports/our_mission.pdf。

是由持续创新所驱动、整齐划一的业务整合来支持的，这使它能够履行其公司使命——"以尽可能低的价格不断地向我们的会员提供优质的商品和服务"。

好市多的战略有助于提升其竞争优势。单凭收取的会员费占其营业利润四分之三以上这一点，好市多就可以将它的价格加成控制在沃尔玛、塔吉特和其他大型零售商一般水平的一半。好市多还能够利用成本竞争优势来提供更低的价格，这种成本竞争优势，在一定程度上来源于严格限制品牌数量及包装规格〔比如，沃尔玛拥有60库存单位的牙膏，而好市多只有4个库存单位〕。[1]好市多有限的产品种类使它能够扩大采购规模、增强议价能力，同时降低其物流、处理和缺货的成本。好市多也避开了几乎所有形式的大肆宣传和促销，与其他连锁超市和大型零售商相比，又节省了2%的支出。

为了提高利润率，好市多持续稳步扩大其自营品牌柯克兰旗下的商品类别，柯克兰目前占其销售额的20%以上。其整体分类策略通常会向高质量商品倾斜，这吸引了高端的客户群。据报道，好市多会员的平均收入水平是沃尔玛会员的两倍，这意味着好市多会员有着更加自由的消费能力来支付年度会员费，批量购买商品。总之，好市多战略的关键要素很好地满足了高端市场的需要，从而完成了其始终如一地提供卓越的消费者价值主张的公司使命。

好市多的战略同样忠实地履行了其关怀员工的公司使命。这个仓储零售商向员工支付两倍于沃尔玛员工的时薪，并提供优越的医疗保险、丰厚的退休金和假期津贴。[2]2014年，在员工对其薪酬最满意的公司排名中，好市多排在第二位（仅次于谷歌），在玻璃门（Glassdoor）网站最适合工作的公司排

1. 阿什利·卢茨（Ashley Lutz），《这个公式使好市多足以对抗沃尔玛》（*This Formula Made Costco the Anti-Walmart*），商业内幕，2012年11月27日，http://www.businessinsider.com/costco-is-the-anti-walmart-2012-11。
2. 梅利莎·康波（Melissa Campeau），《"大棒和胡萝卜同时使用"：为什么好市多的工资是市场平均水平的两倍》（*"A Stick and a Carrot At the Same Time": Why Costco Pays Twice the Market Rate*），《金融邮报》（Financial Post），2014年10月30日，http://business.financialpost.com/executive/cfo/a-stick-and-a-carrot-at-the-same-time-why-costco-pays-twice-the-market-rate。

名中排在第十六位。[1]公司对员工的慷慨已取得了显著的商业效益。与其小气的竞争对手相比，好市多的员工在工作上更加投入、生产效率也高，并且也更加忠诚。这反映出好市多吸引和留住高素质员工的能力，只有这样，才能提供高质量的服务，同时降低公司由于高周转率产生的成本和运营问题。尽管它向员工提供更高的工资和优越的福利，但好市多的员工人均销售额是沃尔玛的3倍，而员工人均产生的利润要比沃尔玛高出40%。[2]

品牌资产

通过坚持履行品牌承诺，好市多吸引和留住了高度满意的客户（见表12.1），他们都信任和认同这个品牌。客户的口口相传有助于好市多扩大其会员基础。尽管好市多不打广告，而且最近还提高了年会费，但好市多已经在过去5年中新增了35%的会员，并在美国享有91%的客户更新率。[3]这些都表明并验证了好市多是一个发展势头非常强劲的品牌。

射中靶心

好市多是一个典范，它向我们展示了图12.1中长期盈利性增长所需的所有要素。自成立以来，好市多建立了一个可执行的公司使命，这个使命目的明确，而且其核心价值观也是以客户和员工为中心。在好市多忠于其创始愿景

---

1. 《最佳的工作场所、最佳的薪酬和福利排名》（*Best Places to Work, and Best Compensation and Benefits Rankings*），玻璃门网站，访问于2016年6月13日，https://www.glassdoor.com/List/Top-Companies-for-Compensation-and-Benefits. LST_KQ0,43.htm。
2. 韦恩·F. 卡肖（Wayne F. Cascio），《低工资的高成本》（*The High Cost of Low Wages*），《哈佛商业评论》，2006年12月。
3. 德米特里奥斯·卡洛耶罗普洛斯（Demitrios Kalogeropoulos），《到底有多少美国人是好市多公司的会员？》（*Just How Many Americans Are Costco Wholesale Corporation Members?*），Motley Fool金融服务网站，2015年6月22日，http://www.fool.com/investing/general/2015/06/22/just-how-many-americans-are-costco-wholesale-corpo. aspx；安德烈斯·卡德纳尔（Andrés Cardenal），《好市多超越沃尔玛和塔吉特的主要原因》（*The Main Reason Costco Is Outperforming Wal-Mart and Target*），商业内幕，2014年6月25日，http://www.businessinsider.com/costco-is-outperforming-competitors-2014-6。

的同时，也通过不断创新来发展其战略，从而更新和加强其有意义的市场差异化的基础。好市多的商业模式是与公司的核心使命紧密相连的，这有助于获得持续强劲的业务成果。

好市多已经达到了长期盈利性增长的目标。图12.2表示的是好市多与其两个主要竞争对手在2010—2015年之间的收入、营业利润和市值三个方面的增长率。除了给股东提供卓越的回报之外，好市多同样给所有利益相关者——客户、员工和供应商创造了可观的价值，也创造了越来越多的社会效益。

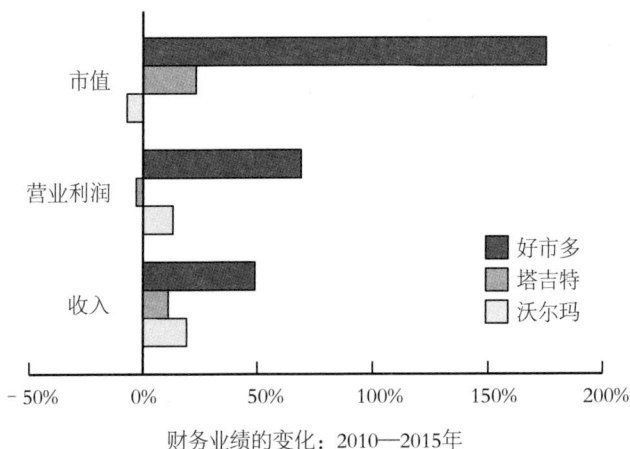

财务业绩的变化：2010—2015年

图12.2　经营业绩：好市多 vs 沃尔玛和塔吉特

追求长期盈利性增长这一商业圣杯绝非易事，但也并非遥不可及。最后，我希望本书能在您的探索过程中为您提供有用的指导。